Inhaltsverzeichnis

Vorwort

„Der/die Schrifterklärer/in muss, um zu erfassen, was Gott uns mitteilen wollte, sorgfältig erforschen, was die heiligen Schriftsteller wirklich zu sagen beabsischtigten und was Gott mit ihren Worten kundtun wollte." So beschreiben die Väter des letzten großen Konzils im Dokument über die göttliche Offenbarung *Dei verbum* (Art.12) die Aufgabe und Verantwortung der Exegetinnen und Exegeten. Sie erinnern zugleich an die verschiedenen Sprechgattungen, an die damals üblichen Kommunikationsformen, an „umweltbedingte Denk-, Sprech- und Erzählformen" zur Zeit der Verfasser (ebd.), die es dafür zu berücksichtigen gilt.

Dieser Auftrag des Konzils macht es unerlässlich, sich mit dem Entstehungsumfeld des Neuen Testaments und seinem Hintergrund auseinanderzusetzen, um diese Schriften und ihre Aussage zu erschließen. Auf diese Weise kann ein Zugang zum Christusgeschehen als dem zentralen Inhalt gelingen, der sowohl der kritischen wissenschaftlichen Reflexion wie auch dem persönlich bedachten Glauben entspricht und gegebenenfalls auch einer entsprechenden Hinterfragung standhält.

In der Verbindung beider Anliegen – der Erschließung des inkulturierten Kontexts der neutestamentlichen Schriften und der Ermöglichung eines Zugangs zu ihrem zentralen Inhalt erweist sich die Schriftauslegung als eine theologische Wissenschaft im Heute unserer Zeit.

Diesen genannten Anliegen weiß sich die vorliegende kleine Einführung verpflichtet – mit dem Ziel, Inhalt und Eigenart der Kommunikation Gottes mit den Menschen, wie uns diese im Neuen Testament bezeugt ist, in ihren Grundlinien zu vermitteln. Dass Schriftauslegung in dieser Weise geschehen konnte, dafür hat das Zweite Vatikanische Konzil die theologische und kirchenpolitische Grundlage geschaffen. Gerade anlässlich des bevorstehenden Konzilsjubiläums ist daran mit Nachdruck und wider das Vergessen zu erinnern.

Dass interessierten Leserinnen und Lesern eine Handreichung zum Verstehen des Neuen Testaments in diesem Sinne geboten wird, ist der Wunsch, der diese Einführung begleitet.

Luzern, am Hochfest der Geburt des Herrn, dem 25. Dezember 2011, dem 50. Jahrestag der Einberufung des Zweiten Vatikanischen Konzils

Walter Kirchschläger

1 Die Eigenart des Neuen Testaments

In diesem ersten Kapitel werden Grundfragen für die Beschäftigung mit dem Neuen Testament geklärt. Damit kann die Eigenart dieses Teils der Bibel bewusst gemacht werden. Aus den so gewonnenen Einsichten ergibt sich der weitere Aufbau.

Ausgangspunkt und Grundlage für die Entstehung des Neuen Testaments ist das **Christusgeschehen:**

> „16So sehr hat Gott die Welt geliebt,
> dass er seinen einziggeborenen Sohn gab,
> damit jeder, der an ihn glaubt, nicht verloren geht,
> sondern ewiges Leben habe.
> 17Denn nicht hat Gott den Sohn in die Welt gesandt,
> dass er die Welt richte,
> sondern dass gerettet werde die Welt durch ihn." (Joh 3,16f.)

Da Gott seinen Sohn in die Welt sendet, reflektieren Menschen darüber, was sie in der Begegnung mit Jesus Christus erleben und erfahren bzw. was dieses Geschehen für das Verhältnis zwischen Gott und Mensch bedeutet. Aufgrund solcher Reflexionen, Predigten, Meditationen u. Ä. entsteht allmählich das Neue Testament.

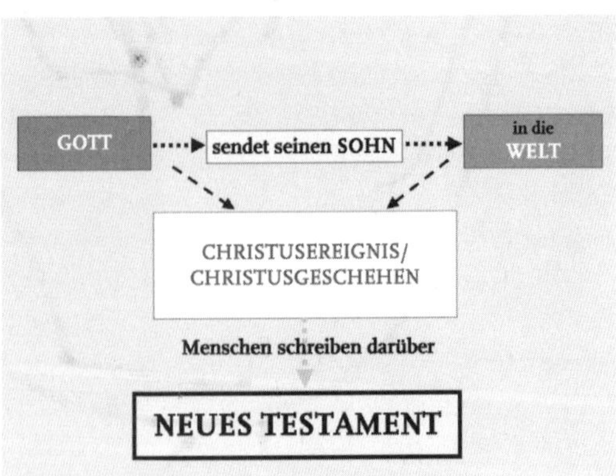

1.1 Das Neue Testament als Schriftensammlung

Literatur (Auswahl grundlegender Publikationen zur Einleitung in das Neue Testament):

St. Alkier, Neues Testament (UTB basics), Tübingen 2011; **I. Broer I/H.-U. Weidemann,** Einleitung in das Neue Testament, Würzburg ³2010; **H. Conzelmann/A. Lindemann,** Arbeitsbuch zum Neuen Testament. (UTB 52), Tübingen ¹²1998; **M. Ebner/St. Schreiber** (Hrsg.), Einleitung in das Neue Testament. (Studienbücher Theologie), Stuttgart 2008; **K. Jaros,** Das Neue Testament und seine Autoren. Eine Einführung. (UTB 3087), Köln 2008; **K. W. Niebuhr** (Hrsg.), Grundinformation Neues Testament. (UTB Wissenschaft), Göttingen 2000; **P. Pokorný /U. Heckel,** Einleitung in das Neue Testament. (UTB 2798), Tübingen 2007; **U. Schnelle,** Einleitung in das Neue Testament. (UTB 1830), Göttingen ⁶2007; **St. Schreiber,** Begleiter durch das Neue Testament, Düsseldorf 2006.

Das Neue Testament ist vor ungefähr 1950 Jahren entstanden. Schon ein erster Blick in dieses Buch zeigt, dass es nicht einen zusammenhängenden Text aus einem Guss enthält, sondern dass darin verschiedene Schriften aneinandergereiht sind. Diese Beobachtung erscheint uns als Selbstverständlichkeit. Welche Bedeutung sie jedoch im Hinblick auf das Verständnis des Neuen Testaments hat, wird im Folgenden aufgezeigt.

1.1.1 Das Neue Testament – ein „Buch"?

Die heute vorliegende Form der neutestamentlichen Textausgaben als Buch verleitet uns zu einem grundlegenden Missverständnis. Wir haben es nicht mit einem Buch, sondern mit **27 Einzelschriften** zu tun. Die meisten von ihnen sind unabhängig voneinander entstanden und wurden durch verschiedene Verfasser (oder Verfasserinnen) geschrieben. Erst im Zuge ihrer Sammlung wurden sie allmählich miteinander verbunden.

- Als **Schreibmaterial** dienten Blätter, die von der Papyruspflanze gewonnen wurden; dies war das übliche Schreibmaterial in der Antike. Plinius d. J. beschreibt eingehend den komplexen Vorgang der Herstellung dieses Materials (siehe unten). Die einzelnen Papyrus-„Blätter" wurden zu Rollen zusammengeklebt oder einzeln übereinander gelegt. Zur Beschriftung wurde ein Schreibrohr („Feder") mit Tinte aus Ruß und Gummi verwendet (vgl. dazu 3 Makk 4,20; 2 Joh 12).

Ab dem 3. Jh. n. Chr. werden die Abschriften immer häufiger auf dem besser haltbaren, aber auch noch kostspieligeren Pergament angefertigt.

> „Die Papyrusstaude also wächst an Stellen Ägyptens oder in stehenden Gewässern des Nils, wo die Überschwemmung Teiche bildet, die nicht über zwei Fuß tief sind ... Man stellt daraus das Papier her, indem man die Pflanze mit einer Nadel in sehr dünne, aber möglichst breite Häute trennt ...
>
> Alles Papier wird auf einer mit Nilwasser befeuchteten Tafel bereitet: Die trübe Flüssigkeit hat die Wirkung eines Leimes. Zuerst klebt man die Streifen auf der Rückseite in der ganzen Länge des Papyrus, soweit möglich, in gerader Richtung auf die Tafel, nachdem man auf beiden Seiten die überstehenden Enden entfernt hat, und vollendet dann durch quer gelegte Streifen die Schichtfolge. Nun kommt alles unter die Presse, und man trocknet die Bogen an der Sonne ...
>
> Die rauen Stellen des Papiers glättet man mit einem Zahn oder einer Muschel, die Schrift aber bleibt dort nicht von Dauer ...
>
> Der gewöhnliche Kleister wird aus allerfeinstem Mehl in siedendem Wasser bereitet, dem man sehr wenig Essig zusetzt ... Danach wird das Papier mit dem Hammer dünngeschlagen und mit Kleister überstrichen und wiederum, da es sich zusammenzieht, von den Runzeln befreit und mit dem Hammer gedehnt. Durch diese Bearbeitung erhalten wohl die Schriftdenkmäler lange Dauer ..."
>
> **C. Plinius Secundus** [23–78 n. Chr.], Naturalis historiae XIII, 21–27

- Aufgrund der Tendenz, die neutestamentlichen Schriften als heilige Texte und für ihre Verwendung im Gottesdienst zusammenzuhalten, erfolgte ihre gemeinsame **Sammlung** und Weitergabe. Für einzelne Schriftgruppen – z. B. für die paulinischen Briefe – kann die Entstehung einer Sammlung schon für die Wende des 1. zum 2. Jh. n. Chr. angenommen werden (vgl. 2 Petr 3,15).
- Die 27 Schriften des Neuen Testaments sind nicht alle in gleicher Weise zu lesen und zu verstehen. Sie wurden in einer **Zeitspanne von ca. 80 Jahren** (50/51 bis 120/130 n. Chr.) angefertigt. Das bedeutet auch: Im Neuen Testament sind die Glaubenszeugnisse von

etwa drei Generationen miteinander verbunden. Da sie verschiedene Verfasserinnen oder Verfasser haben, liegt ihnen auch ein verschiedener Entstehungsanlass zugrunde. Sie sind von diesen unterschiedlichen Entstehungsumständen entsprechend geprägt.

- Überdies ist zu beachten, dass die Schriften des Neuen Testaments in einem spezifischen **Kontext** bzw. in einer eigenen **Kultur** entstanden sind. Die 1900 Jahre, die zwischen dem Neuen Testament und uns liegen, bedeuten nicht nur einen großen Zeitraum. Das Neue Testament entstand in einer Kultur, die uns nicht ohne Schwierigkeiten zugänglich ist. Das Umfeld dieser Schriften, ihr „Lebensraum", ist uns im Allgemeinen wenig vertraut. Im Zugang zum Neuen Testament müssen wir also auch einen Zugang zur Lebensepoche der neutestamentlichen Zeit suchen. Gerade für die Auslegung und für das Verstehen der neutestamentlichen Texte ist der Versuch unumgänglich, die Schriften aus ihrem Entstehungshorizont heraus zu verstehen.
- Schließlich spiegelt die uns überlieferte und in den heutigen Textausgaben gewahrte **Reihenfolge** der einzelnen Schriften keine chronologische oder sachliche Reihung. Vielmehr hat darin die besondere Ehrfurcht vor den Evangelien ihren Niederschlag gefunden. Wir dürfen also den Aufbau des Neuen Testaments nicht als Hinweis auf seine Entstehungsgeschichte oder eine historische Reihenfolge verstehen.

1.1.2 Das Neue Testament – ein Kommunikationsvorgang

Die neutestamentlichen Schriften sind aufgrund der Absicht der Verfasserinnen oder Verfasser entstanden, der Leserin und dem Leser einen Inhalt zu vermitteln. Diese Grundabsicht der Vermittlung oder Kommunikation lässt verschiedene Eigenheiten dieser Texte deutlicher werden.

- **Kommunikation** ist grundsätzlich als Übermittlungsprozess eines bestimmten Inhalts zu verstehen. Dieser Vorgang erfolgt von einer Senderin oder einem Sender zu einer Empfängerin oder einem Empfänger. Für den Vermittlungsprozess bedient sich Kommunikation eines **Mediums**, das sowohl vom Kommunikationsinhalt wie auch von der Kommunikationssituation abhängig sein kann. Mit dem gesamten Prozess verbindet die Senderin bzw. der Sender eine **Absicht**, die mittels des angestrebten oder eingeleiteten Prozesses an die Empfängerin bzw. den Empfänger vermittelt wird. Absichtslose Kommunikation gibt es nicht, da in diesem Falle der innere Motor für den gesamten Vorgang nicht vorhanden wäre. Gelingt die Umsetzung der Vermittlungsabsicht, kann man von erfolgreicher Kommunikation sprechen. Dieser einfache Kommunikationsvorgang kann schematisch in folgender Weise dargestellt werden:

Stellen wir uns diesen Vorgang im Bereich des Sprechens vor, ist an eine „Sprecherin“ bzw. an einen „Sprecher“ und an eine „Hörerin“ oder an einen „Hörer“ zu denken; im Falle eines schriftlichen Vorgangs wäre von „Absenderin“ oder „Absender“ und von „Adressatinnen“ oder „Adressaten“ zu sprechen.

- Wird das Schema eines Vermittlungsprozesses auf das **Neue Testament** konkretisiert, kann die zu vermittelnde Botschaft als das „Christusereignis“ oder „Christusgeschehen“ umschrieben werden. Das Schema sieht dann so aus:

In diesem Zusammenhang müssen wir uns bewusst sein, dass die neutestamentlichen Texte ursprünglich **zum Hören** geschrieben wurden. So schreibt z. B. die Verfasserin oder der Verfasser des Kol:

> „Wenn der Brief bei euch vorgelesen worden ist, sorgt dafür,
> dass er auch in der Gemeinde von Laodizea bekannt wird,
> und den Brief an die Laodizener lest auch bei euch vor.“ (Kol 4,16)

- Die Texte wurden vorgelesen. Dies geschah im Rahmen des Gottesdienstes der Kirchen am Ort. Die schriftliche Form ist also ein **Ersatz für die mündliche Weitergabe**. Weil eine mündliche, persönliche Vermittlung der beabsichtigten Botschaft aus den verschiedensten Gründen nicht möglich ist, überträgt die Absenderin bzw. der Absender die Botschaft von der (mündlichen) Rede in die schriftliche Form (siehe dazu auch unten → 2.3.2 und 5.2.2). Die Adressatinnen und Adressaten kehren diesen Weg wieder um, wenn ihnen schriftliche Texte vorgelesen werden und sie so den Inhalt im Hören aufnehmen.

Beim Lesen der neutestamentlichen Schriften können wir daher besondere Akzente, Hervorhebungen, Sinnzusammenhänge nicht aus der vorliegenden schriftlichen Form (also aus dem „Druckbild") erkennen. Dies wäre auch aufgrund der Schreibgegebenheiten in der Entstehungszeit der Schriften gar nicht möglich gewesen. Akzentsetzungen und Betonungen sind vielmehr aus der Textgestalt, aus Wortwahl und Eigenart der Formulierung zu entnehmen. In der Bibelwissenschaft sprechen wir von „**Textsignalen**" oder von „textimmanenten Signalen" und „Signalwörtern", die auf die Absicht der schreibenden Person, z. B. auf Betonung, Hervorhebung u. Ä., hinweisen.

Der antike Mensch war weit besser für die akustische Aufnahme eines Inhalts und auch entsprechender Textsignale geschult als der moderne Mensch. Dies hängt mit den äußeren Umständen, insbesondere mit der nicht allgemeinen Kenntnis von Lesen und Schreiben und mit den Möglichkeiten der Vermittlung – also dem Vorlesen von geschriebenen Texten –, zusammen. Auch war das Schreibmaterial kostspielig, und es war mühsam, dieses zu verwenden. In vielen neutestamentlichen Textabschnitten sind die in der Formulierweise angedeuteten Akzentsetzungen und Gliederungsmerkmale leicht zu erkennen.

Jesus von Nazaret hat – wie es damals üblich war – seine Verkündigung nach so genannten „mnemotechnischen" (das Gedächtnis begünstigenden) Grundsätzen aufgebaut, d. h.: Seine Sprechweise war so gewählt, dass sich das Gehörte leicht in das Gedächtnis der Zuhörerinnen und Zuhörer einprägte. Diese Art der Verkündigung hat dann auch in den neutestamentlichen Schriften ihren Niederschlag gefunden (vgl. dazu unten → 5.1.1).

1.1.3 Das Neue Testament als vielfältige Literatur

Die Verfasserinnen und Verfasser der biblischen Schriften wollen also das Christusereignis in schriftlicher Form weitergeben. Sie hatten dazu keine Anweisung Jesu – dies hätten sie wohl zur Legitimation ihres Tuns in den Schriften vermerkt –, und sie besaßen nur in bedingter Weise Vorbilder und Modelle dafür, wie eine solche Niederschrift der Botschaft Jesu und über das Christusgeschehen aussehen sollte. Sie gehen in der Weitergabe der Botschaft den für sie möglichen und zugleich den überzeugendsten Weg. So finden wir im Neuen Testament **unterschiedliche literarische Großgattungen**, in welche die Botschaft auf ihrem Weg von Absenderin bzw. Absender zu den Adressatinnen und Adressaten gekleidet ist: das Evangelium, die Apostelgeschichte, Briefe, eine Offenbarungsschrift.

Wir bekommen auch auf dieser Ebene die vielfältige Eigenart der Vermittlung des Christusgeschehens deutlicher in den Blick. Bedenken wir das zuvor verwendete Schema mit diesem Schwerpunkt, kann es so aussehen:

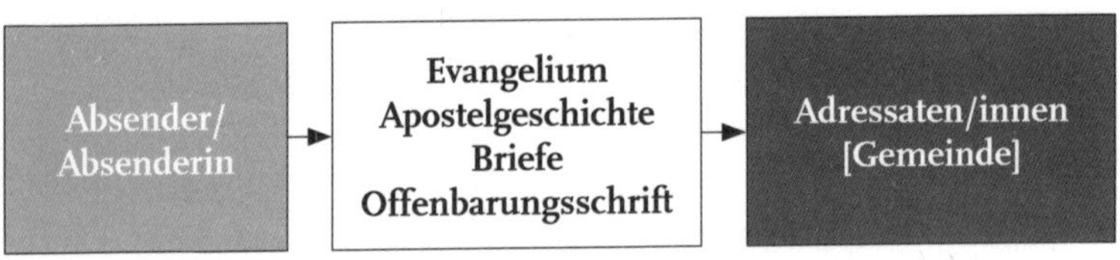

Diese Großgattungen (auch: Makrogattungen) der Schriften können hinsichtlich der Eigenart der verschiedenen Textabschnitte in einer Schrift noch verfeinert werden. Als häufige literarische Gattungen begegnen z. B.: Gleichnis, Erzählung über Vollmachtstaten, Jüngerinnen- und Jüngerbelehrung, Streitgespräch, Ermahnung, Hymnus/Lobpreis, Predigt/Rede. Mittels der literarischen Eigenart ihrer Schrift versuchen die Verfasserinnen oder Verfasser, das Wesentliche der Botschaft besonders herauszuarbeiten. Dabei müssen sie auf die Adressatinnen und Adressaten ebenso Rücksicht nehmen wie auf die eigenen Möglichkeiten und auf die Eigenart der Botschaft, die vermittelt werden soll:

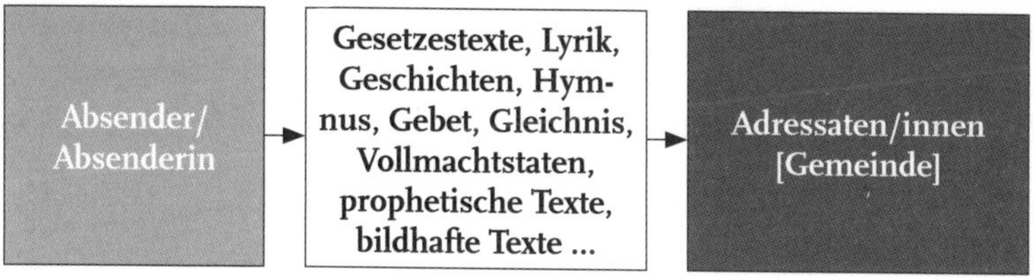

So wie in der sonstigen Literatur ist auch hier zu beachten, dass jede literarische Gattung auf die ihr eigene Weise zu lesen und zu verstehen ist; oder konkret: Ein Evangelium ist kein Brief; ein Hymnus hat andere Sprachgesetze als ein Streitgespräch. Mit einer bestimmten Gattung sind verschiedene Sprech- bzw. Vermittlungsabsichten von Verfasserin oder Verfasser und bestimmte Verstehensmechanismen seitens der Lesenden oder Hörenden verbunden.

Für das Verständnis eines Textes ist diese Absicht der Verfasserin bzw. des Verfassers sowie die literarische Eigenart des Textes zu berücksichtigen. Denn jeder neutestamentliche Text will

- etwas Bestimmtes (→ Inhalt)
- in einer bestimmten Weise (→ Aussageart)

zum Ausdruck bringen. Daher lauten zwei erste Grundfragestellungen an den Text:

- Was und wie schreibt der Verfasser/die Verfasserin?
- Was heißt das?

Das kann an einem **Beispiel** verdeutlicht werden:

21 „Petrus trat zu Jesus
und sprach zu ihm:
Herr, wie oft kann mein Bruder
oder meine Schwester gegen mich
sündigen und ich muss ihm oder
ihr vergeben? Etwa siebenmal?
22 Es sagte zu ihm Jesus:
Nicht sage ich dir: siebenmal,
sondern: siebzigmal siebenmal.“
(Mt 18,21-22)

Petrus fragt Jesus nach der notwendigen Häufigkeit des Vergebens.

Die von Petrus vorgeschlagene Zahl des Vergebens wird von Jesus erheblich nach oben korrigiert: 490-mal.

Neutestamentliche Verfasserinnen bzw. Verfasser können z. B.: belehren, lobpreisen, beklagen, ermahnen, zurechtweisen, erzählen, bekennen, anklagen, verbieten, klarstellen ...

1.1.4 Das Neue Testament als Verkündigung

Von der vielfältigen äußeren Gestalt der neutestamentlichen Texte kann auf deren inhaltliche Eigenart geschlossen werden. Allen Schriften des Neuen Testaments ist gemeinsam, dass sie nicht bloß beschreiben oder aus historischem Interesse etwas berichten wollen. Vielmehr sind die Texte aufgrund der persönlichen Betroffenheit der Verfasserinnen oder Verfasser und des Öfteren auch aufgrund der Fragen der Adressatinnen und Adressaten entstanden (vgl. z. B. 1 Kor 7,1: „Nun zu den Anfragen eures Briefes").

- In den einzelnen Schriften wird eigener Glaube bezeugt, wird die Botschaft über Jesus Christus aus eigener Betroffenheit weitergegeben. Dieser Vorgang geschieht also nicht distanziert und objektiviert, sondern er ist geprägt vom persönlichen, glaubenden Engagement der Verfasserinnen oder Verfasser. Sie schöpfen dafür alle ihnen zur Verfügung stehenden Mittel aus. Dies sind in erster Linie die literarische Gattung ihrer Schriften sowie die konkrete literarische Gestaltung in Verbindung mit der jeweils möglichen sprachlichen Kunstfertigkeit.
- Nicht größtmögliche Objektivität oder historisches Interesse steht bei der Abfassung der Schriften im Vordergrund, sondern die **Absicht der Verkündigung** der Botschaft von Jesus Christus und eine diesbezüglich glaubwürdige Darlegung und Argumentation. Grundlage dafür ist nicht in erster Linie die historische Beweisbarkeit, sondern das Zeugnis der Verfasserinnen und Verfasser, das die Glaubensbezeugung der Apostel und der gesamten frühen Kirche weiterführt und konkretisiert.

> In **Apg 2,32** heißt es:
> „Diesen Jesus hat Gott auferweckt,
> dafür sind wir alle **Zeugen**."

- Die neutestamentliche Verkündigung beruht also auf dem persönlichen **Glauben** und auf der **Glaubenserfahrung** der Verfasserin oder des Verfassers. Diese ihre eigene Überzeugung schreiben die Verfasserin oder der Verfasser in der Kraft des Geistes nieder. Ihr Ziel ist die glaubwürdige Weitergabe dessen, was sie selbst und ihr Leben bewegt. Sie tun dies im Blick auf ihre Adressatinnen und Adressaten und mit allen Möglichkeiten, die ihnen dafür zur Verfügung stehen. Am Beginn von 1 Joh kommt dies sehr deutlich zum Ausdruck:

„1Was von Anfang an war,
was wir gehört haben,
was wir mit unseren Augen gesehen,
was wir geschaut
und was unsere Hände angefasst haben,
das verkünden wir: das Wort des Lebens.
2Denn das Leben wurde offenbart;
wir haben gesehen und bezeugen
und verkünden euch das ewige Leben,
das beim Vater war und uns
geoffenbart wurde.
3Was wir gesehen und gehört haben,
das verkünden wir auch euch,
damit auch ihr Gemeinschaft mit uns habt.
Wir aber haben Gemeinschaft mit dem Vater
und mit seinem Sohn Jesus Christus."
(1 Joh 1,1-3)

Der Textabschnitt zeigt, wie die Entwicklung vom Hören und Sehen des Christusgeschehens weitergeht zur Verkündigung darüber. Die als Ziel formulierte doppelte Gemeinschaft (mit dem Vater und Jesus Christus einerseits, untereinander andererseits) lässt erkennen, worum es geht: Diese Botschaft will zum Leben in der Gottesgemeinschaft führen; zugleich hat sie eine gemeinschaftsstiftende (in diesem Sinne: „kirchliche") Dimension.

1.1.5 Verkündigung aus (nach-)österlicher Perspektive

Die neutestamentlichen Verfasserinnen oder Verfasser schreiben aus ihrer **nachösterlichen Glaubenserfahrung**. Sie blicken also auf Jesus Christus unter Einschluss ihrer glaubenden Überzeugung zurück, dass dieser Jesus nicht im Tode geblieben war, sondern auferstanden ist und erhöht wurde. So sehen sie das gesamte Christusgeschehen – also auch das vorösterliche Wirken Jesu – von Ostern her, gleichsam mit der „Brille" des Ostergeschehens (siehe dazu genauer unten → 4.2).

- Diese umfassendere Betrachtungsweise ist gemäß der aus eigener Erfahrung gewachsenen Überzeugung und der frühen Deutung der Kirche **geprägt vom Geist Gottes**. Die Mitberücksichtigung des Ostergeschehens erweist sich für die neutestamentlichen Verfasserinnen und Verfasser daher nicht als ein sie von Jesus von Nazaret trennendes Phänomen. Es erhält eher den Charakter einer **„Brille“**, einer optischen Linse, durch die hindurch das Jesusgeschehen in neuer Schärfe erkannt wird. So ist es den nachösterlichen Menschen möglich, im Rückblick Zeichen und Erfahrungen in Bezug auf die Gestalt und das Wesen Jesu präziser zu deuten. Die neutestamentlichen Verfasserinnen und Verfasser machen sich diese Perspektive ebenfalls zunutze. Sie blicken teilweise (z. B. in den Evangelien) zurück auf die Zeit Jesu und auf das Ostergeschehen und verkündigen aus diesem Blickwinkel das Christusgeschehen in ihre Gegenwart. So erhält das vorösterliche Wort und Handeln Jesu eine tiefere Bedeutung und den entsprechenden Stellenwert. Schematisch kann dies in folgender Weise veranschaulicht werden:

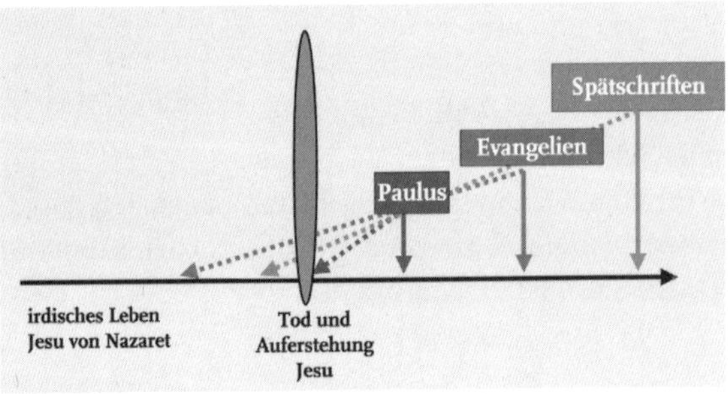

- Auch das hier angesprochene Wirken des Geistes in der frühen Kirche ist ein **bezeugtes Geschehen**, das nicht auf der Ebene der strengen Beweisbarkeit liegt. Die grundsätzliche Entscheidung zur Annahme göttlichen Wirkens in diesem Bereich fällt schon früher und an anderer Stelle: Sie hängt mit der Frage zusammen, inwieweit Gott ein Einwirken in diese Welt zugestanden wird, oder konkret: inwieweit wir die Aussage annehmen können, dass im Leben der Kirche sowie in der Entstehung der Heiligen Schrift Gott und Mensch zusammenwirken. Nur unter dieser Voraussetzung ist vom Umgang mit „heiliger“ Schrift zu sprechen; andernfalls handelt es sich um die Beschäftigung mit einem Stück Literatur aus der Antike. Beispiele aus dem Neuen Testament können diese frühe Überzeugung belegen:

Beispiele

„Keiner, der im Geist Gottes redet, sagt:
Verflucht [ist] Jesus!
Und keiner kann sagen: Herr [ist] Jesus,
es sei denn in heiligem Geist."
(1 Kor 12,3)

Das Christusbekenntnis des Menschen entspringt der Verbindung von eigener Einsicht mit dem Wirken des Geistes Gottes.

„Wenn aber jener kommt,
der Geist der Wahrheit,
wird er euch in die
ganze Wahrheit führen."
(Joh 16,13)

Die Wiedergabe dieser Zusage Jesu (ungefahr 60 Jahre nach dem Tod Jesu) spiegelt die Erfahrung der ersten christlichen Generationen: Sie wissen sich in ihrem Glauben (der Verfasser sagt: in der Wahrheit) vom Geist Gottes gefordert und gehalten.

1.1.6 Die Wahrheit der verkündigten Botschaft

Aufgrund der bisher angestellten Überlegungen über die Eigenart der neutestamentlichen Schriften drängt sich die Frage nach der Wahrheit der Schrift auf. Das **Gesamtverständnis** von „Wahrheit" ist **umfassender** als die heute vielfach übliche Eingrenzung des Wahrheitsbegriffes auf die geschichtliche oder die wissenschaftliche Wahrheit.

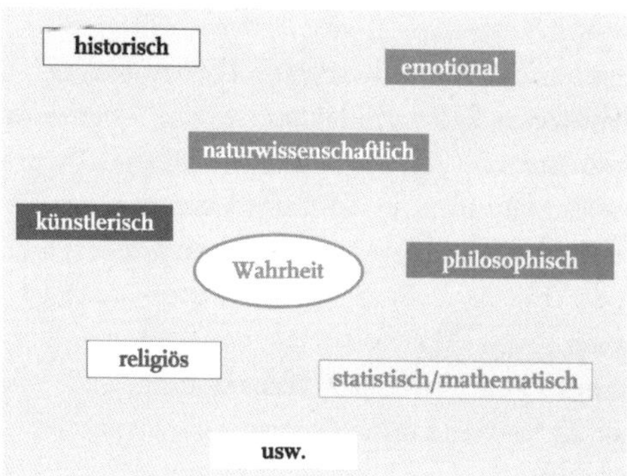

- Die Wahrheit, die uns das Neue Testament vermitteln will, ist **nicht in erster Linie die historische Wahrheit**. Diese steht vielfach im Hintergrund, sie schwingt mit, aber sie ist nicht das Entscheidende. Vielmehr wollen uns die Verfasserinnen bzw. die Verfasser auf jene tiefere Wahrheit hinlenken, die im Wirken Gottes gegenüber dem Menschen zugänglich und erkennbar wird. Um dies zu erreichen, benützen sie alle zur Verfügung stehenden Hilfsmittel ihrer Zeit und ihres Lebensraumes.
- Diese Wahrheit, welche in den neutestamentlichen Schriften zur Sprache (eher: zum Klingen) gebracht wird, ist vornehmlich die **Wahrheit unseres Heils**, das von Gott kommt. Sie ist also eine religiöse Wahrheit. Die Schriften wollen weder naturwissenschaftliche noch historische Aussagen machen. Auch wo es diesen Anschein hat, geht es um die entscheidende Zuwendung Gottes zum Menschen, die auf menschlich verstehbare Weise zur Sprache gebracht wird. Im Hinblick auf die heute oft vorrangige historische Fragestellung bedeutet dies: Es ist einerseits zu beachten, dass die geschichtliche Rückfrage nicht das erstrangige Anliegen der Verfasserinnen bzw. der Verfasser ist, sondern dass für sie andere Akzente im Vordergrund stehen. Andererseits darf die Frage nach dem historischen Geschehen nicht zurückgewiesen werden, weil damit ein wichtiger Bereich heutiger Denkweise und heutigen Fragens übersehen würde. Es muss jedoch die richtige Rangordnung eingehalten werden, damit der entsprechende Stellenwert einer nur historischen Rückfrage erkennbar ist (siehe dazu auch unten → 3.1).

Das II. Vatikanische Konzil hat sich kritisch mit dem Wahrheitsanspruch des Neuen Testaments bzw. der gesamten Bibel auseinandergesetzt. Gegenüber früheren lehramtlichen Aussagen, die von einer „Irrtumslosigkeit“ der Schrift oder von einem umfangreichen Wahrheitsanspruch ausgehen, präzisiert das Konzil die entsprechende Position und leistet damit einen wesentlichen Beitrag zur Zurückweisung eines fundamentalistischen oder historisierenden Bibelverständnisses:

„Von den Büchern der Schrift [ist] zu bekennen,
dass sie sicher, getreu und ohne Irrtum
die Wahrheit lehren,

die Gott um unseres Heiles willen in heiligen Schriften aufgezeichnet haben wollte.“

II. Vatikanisches Konzil, Dogmatische Konstitution über die göttliche Offenbarung *Dei verbum*, Art. 11

- Gerade wenn das Neue Testament **verkündigende Deutungen des Christusgeschehens** enthält, ist die Umschreibung der darin enthaltenen Wahrheit als **eine Wahrheit, die auf das Heil der Menschen bezogen ist**, unerlässlich. Denn die Deutung eines Geschehens ist nicht mit diesem identisch, sondern setzt es voraus. Sie sucht also nach der tieferen Wahrheit, die hinter dem Geschehen steht, sozusagen nach dessen Botschaft. Deutungen sind vielfältig und nicht immer identisch. Vom vorausgesetzten Geschehen sind sie zu unterscheiden.

Das Gesagte gilt auch für die Deutung von (z. B.) religiösen Erfahrungen. Während ein Geschehen oftmals in der Vergangenheit liegt, werden Deutungen immer für das neue Jetzt versucht. Dies gilt auch für die biblischen Verfasserinnen und Verfasser, und es gilt für die Interpretation ihrer Schriften in unsere Gegenwart, mit der gleichsam eine Brücke zwischen dem Christusgeschehen und den Menschen heute geschlagen wird.

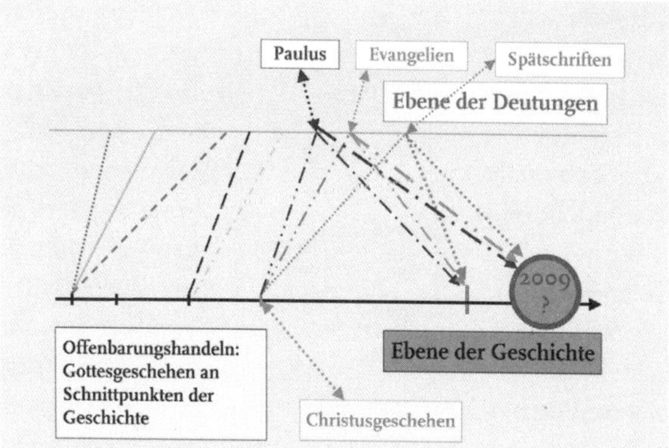

- Bei diesen Überlegungen ist es wichtig, die **Ebene des Geschehens** und die **Ebene der Deutung** auseinanderzuhalten. Werden beide Ebenen miteinander vermischt, entsteht ein falsches Verständnis von

Wahrheit und wird einem fundamentalistischen Verständnis der Bibel Vorschub geleistet. Denn dann gilt das geschriebene Wort – also das Wort der Deutung – als das Geschehen selbst, und es wird nicht mehr nach der hinter dem Geschehen stehenden Absicht oder nach dem entsprechenden Ziel gefragt. In Form einer zweiten Naivität wird in diesem Fall die Bibel wortwörtlich gelesen und verstanden.

Die Grundfragen bei der Lektüre der Bibel heißen dann also nicht nur einfach und einzig: Was steht hier im Text? Sie müssen noch etwas weitergehen:

- **Was und wie** schreibt der Verfasser/die Verfasserin?
- **Was heißt das?**
- Was ist damit **GEMEINT?**

Was sich daraus ergibt, zeigt erneut das schon oben (siehe → 1.1.3) erwähnte **Beispiel**:

„[21]Petrus trat zu Jesus und sprach zu ihm: Herr, wie oft kann mein Bruder oder meine Schwester gegen mich sündigen und ich muss ihm oder ihr vergeben? Etwa siebenmal?
[22]Es sagte zu ihm Jesus: Nicht sage ich dir: siebenmal, sondern: siebzigmal siebenmal.“
(Mt 18,21-23)

Was und wie schreibt der Verfasser/die Verfasserin?

Was heißt das?

Was ist damit gemeint?

Natürlich steht zunächst in diesem Dialog, dass siebenmalige Vergebung nicht ausreichend ist. Jesus fordert eine Vergebung 490-mal. Aber was ist damit gemeint? Das bedeutet nicht, ein 491. Mal muss nicht sein, sondern vielmehr: Vergebung gegenüber Bruder und Schwester ist unendlich oft notwendig. Dies wird hier mit dem literarischen Mittel der zahlenmäßigen Übertreibung ausgesagt. Wörtlich steht es so nicht da. Wer den Dialog aber bloß wörtlich liest und so handelt, geht an seinem beabsichtigten Sinn vorbei.

Aufgaben

- Suchen Sie im Neuen Testament Beispiele für die oben genannten Gattungen.
- Unterstreichen Sie im Zitat aus 1 Joh 1,1-3 (siehe oben) alle Begriffe des Wahrnehmens und der Erfahrung, mit einer zweiten Farbe alle Begriffe des Weitergebens. Beachten Sie die Beziehungen zwischen beiden Handlungsebenen, die auf diese Weise im Text sichtbar werden.
- Suchen Sie im Neuen Testament nach Textabschnitten, in denen der Unterschied zwischen einem wörtlichen und einem tieferen Bibelverständnis leicht aufgezeigt werden kann.

Begriffe, die Sie im Zusammenhang mit dem Neuen Testament erklären können:

Das Christusgeschehen, Papyrus, Kommunikationsschema, Textsignal, Gattung, Großgattung, Verkündigung, nachösterliche Perspektive, Wahrheit, *Dei verbum*, Deutung(en) und Geschichte, Grundfragen bei der Bibellektüre.

1.1.7 Die Verfasserinnen und Verfasser der neutestamentlichen Schriften

- Nur bei einem Teil der neutestamentlichen Schriften können wir die Identität der schreibenden Person eindeutig feststellen. Wo dies nicht der Fall ist, muss grundsätzlich die Offenheit für alle verschiedenen Entstehungsmöglichkeiten der Schriften gewahrt bleiben. Aus diesem Grund ist von **Verfasserinnen oder Verfassern** der Schriften die Rede. Denn es ist möglich, dass einzelne der neutestamentlichen Schriften von Frauen geschrieben wurden. Da uns heute der maßgebliche Einfluss von Frauen in verschiedenen Kirchen am Ort zur neutestamentlichen Zeit stärker bewusst ist als früher, muss dies auch in diesem Zusammenhang zumindest prinzipiell beachtet werden.

Es gibt zur Zeit keine Methode, die Abfassung von biblischen Schriften dem Geschlecht nach zuzuordnen. Daher ist im Einzelfall auch Zurückhaltung geboten. Andererseits kann auch die übliche Annahme einer ausschließlich männlichen Verfassergruppe nicht belegt werden. Der Hinweis auf die bisher üblichen Annahmen genügt hier nicht.

- In ihrer Aufgabe, die neutestamentliche Botschaft über Jesus Christus zu verkündigen, bleiben die Verfasserinnen bzw. Verfasser **Menschen**. Durch das Wirken des göttlichen Geistes werden sie aus ihrem Menschsein nicht herausgehoben. Sie sind Kinder ihrer Zeit, ihrer Kultur, ihrer Bildung und ihrer allgemeinen Lebensumstände – mit allen Beschränkungen und allen Chancen, die dies mit einschließt. So schreiben die Verfasserinnen bzw. Verfasser in der ihnen geläufigen Ausdrucksweise, aufgrund ihrer religiösen Biografie und Erfahrung, ihrer Herkunft, unter Zugrundelegung der sozialen Vorstellungen ihrer Zeit und im Rahmen des ihnen geläufigen Weltbildes. Es ist daher auch verständlich, dass ihnen Fehler unterlaufen – seien sie historischer, sprachlicher oder anderer Art. Werden diese Beobachtungen in die Überlegungen vom Neuen Testament als Kommunikationsvorgang eingeordnet, könnte die Situation der Verfasserinnen und Verfasser und das sie beeinflussende Lebensumfeld in der folgenden Weise dargestellt werden:

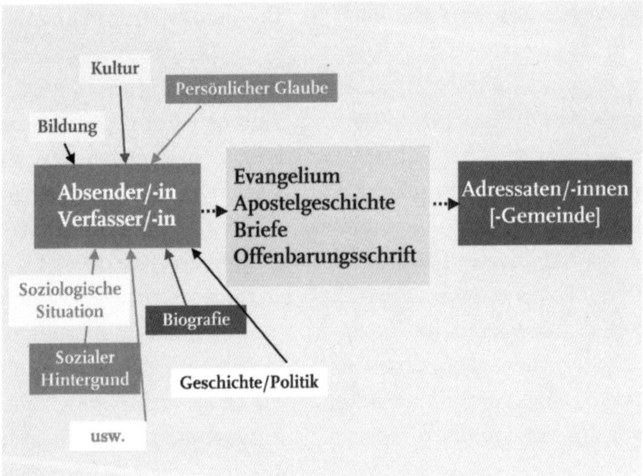

Gott nimmt die verfassenden Personen bei ihrer Niederschrift der Texte zwar in Dienst, aber er verändert damit nicht ihr Wesen und ihre menschliche Eigenart. So bedeutet also die so genannte „Irrtumslosigkeit" der Schrift auch nicht eine absolute, übermenschliche Perfektion, sondern sie bezieht sich auf das zuvor (siehe oben → 1.1.6) umschriebene Verständnis von Wahrheit.

- Das Neue Testament ist **in menschlicher Weise** niedergeschrieben. Dies bedeutet nicht unbedingt eine Einschränkung; vielmehr öffnet diese Feststellung den Blick für die Eigenart des Umgangs Gottes mit den Menschen: Gott spricht in seiner Zuwendung und Selbstkundgabe (theologisch gesprochen: in seiner Offenbarung) den Menschen auf menschliche, in einer für den Menschen verständlichen Weise an. Die Selbstmitteilung Gottes in der Heiligen Schrift geschieht in einer dem Menschen angemessenen Weise, also in einer Form, die der Mensch verstehen und begreifen kann: Die Schrift ist eingebettet in einen menschlichen Erfahrungs- und Lebensbereich und in den Verstehenshorizont des Menschen. In der Schrift wird mit menschlicher Sprache gesprochen.

Die Bedeutung dieser Beobachtung kann durch ein Gedankenexperiment unterstrichen werden: Wenn Gott sich auf die ihm entsprechende Weise – also göttlich, d. h. auch: Zeit und Raum überschreitend – dem Menschen kundgetan hätte – wäre das zu verstehen? Wäre es zu ertragen oder träfe das Wort aus Ex 33,20 zu: „Du kannst mein Angesicht nicht sehen; denn kein Mensch kann mich sehen und am Leben bleiben"? –

Gott aber hat einen anderen Weg gewählt: Verschiedene Menschen werden durch ihre Gotteserfahrung, durch ihre Auseinandersetzung mit dem Christusgeschehen und durch ihren persönlichen Glauben dazu gedrängt, ihr Gottesbild, ihre Geschichte mit Gott, ihr Zeugnis über Jesus Christus aufzuschreiben und weiterzugeben. Sie fühlen sich dazu von Gott selbst bestärkt und beauftragt. Sie berufen sich dabei auf ihr unmittelbares oder mittelbares Naheverhältnis zu Jesus Christus.

- **Gott** selbst hat sich bei diesem Vorgang also **klein**gemacht, hat sich in vielfacher Weise in die Art des Menschen eingelassen und darauf beschränkt: in seiner Zuwendung zum Menschen; in der Hineingabe seiner Botschaft in menschliches (und damit notwendigerweise begrenztes, damit auch verkürzendes) Wort; in der Einschränkung seines Wirkens auf den je einen geschichtlichen Augenblick; schließlich in der Personifizierung seiner Botschaft in der menschlichen Person Jesu von Nazaret (vgl. Phil 2,6-7; Joh 1,14). Deswegen ist die Heilige Schrift auch eine menschliche Schrift, sind ihre Verfasserinnen oder Verfasser wesentlich auch Menschen. Die Texte sind dadurch eingeordnet in die Geschichte und formuliert in menschlicher Sprache. Nur so ist Gottes Botschaft für Menschen überhaupt verstehbar und zugänglich. Das II. Vatikanische Konzil hat den alten theologischen Gedanken einer Parallele zwischen der Selbstbeschränkung Gottes in der Menschwerdung Jesu und seinem analogen Handeln in der Entstehung der Bibel erneut aufgegriffen:

Dogmatische Konstitution über die göttliche Offenbarung *Dei verbum*, Art. 13:

„13. In der Heiligen Schrift offenbart sich ... eine wunderbare Herablassung der ewigen Weisheit ... Denn Gottes Worte, durch Menschenzunge formuliert, sind menschlicher Rede ähnlich geworden,	**wie einst des ewigen Vaters Wort durch Annahme menschlich-schwachen Fleisches den Menschen ähnlich geworden ist.“**	**Siehe Enz. Divinu Afflante Spiritu, hier AAS 35 (1943) 316:** „Wie nämlich das wesenhafte Wort Gottes den Menschen in allem ähnlich geworden ist, **‚die Sünde ausgenommen' [Anm.: Hebr 4,15], so sind auch Gottes Worte, durch menschliche Zungen ausgedrückt, in allem der menschlichen Sprache ähnlich geworden, den Irrtum ausgenommen. Diese aus der Vorsehung Gottes stammende *synkatabasis* oder ‚Herablassung' hat schon der hl. Johannes Chrysostomus hoch gefeiert und ihr Vorhandensein** in den Heiligen Büchern **immer wieder vermerkt.“**

- Wird über die Verfasserinnen und Verfasser der neutestamentlichen Schriften gesprochen, muss ihre **Vielzahl** bedacht werden. Das bedeutet: Sie sprechen nicht mit einer Stimme über das Christusgeschehen, sondern bilden dazu gleichsam einen sehr vielfältigen Chor. Dabei sind sie von ihrer Glaubenserfahrung und vom Wirken des Geistes geprägt. Es ist einsichtig, dass für jede dieser Personen ihr (menschliches) Begreifen nicht ausreicht, um die ganze Fülle Jesu Christi einzufangen und überdies noch in menschlicher Sprache auszudrücken. Außerdem schreiben sie an ganz verschiedene Adressatinnen und Adressaten, und sie schreiben zu verschiedener Zeit. So werden uns in den neutestamentlichen Schriften durch die einzelnen Verfasserinnen bzw. Verfasser verschiedene Zugänge zur Person Jesu Christi und zu seinem Wirken erschlossen. Die Vielzahl der einzelnen Perspektiven ergibt eine große Vielfalt, die sich allmählich einer Fülle nähert.

Die Verfasserinnen bzw. Verfasser der neutestamentlichen Schriften blicken gleichsam vom Umfang eines Kreises auf die Mitte hin, auf das Christusgeschehen. So sieht jede bzw. jeder aus dem eigenen Blickwinkel (nur) ein Segment der Wirklichkeit Jesu Christi. Die Gesamtheit dieser verschiedenen Zugänge in den neutestamentlichen Schriften ermöglicht in der Zusammenschau der einzelnen Wege einen umfassenden Zugang zur Wirklichkeit und Dimension des Christusgeschehens.

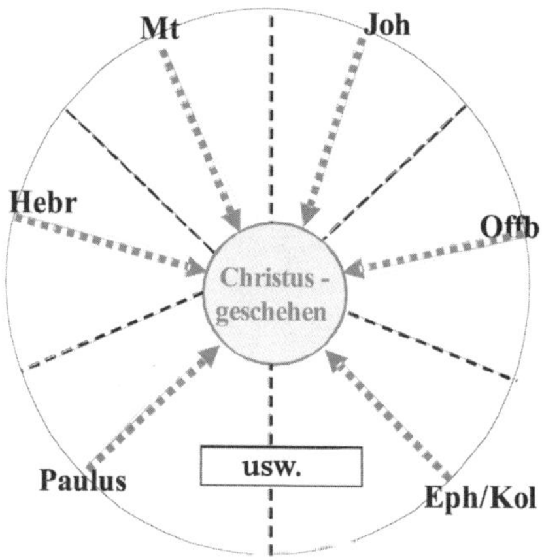

- **Die Einheit der Schrift** beruht also auf ihrer Vielfalt. Ihr Zusammenhalt ist durch Jesus Christus selbst gegeben. Seine Person und Wirklichkeit ist die „Mitte" der Schrift. Dies führt zu einem wichtigen Prinzip von Schriftverständnis und Schriftauslegung: Die Heilige Schrift ist in ihrer Gesamtheit zu lesen und zu erklären. Gerade unter dem Gesichtspunkt einer Zusammenschau einzelner Schriften auf Jesus Christus ist erkennbar, dass das isoliertes Lesen und Interpretieren einzelner Schriftabschnitte oder auch einzelner Schriften des Neuen Testaments nicht zielführend sein kann. Deshalb heißt es in der Offenbarungskonstitution des II. Vatikanischen Konzils:

„Da die Heilige Schrift in dem Geist gelesen und ausgelegt werden muss, in dem sie geschrieben wurde,
erfordert die rechte Ermittlung des Sinnes der heiligen Texte,
dass [frau oder] man mit nicht geringerer Sorgfalt
auf den **Inhalt und die Einheit der ganzen Schrift** achtet,
unter Berücksichtigung der lebendigen Überlieferung der Gesamtkirche und der Analogie des Glaubens."

II. Vatikanisches Konzil, Dogmatische Konstitution über die göttliche Offenbarung *Dei verbum*, Art. 12

1.1.8 Die Adressatinnen und Adressaten der neutestamentlichen Schriften

- Was über die **Verwurzelung** der biblischen Verfasserinnen bzw. Verfasser **in ihrem Lebensraum** und in ihrer Schreibsituation gesagt wurde, gilt in ähnlicher Weise auch für die Adressatinnen und Adressaten. In den meisten Fällen handelt es sich dabei um Haus- oder Ortskirchen. Als Ausnahmen können 2 Joh und 3 Joh und – auf der literarisch beabsichtigten Ebene – die Pastoralbriefe (1 Tim, 2 Tim, Tit) angesehen werden.

Die Einbettung in eine konkrete Lebenssituation ist für eine soziologische Gruppe selbstverständlich. Von den Verfasserinnen und Verfassern darf angenommen werden, dass sie auf diese konkrete Lebenssituation ihrer Adressatinnen und Adressaten, mit der ja auch nicht selten ihr Christin- oder Christsein in enger Beziehung steht, Rücksicht nehmen und ihre Schrift darauf ausrichten.

Als **Beispiel** sei nur auf die Unterschiede verwiesen, die sich zwischen dem MtEv und dem LkEv allein deswegen aufzeigen lassen, weil Ersteres sich an eine (vorwiegend) judenchristliche Kirche richtet, während Letzteres an Heidenchristinnen und -christen geschrieben ist. Des Weiteren wäre an die verschiedene Gestalt und den unterschiedlichen Inhalt der paulinischen Briefe zu denken: Diese Schriften sind sehr stark von den Notwendigkeiten und Problemen der einzelnen Kirchen am Ort bestimmt.

Neben den Eigentümlichkeiten der Verfasserin bzw. des Verfassers ist also die konkrete Einbettung der Adressatinnen und Adressaten in ihrem Lebensraum zu beachten. Dabei geht es vor allem um soziologische, kulturelle und religiöse Perspektiven.

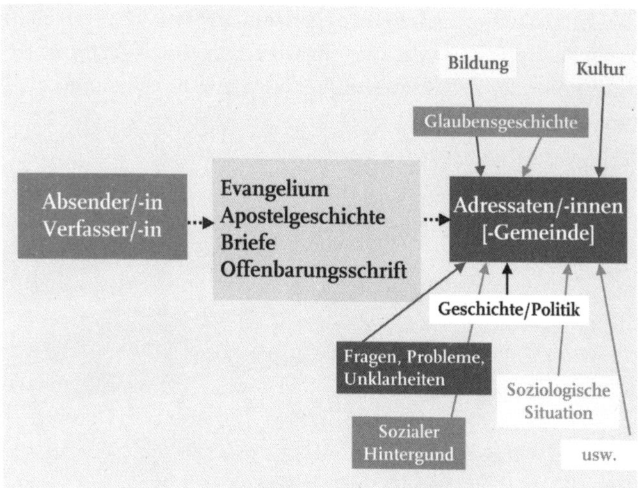

1.1.9 Zusammenfassende Konsequenz: Die Situationsbezogenheit der neutestamentlichen Schriften

Die bisher angestellten Überlegungen können wir mit dem Stichwort „Situationsbezogenheit" (oder „Kontextualität" bzw. „Inkulturation") zusammenfassen: Jede neutestamentliche Schrift ist in einem konkreten geschichtlichen Augenblick, in einem bestimmten Moment des Lebens einer Verfasserin oder eines Verfassers entstanden. Schreibweise und inhaltliche Akzente stehen in Bezug zu dieser Entstehungssituation. Jede neutestamentliche Schrift ist

- von einem/einer (oder mehreren) bestimmten Verfasser(n) oder Verfasserin(nen)
- aus einem konkreten Anlass
- zu einem bestimmten Zeitpunkt
- an eine bestimmte Adressatengruppe geschrieben.

Dabei berücksichtigt die Verfasserin bzw. der Verfasser die oben beschriebenen Voraussetzungen. Dies geschieht selbstverständlich, ohne dass sich die betroffene Person dessen bewusst ist. Durch diese Vorgangsweise wird die biblische Botschaft nicht „angepasst", sie wird vielmehr dadurch tatsächlich geerdet. Dies kann anhand des oben verwendeten Kommunikationsschemas dargestellt werden. Die Botschaft und ihre Darstellungsweise sowie die Verfasserin bzw. der Verfasser und die Adressatinnen oder Adressaten stehen also zueinander in einer Wechselbeziehung.

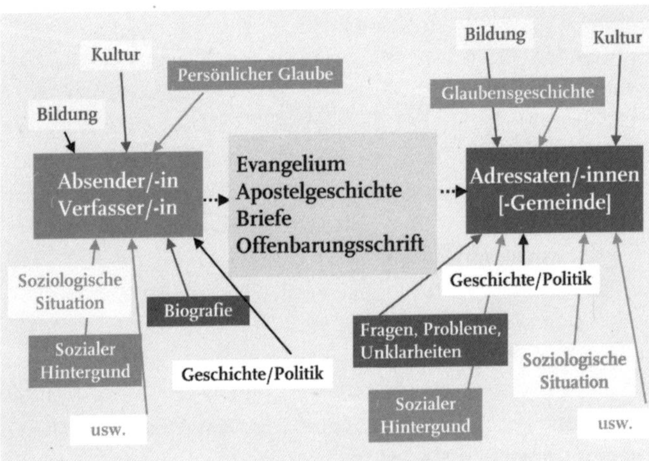

Aufgaben

- Vergleichen Sie verschiedene Berufungserzählungen aus dem Neuen Testament: Mk 1,16-20; Lk 5,1-11; Joh 1,35-51; Gal 1,11-24; Apg 22,1-21; Apg 26,1-23. Suchen Sie Gründe für die unterschiedliche Darstellungsweise und für die verschiedenen inhaltlichen Akzentsetzungen der Texte.
- Lesen Sie in Ihrer Bibelausgabe die kurzen Einführungen zu den einzelnen Schriften. Überlegen Sie, welche Konsequenzen die skizzierte Schreibsituation für die Verfasserin bzw. den Verfasser bei ihrer bzw. seiner Tätigkeit hatte.
- Blättern Sie in Ihrer Ausgabe des Neuen Testaments von einer Schrift zur anderen. Überlegen Sie, welchen Sprung über Jahrzehnte, über

Kulturräume, über geografische Distanzen Sie damit machen (z. B.: Lk – Joh; Apg – Röm; 2 Petr – 1 Joh). Was ergibt sich daraus für Sie als Leserin oder als Leser heute? Was müssen wir beim Lesen des Neuen Testaments daher beachten?

Anregungen zur begleitenden Lektüre

- Lesen Sie Art. 1 bis 6 der Offenbarungskonstitution *Dei verbum* und bedenken Sie anhand dieses Textabschnitts das Verständnis von Offenbarung als Kommunikation.
- Lesen Sie Art. 11 bis 13 der Offenbarungskonstitution und stellen Sie eine Beziehung her zum Verständnis der Bibel als Gotteswort in Menschenwort. Bedenken Sie die Folgen dieser Charakterisierung für die Deutung der Bibel.

1.2 Bibelausgaben und Bibelübersetzungen

1.2.1 „Kritische" Textausgaben

Der griechische Bibeltext ist **die wissenschaftliche Grundlage** für die Auslegung des Neuen Testaments. Dieser Text liegt in so genannten „kritischen" Textausgaben vor. Das sind Editionen, die aufgrund des Vergleichs der alten Handschriften erarbeitet werden. Da von keiner biblischen Schrift das Urmanuskript erhalten geblieben ist, müssen die verschiedenen, seit frühester Zeit angefertigten Abschriften gesichtet werden, um durch die entsprechende vergleichende Beurteilung (wörtlich: Kritik) den ursprünglichen Text zu erschließen. Dabei machen sich die heutigen Herausgeber die Erfahrungen und die „kritische" Arbeit mehrerer Jahrhunderte zunutze. Während sich ein entsprechender Handschriftenvergleich früher auf wichtige, ausgewählte Manuskripte beschränken musste, macht es die elektronische Erfassung aller Handschriften und Fragmente heute erstmals möglich, in dieses Verfahren alle bisher bekannten Handschriften und Textfragmente mit einzubeziehen.

Der heute in der exegetischen Wissenschaft verwendete Text wurde unter Heranziehung aller bis heute bekannten Bibelhandschriften (für das Neue Testament: über 3000) erarbeitet und in seiner letzten Version

1993 publiziert. Er geht in seiner Systematik und Darstellung auf die diesbezügliche Erstausgabe von 1898 zurück.

Maßgeblich sind heute die zwei folgenden Ausgaben:

- Novum Testamentum Graece. Hrsg. v. K. Aland, Johannes Karavidopoulos, Carlo M. Martini, Bruce M. Metzger. Herausgegeben im Institut für neutestamentliche Textforschung Münster, Stuttgart 27. Aufl. ab 1993. (Diese Ausgabe liegt auch griechisch-lateinisch sowie griechisch-deutsch vor).
- The Greek New Testament. Hrsg. v. Kurt Aland, Matthew Black, Carlo M. Martini, Bruce M. Metzger, Allen Wikgren, New York/London 3. Aufl. ab 1975.

1.2.2 Alte Bibelübersetzungen

Aus sachlichen Gründen sind zwei wichtige altsprachige Übersetzungswerke eigens zu nennen.

- Die **Septuaginta** („interpretatio septuaginta virorum", abgekürzt: LXX) ist eine Übersetzung der Jüdischen Bibel (also des Alten Testaments). Sie wurde für die griechisch sprechenden jüdischen Menschen im Gebiet um Alexandria in Ägypten angefertigt.

Die LXX ist zwischen 280–150 v. Chr. entstanden. Der Legende nach wurde sie von siebzig Männern angefertigt (siehe unten). Die LXX war die maßgebliche griechische Übersetzung der Jüdischen Bibel zur Zeit der Niederschrift des Neuen Testaments. Sie wurde weitgehend auch in der Liturgie der ersten christlichen Generationen verwendet. Nach ihrer griechischen Textfassung werden viele Zitate aus der Jüdischen Bibel wiedergegeben, die sich in den neutestamentlichen Schriften finden.

> Über die Entstehung der Septuaginta berichtet der Aristeasbrief [2. Jh. v. Chr.], 301–310:
>
> „[301]Demetrios ... versammelte die Männer in einem prachtvollen und ruhig gelegenen Haus am Strand und forderte sie auf, die Übersetzung zu vollenden; alles Nötige stand ihnen reichlich zur Verfügung. [302]Sie führten sie nun folgendermaßen aus: Zunächst brachten sie die einzelnen Übersetzungen durch Vergleich in Übereinstimmung;

worin sie nun übereingekommen waren, das schrieb Demetrios in diesem Wortlaut ordentlich nieder ...
[304]... Jeden Tag begaben sie sich frühmorgens an den Hof, machten dem König ihre Aufwartung und zogen sich dann an ihren Versammlungsort zurück. [305]Wie es bei den Juden Brauch ist, wuschen sie sich die Hände im Meer und wandten sich, sobald sie zu Gott gebetet hatten, der Lektüre und Interpretation der einzelnen Stellen zu ...
[307]... Es ergab sich aber, dass die Übersetzung in 72 Tagen fertig gestellt wurde, als ob dies absichtlich so geschehen wäre. [308]Als sie nun fertig war, versammelte Demetrios die jüdische Gemeinde an dem Ort, wo auch die Übersetzung angefertigt worden war, und las sie allen vor ... [310]Als die Rollen verlesen waren, traten die Priester, die Ältesten der Übersetzer, Vertreter der jüdischen Bürgerschaft und die Vorsteher der Gemeinde zusammen und sprachen: Da die Übersetzung gut, fromm und völlig genau ist, ist es recht, dass sie so erhalten bleibt und keine Überarbeitung stattfindet."

Übersetzung nach N. Meisner, in: Jüdische Schriften aus hellenistisch-römischer Zeit. Hrsg. v. W. G. Kümmel u.a., II, © Gütersloher Verlagshaus, Gütersloh 1973, 83–84

Nur in griechischer Sprache (und damit nur in der LXX) sind erhalten: Tob, Jdt, Bar, Weish, Sir, 1 und 2 Makk, griechische Zusätze zu Dan und Est. Die LXX ist also dem Umfang nach nicht identisch mit der Jüdischen Bibel in hebräischer Sprache. Da sie dort, wo sie den hebräischen Text übersetzt, des Öfteren eigene kommentierende Paraphrasierungen bietet, ist sie ein wichtiges Dokument für die Bibelwissenschaft.

Als bedeutsames wissenschaftliches Gemeinschaftsprojekt unter Beteiligung von 111 Bibelwissenschaftlerinnen und Bibelwissenschaftlern wurde in den letzten Jahren erstmals eine deutschsprachige Übersetzung der Septuaginta [„**Septuaginta deutsch**"] abgeschlossen. Sie konnte mit einem von Vertretern der Evangelischen Kirche Deutschlands, der Deutschen Bischofskonferenz, der Orthodoxen Kirche in Deutschland und der Allgemeinen Rabbinerkonferenz Deutschlands verantworteten Vorwort im Jahre 2009 veröffentlicht werden. Damit ist der Zugang zu diesem alten Übersetzungswerk der Jüdischen Bibel für interessierte Kreise erschlossen [hrsg. v. W. Kraus/M. Karrer, Stuttgart 2009].

- Die **Vulgata** („die Allgemeine“, abgekürzt: Vg) ist eine lateinische Übersetzung der gesamten Bibel. Sie geht zum großen Teil auf Hieronymus (gestorben 420 n. Chr.) zurück. Aufgrund des Auftrages von Damasus I. (366–384 Bischof von Rom) übersetzte Hieronymus zunächst die Evangelien, dann die hebräische Jüdische Bibel und die übrigen Teile des Neuen Testaments.

Die Vulgata blieb die maßgebliche lateinische Übersetzung der Bibel für den kirchlichen Gebrauch. Das Konzil von Trient erklärte ihren Text 1546 als authentischen Text der Bibel: Alle katholischen Übersetzungen mussten mit der Vulgata übereinstimmen. Unter Pius X. wurde 1907 eine Revision des Vulgata-Textes eingeleitet. Paul VI. setzte 1969 dafür erneut eine Kommission ein, die 1977 ihre Arbeit beenden konnte. In der Folge wurde 1979 die Neo-Vulgata publiziert. Ihr Text wurde durch Johannes Paul II. gleichzeitig zur offiziellen Textfassung für den Gebrauch der Heiligen Schrift in der Liturgie erklärt. Im Dokument „liturgiam authenticam“ wurde 2001 die Bedeutung der Neo-Vulgata als Maßstab für die Verwendung der Bibel in der Liturgie bekräftigt (siehe dort bes. n. 24 und 37).

1.2.3 Moderne Übersetzungen

Jede Übersetzung schwächt den Text in seiner Wirkung ab. In den Übertragungsvorgang fließt bereits eine Deutung des ursprachlichen Textes ein. Dies ist darauf zurückzuführen, dass Sprachen in ihrer Ausdrucksvielfalt nicht identisch sind und dass zudem die Objektivität der Übersetzerin oder des Übersetzers nur in begrenztem Maße gegeben sein kann. Die Bedeutungsverschiebung eines Textes durch die Übersetzung wird größer, wenn der Übersetzungsvorgang über Sprachfamilien, Kulturkreise und Geschichtsepochen hinausgreift. Deshalb drängt die Bibelwissenschaft auch heute immer wieder auf eine Beschäftigung mit dem Urtext der biblischen Schriften.

Der interessierten Leserin und dem Leser stehen heute mehrere sehr gute Übersetzungen zur Verfügung. Die folgende Vorstellung kann sie nicht alle benennen. Es wird daher nur jene Übersetzung hervorgehoben, die im deutschen Sprachraum als offizielle katholische Übersetzung gilt, und es werden jene Übersetzungen beschrieben, die der Leserin und dem Leser den eingehenderen Zugang zum Neuen Testament (auch ohne Kenntnis der biblischen Sprachen) erleichtern können.

- Im deutschen Sprachraum wurde 1979 die „**Einheitsübersetzung der Heiligen Schrift**. Das Neue Testament" publiziert (1980 folgte die Edition der Übersetzung des Alten Testaments). Damit wurde ein zwanzigjähriges Bemühen zum Abschluss gebracht, aus den Urtexten eine deutschsprachige Bibelübersetzung für den gesamten Sprachraum in möglichst weitgehender ökumenischer Zusammenarbeit zu schaffen. Die Fuldaer Bischofskonferenz hatte 1961 den Beschluss zu diesem Projekt gefasst und 1962 die Schweizer und die Österreichischen Bischöfe zur Mitverantwortung eingeladen. Damit war ein wichtiges Anliegen des Konzils (siehe Konstitution *Dei verbum*, Art. 22) im deutschsprachigen Bereich schon vorweggenommen.

> „22. Der Zugang zur Heiligen Schrift muss für die an Christus Glaubenden weit offen stehen. Darum hat die Kirche schon in ihren Anfängen die älteste Übersetzung des Alten Testamentes, die griechische, die nach den Siebzig (Septuaginta) benannt wird, als die ihre übernommen. Die anderen orientalischen und die lateinischen Übersetzungen, besonders die so genannte Vulgata, hält sie immer in Ehren. Da aber das Wort Gottes allen Zeiten zur Verfügung stehen muss, bemüht sich die Kirche in mütterlicher Sorge, dass brauchbare und genaue Übersetzungen in die verschiedenen Sprachen erarbeitet werden, mit Vorrang aus dem Urtext der Heiligen Bücher. Wenn die Übersetzungen bei sich bietender Gelegenheit und mit Zustimmung der kirchlichen Autorität in Zusammenarbeit auch mit den getrennten [Schwestern und] Brüdern zustande kommen, dann können sie von allen [Christinnen und] Christen benutzt werden."
>
> II. Vatikanisches Konzil, Dogmatische Konstitution über die göttliche Offenbarung *Dei verbum*, Art. 22

Seit 2006 läuft ein Revisionsverfahren der Einheitsübersetzung, das im Zusammenhang mit der Neuübersetzung der liturgischen Bücher steht und ab 2012 abgeschlossen sein soll. Leider wird es ohne reformierte Beteiligung nur in römisch-katholischer Verantwortung durchgeführt.

Die Einheitsübersetzung ist keine wörtliche Übertragung; sie ist vielmehr auch an sprachlicher Schönheit orientiert. Im Hinblick auf die weite geografische Streuung mussten hier manche Kompromisse geschlossen werden, die immer wieder auch Anlass zur Kritik gaben. Die Bedeutung dieser Übersetzung liegt auch nicht vor allem darin, dass sie die beste oder einzige im deutschen Sprachraum wäre; aber sie ist jene Übersetzung, die im kirchlichen Gebrauch der Heiligen Schrift, insbesondere in der liturgischen Verkündigung und in der Katechese, verwendet wird. Unter diesem Gesichtspunkt ist ihr gegenüber anderen Übersetzungen der Vorzug zu geben.

Keine Übersetzung kann den griechischen Urtext des Neuen Testaments ersetzen. Für die deutschsprachige, aber dennoch **möglichst genaue** Bibelarbeit ist die Heranziehung wörtlicher **Übersetzungen** wünschenswert, auch wenn diese Form der Textübertragung auf Kosten der sprachlichen Schönheit geht. Zur Zeit liegen folgende diesbezügliche Übersetzungen vor:

- **Münchener Neues Testament.** Studienübersetzung. Hrsg. v. J. Hainz, Düsseldorf 7. Aufl. 2004. Diese Übersetzung gibt den Urtext des Neuen Testaments nach dem Grundsatz „So griechisch wie möglich, so deutsch wie nötig" (vgl. Vorwort, ebd. S. VII) wieder. Sie bildet eine ausgezeichnete Grundlage für alle, die über keine Kenntnisse der griechischen Sprache verfügen.
- **Arbeitsübersetzung des Neuen Testaments.** Hrsg. v. G. Lüdemann/F. Schleritt. (UTB), Göttingen 2008. Auch für diese Übertragung ist die genaue Orientierung am Urtext ein Leitkriterium. Zusätzlich enthält sie Überblicke zum Textaufbau und allgemeine Hinweise zum Textverständnis.
- **Das Neue Testament. Interlinearübersetzung** Griechisch-Deutsch. Übersetzt von E. Dietzfelbinger, Neuhausen 2. Aufl. 1987. Diese Übertragung bietet keinen syntaktisch korrekten Text in deutscher Sprache, sondern eine jeweils unter den griechischen Text gesetzte Übersetzung der einzelnen Worte. Sie erfordert von der Benützerin bzw. vom Benützer zumindest Grund(lese)kenntnisse der griechischen Sprache sowie die Fähigkeit, mit Hilfe der übersetzten Begriffe einen Text zu formulieren.

1.2.4 Textgliederungen

Die ersten Bibelhandschriften bieten ein gänzlich ungegliedertes Textbild. Ursprünglich gab es keine Wortzwischenräume und keine Interpunktionen. Im hebräischen Text wurden auch die Vokale nicht geschrieben. Der Text wurde in durchgehenden Zeilen und ohne Absätze o. Ä. verfasst. Im griechischen Text wurde mit Großbuchstaben geschrieben. Eine künstliche Textmontage zu Mk 1,14-22 soll dies veranschaulichen:

**NACHDEMMANJOHANNESINSGEFÄNGNISGEWORFENHAT
TEGINGJESUSWIEDERNACHGALILÄAERVERKÜNDETEDAS
EVANGELIUMGOTTESUNDSPRACHDIEZEITISTERFÜLLTDA
SREICHGOTTESISTNAHEKEHRTUMUNDGLAUBTANDASEV
ANGELIUMALSJESUSAMSEEVONGALILÄAENTLANGGINGS
AHERSIMONUNDANDREASDENBRUDERDESSIMONDIEAUF
DEMSEEIHRNETZAUSWARFENSIEWARENNÄMLICHFISCHE
RDASAGTEERZUIHNENKOMMTHERFOLGTMIRNACHICHW
ERDEEUCHZUMENSCHENFISCHERNMACHENSOGLEICHLI
ESSENSIEIHRENETZELIEGENUNDFOLGTENIHMALSEREIN
STÜCKWEITERGINGSAHERJAKOBUSDENSOHNDESZEBEDÄ
USUNDSEINENBRUDERJOHANNESSIEWARENIMBOOTZURE
CHTMACHENDIHRENETZEUNDSOGLEICHRIEFERSIEUND
ZURÜCKLASSENDIHRENVATERZEBEDÄUSINDEMBOOTMI
TDENLOHNKNECHTENGINGENSIEWEGHINTERIHMHERUN
DSIEGEHENHINEINNACHKAFARNAUMUNDSOGLEICHAMS
ABBATHINEINGEHENDINDIESYNAGOGELEHRTEERSIEUND
SIEGERIETENAUSSERSICHÜBERSEINELEHREDENNERWAR
LEHRENDSIEWIEVOLLMACHTHABENDUNDNICHTWIE DIE
SCHRIFTGELEHRTENUNDSOGLEICHWARINDERSYNAGOG**

Jede heutige Bibelausgabe weist verschiedene Formen der Textunterteilung auf. Während Zwischenüberschriften und Absatzgliederung von den heutigen Herausgeberinnen und Herausgebern stammen, gehen Kapitel- und Verseinteilung auf frühere Arbeiten zurück.

- Schon Eusebius von Cäsarea (gestorben 339 n. Chr.) versuchte eine Aufgliederung der Evangelien in Sektionen, die fortlaufend numeriert waren (Mt: 355; Mk: 233; Lk: 342; Joh: 232). In Tabellen (**Canones**) wurden diese Sektionen so zusammengestellt, dass die jeweiligen Parallelabschnitte der Evangelien geordnet aufscheinen. In den wissenschaftlichen Textausgaben sind die Sektionen des Eusebius auch heute noch vermerkt.

- Um 1200 fertigte Stephan Langton (1150–1228; zuerst Kanzler in Paris, dann Erzbischof von Canterbury) für eine lateinische Bibelübersetzung eine **Kapiteleinteilung** an. Diese Einteilung wurde 1226 in die so genannte „Pariser Bibel" aufgenommen. Da diese Bibel in der Folge die maßgebliche Edition für wissenschaftliche Zwecke blieb, setzte sich die Kapiteleinteilung Langtons durch.
- Die **Verseinteilung** geht auf den Pariser Buchdrucker Robert Etienne (auch Estienne, 1503 bis 1559) zurück. Dieser edierte 1546, 1549, 1550 und 1551 das Neue Testament in griechischer Sprache. In die vierte Ausgabe (Genf 1551) trug er die Verseinteilung ein, die seither erhalten blieb.

Schon eine erste Analyse zeigt, dass die Kapitel- und Verseinteilung nicht immer den heutigen Textgliederungen entspricht und an manchen Stellen recht willkürlich scheint. Die Relativität dieser Einteilung ist also zu beachten; denn wir sind geneigt, Kapitel- und Verseinschnitte sogleich als Zäsuren im Text anzunehmen. Hier bedarf es in jedem einzelnen Fall einer Überprüfung.

1.2.5 Aufteilung, Bezeichnung und Abkürzung der biblischen Schriften

- Aufgrund der Entstehung und der theologischen Verortung der biblischen Schriften in der jüdischen und in der christlichen Religion wird **die Bibel in zwei Teile** geteilt. Diese werden üblicherweise als „Altes Testament" (Die Bibel des Judentums) und als „Neues Testament" (die christlichen biblischen Schriften) bezeichnet. In den letzten Jahrzehnten ist auch die Bezeichnung „Erstes" und „Zweites" Testament üblich geworden, weil in den Konkretisierungen „alt" und „neu" Wertungen erkannt und vermieden werden wollten. Der Ansatz zu solch wertenden Missverständnissen ist in der Zählung „erstes" und „zweites" allerdings ebenfalls enthalten. Daher wird in der Folge die gesamte Bibel mit den Bezeichnungen „Jüdische Bibel" und „Neues Testament" eingeteilt. Die Jüdische Bibel umfasst alle Schriften, die für das jüdische Volk und seine Religion als Heilige Schriften gelten. Da die Entstehungssprache dafür kein präzises Kriterium ist, wäre die Bezeichnung „Hebräische Bibel“ zu einengend. Es darf nicht übersehen werden, dass diese Bibel des jüdischen Volkes durch den Gebrauch schon in der frühen Kirche auch zur Heiligen Schrift des Christentums geworden ist. Wo aus christlicher Sicht Bezug auf die gesamte Bibel (also – wie bisher gesagt – auf das Alte und das Neue Testament) genommen wird, ist von der „Christlichen Bibel“ oder von der gesamten Bibel die Rede.

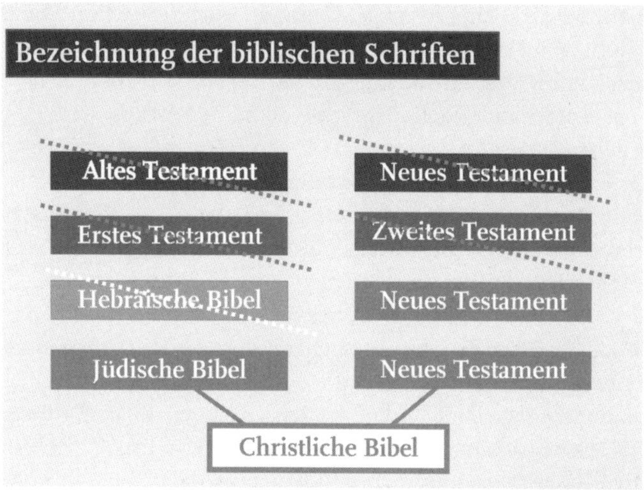

- Die **Bezeichnung der einzelnen Schriften** erfolgte ursprünglich nach deren ersten Worten. Diese Praxis ist auch heute im Judentum lebendig. Allmählich wurden die Schriften durch eine Sammelbezeichnung für ihren Inhalt (z. B.: Genesis, Exodus usw.) bzw. durch die Benennung der literarischen Gattung und der angenommenen Verfasserpersönlichkeit bzw. der Adressatinnen und Adressaten benannt (z. B.: Matthäusevangelium, Römerbrief usw.). Diese Vorgangsweise ist auch heute gebräuchlich.

Um auf bestimmte Bibeltexte Bezug zu nehmen, wurde der Textabschnitt durch seine ersten Worte identifiziert. Diese besonders von den Kirchenvätern praktizierte Methode wurde in der Neuzeit durch eine Kurzbezeichnung der jeweiligen Schrift und die Angabe von Kapitel und Vers abgelöst.

- Für die **Abkürzung der einzelnen Schriften** wurden in den verschiedenen christlichen Konfessionen (und im Judentum) unterschiedliche Systeme verwendet. Im Zuge der Vorbereitung neuer Übersetzungen (hier insbes. der Einheitsübersetzung) bzw. deren Revision (z. B. Revision der Lutherbibel, 1984) haben sich die katholische und die reformierten Kirchen auf einheitliche Abkürzungen der biblischen Schriften und auch auf eine einheitliche Schreibweise und Aussprache der biblischen Namen (Ortsnamen, Eigennamen usw.) geeinigt. Diese Übereinkunft wurde 1971 als „Loccumer Richtlinien" veröffentlicht.

Die Bezeichnung bezieht sich auf das Kloster Loccum als dem Tagungsort der entsprechenden Arbeitsgruppe.

Die Übereinkunft wurde mehrfach geringfügig überarbeitet und ist zugänglich in: Ökumenisches Verzeichnis der biblischen Eigennamen nach den Loccumer Richtlinien. Hrsg. von den Deutschen Bischöfen, dem Rat der Evangelischen Kirche in Deutschland und dem Evangelischen Bibelwerk, Stuttgart ^{2}1981.

Begriffe, die Sie im Zusammenhang mit dem Neuen Testament erklären können (siehe auch oben S. 23):

Situationsbezogenheit, Inkulturation, Kontextualität, Septuaginta, Vulgata, Einheitsübersetzung, Hebräische Bibel, Jüdische Bibel, Loccumer Richtlinien.

Verständnis- und Wiederholungsfragen zu Kapitel 1

Zu 1.1 Das Neue Testament als Schriftensammlung

- Welche Entstehungsmerkmale sind zu berücksichtigen, wenn wir vom Neuen Testament als einem „Buch" sprechen?
- Wie können Sie den zeitlichen und kulturellen Entstehungsrahmen der neutestamentlichen Schriften zusammenfassen?
- Wenden sie das Kommunikationsschema Sender/in → Botschaft → Empfänger/in auf die neutestamentlichen Schriften an: Charakterisieren Sie jedes dieser drei Elemente im Kommunikationsvorgang.
- Nennen Sie die Grundfragestellungen an den biblischen Text und begründen Sie diese.

- Warum sprechen wir in Bezug auf das Neue Testament von „Verkündigungsschriften“?
- Welche Folgerungen können Sie aus der nachösterlichen Niederschrift der neutestamentlichen Texte ziehen?
- Umschreiben Sie den Wahrheitsgehalt der biblischen Schriften.
- Wie sind Vielfalt und Einheit des Neuen Testaments zu charakterisieren? Was bedeutet in diesem Zusammenhang der Satz: Jesus Christus ist die Mitte der Schrift?
- Was wird mit dem Begriff „Situationsbezogenheit“ umschrieben? Erklären Sie den entsprechenden Sachverhalt auf der Grundlage des herangezogenen Kommunikationsschemas.

Zu 1.2 Bibelausgaben und Bibelübersetzungen

- Was ist die Septuaginta? Was ist die Vulgata?
- Worin bestehen Wert und Grenze der Einheitsübersetzung?
- Welche textliche Hilfsmittel gibt es für die genaue Auseinandersetzung mit dem Neuen Testament als Ersatz für den griechischen Urtext?
- Ungefähr wann und wo sind Kapitel- und Verseinteilung der Bibel entstanden?
- Was sind die „Loccumer Richtlinien“?

2 Die Entstehung der neutestamentlichen Schriften

Nach den Überlegungen zur Entstehung der neutestamentlichen Schriften ist in diesem Kapitel auf die einzelnen Schriftengruppen des Neuen Testaments (sowie auf die Einzelschriften) einzugehen. Dabei geben wir uns Rechenschaft über ihre literarische Eigenart. Wir fragen nach den Entstehungsfaktoren der Schriften, greifen die mit ihrer Entstehung zusammenhängenden Probleme auf und suchen nach ihrer Aussageabsicht. Im Zuge dieser Rekonstruktion des Kommunikationsprozesses, der den Schriften zugrunde liegt, wird versucht, den Entstehungskontext (die -situation / das -umfeld) möglichst umfänglich zu beschreiben.

Die Abfolge dieser Vorgangsweise orientiert sich an der Reihenfolge der neutestamentlichen Schriften in der Bibel.

2.1 Die Evangelien

2.1.1 Zum Wortverständnis von „Evangelium"

- Das Wort „Evangelium" (*euangelion*) bedeutet: gute Botschaft. In diesem Sinn wird der Begriff im antiken Profanbereich und auch schon in der Jüdischen Bibel verwendet.

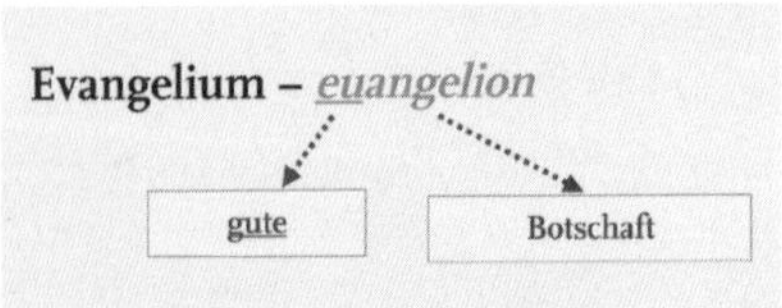

Bei der Ableitung und Übertragung des griechischen Begriffes ist seine Zusammensetzung und insbesondere die Grundbedeutung der Vorsilbe eu- zu beachten. Daher ist „Evangelium" in erster Linie als eine gute, d.h. eine Heil und Rettung bringende Botschaft zu verstehen.

Gerade in der Verkündigung des Christusgeschehens gibt es zweifellos auch ernste Elemente, die nicht sofort als „froh", jedoch im Blick auf die darin für den Menschen ausgedrückten Perspektiven als „gut" einzustufen sind.

Der Begriff „Evangelium" ist vor allem in seiner Verwendung in hoheitlichen, politisch und/oder religiös bedeutsamen Zusammenhängen belegt. Als *euangelion* werden z. B. bezeichnet:

– die Botschaft über einen **Friedensschluss**	Vgl. **Jes 52,7** LXX [6. Jh. v. Chr.]: „Ich bin erschienen wie Frühling auf den Bergen, wie die Füße eines, der frohe Botschaft von Gutem bringt, weil ich deine Rettung hörbar machen werde ...“ [LXX deutsch]
– die Botschaft über die **Geburt** eines [Königs-] Kindes	Vgl. **Inschrift von Priene**, Z 40-41 [9 v. Chr.]: „Es war aber [der Geburtstag] des Gottes [= Kaiser Augustus] für die Welt der Anfang der Dinge, die um seinetwillen gute Botschaft(en) sind.“ Die Inschrift von Priene (ca. 65 x 36 cm) wurde 1894 am Pfeiler der Nordhalle des Marktes in Priene (Kleinasien) entdeckt; publiziert von A. Deissmann, Licht vom Osten, Tübingen 1908, 269.
– die Botschaft über die **Thronbesteigung**	Papyrusfragment Ägypten [235 n. Chr.]: „Da [zu meiner Kenntnis gebracht worden ist] die gute Botschaft, dass zum Cäsar ausgerufen worden ist ... Gaios Julios Veros Maximos, ... so ist es notwendig, Verehrtester, die Göttinnenprozession abzuhalten ...“

- Im Zuge dieses Begriffsverständnisses wird in der frühchristlichen Verkündigung das Wort herangezogen für

– die Botschaft von der **Geburt Jesu**	Vgl. **Lk 2,10-11:** „Fürchtet euch nicht, denn siehe: Ich verkünde euch als gute Botschaft eine große Freude, die dem ganzen [Bundes-]Volk gilt: [11]Geboren ist euch heute der Retter, das ist Christus, der Kyrios, in der Stadt Davids.“

– die Botschaft über das gesamte **Christusgeschehen**

- Der Begriff findet sich in dieser Verwendung zuerst in der Verkündigung und in den **Schriften des Paulus** [d.h.: zwischen 51 und 58 n.Chr.]. In Röm 1,1-4 spricht Paulus davon, dass er „ausgesondert (ist) für das Evangelium Gottes ... über seinen Sohn ... Jesus Christus, unseren Herrn“. Vgl. auch 1 Kor 9,23; 15,1; Gal 1,6; 1,11; 2,2 und des Öfteren.

euangelion ist also ursprünglich die zusammenfassende **Bezeichnung für die gesamte Botschaft über Jesus Christus.** Die Wortverwendung ist daher zunächst *inhaltlich* bestimmt und nicht formal-literarisch. Das in der gleichen Wortfamilie beheimatete Verbum *euangelizomai* [als gute Botschaft verkündigen] ist einer der neutestamentlichen Fachausdrücke für die jesuanische und für die frühchristliche Verkündigungstätigkeit.

2.1.2 „Evangelium" als Bezeichnung für eine literarische Gattung

LITERATUR: **M. Ebner,** Von gefährlichen Viten und biographisch orientierten Geschichtswerken. Vitenliteratur im Verhältnis zur Historiographie in hellenistisch-römischer und urchristlicher Literatur: Historiographie und Biographie im Neuen Testament und seiner Umwelt. Hrsg. v. Th. Schmeller. (NTOA/StUNT 69), Göttingen 2009, 34–61; **H. Görgemanns,** Art. Biographie I. Griechisch. B Hellenismus: Der kleine Pauly, Bd. 2, Stuttgart 1997, 684–684; **M. Hose,** Art. Historia: Ebd. Bd. 5, Stuttgart 1998, 634; **R. Kühschelm,** Art. Evangelien: Neues Bibellexikon Bd. 1, Zürich 1991, 616–619; **K. Meister/M. Hose,** Art. Geschichtsschreibung II. Griechenland; III. Rom: Der kleine Pauly, Bd. 4, Stuttgart 1998, 992–996.996–1000; Themenheft Evangelien als Erzählwerke: BiKi 62/Heft 3 (2007).

- Mit Mk 1,1 wird aus der Bezeichnung für die Botschaft über das Christusgeschehen die **Bezeichnung für eine frühchristliche Schrift:**

> „Anfang ***des Evangeliums*** von Jesus Christus – Sohn Gottes." (Mk 1,1)

Das MkEv als erste der Schriften über das Wirken, über Tod und Auferstehung Jesu gibt mit seiner Selbstbezeichnung („Evangelium") und mit seinem inhaltlichen Entwurf der literarischen Gattung „Evangelium" seine Prägung:

- Ein Evangelium wird über das Leben und Wirken, über Tod und Auferstehung Jesu Christi geschrieben.
- Ein Evangelium wird mit der Absicht der Verkündigung, also engagiert, überzeugend, werbend, ... geschrieben. Die Verfasserin oder der Verfasser verfolgt damit bestimmte Ziele:

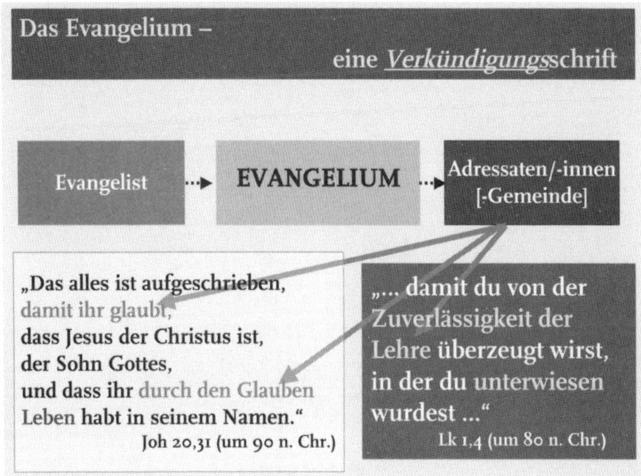

- Nach den eigenen Angaben der Evangelien verfolgen diese Schriften also die Absicht,
– Menschen zum Glauben zu führen bzw. sie darin zu stärken;
– für Menschen damit die Grundlage für Leben in der Christusgemeinschaft zu schaffen.

Die Ziele der Evangelien sind also in erster Linie religiös-theologischer Natur; der kognitiv-informative Aspekt ist dem *bei*- und *nicht vor*geordnet.

- Die vier Evangelienschriften nach Mt, Mk, Lk, Joh zeigen: Die **Gattung „Evangelium“** ist eine Großgattung **mit verschiedenen Akzentuierungen**.

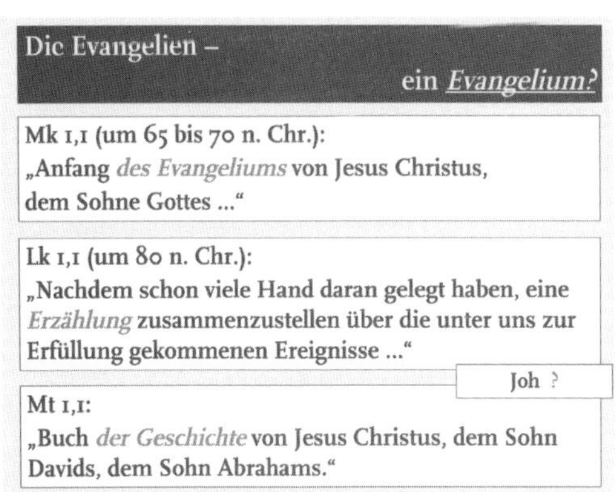

Nach Markus bezeichnet kein Verfasser seine Schrift als Evangelium, sondern es wird genauer differenziert. Das lässt erkennen, dass sich die Evangelisten mit den großen literarischen Strömungen der damaligen Zeit auseinandergesetzt haben und sich davon beeinflussen ließen. Dabei beabsichtigen/setzen sie verschiedene Schwerpunkte gemäß der damals gebräuchlichen Darstellungsweise.

- Die Evangelisten orientieren sich an der in der Antike üblichen „Geschichts“schreibung, also an der **antiken Historiografie**. Im *antiken* Sinn schreiben sie „historiae“. Dabei gilt:

> Historiographie ist „die schriftliche Darlegung der Nachforschung“.
> **Herodot** [490 –425 oder 420 v. Chr.], Historiae 7,96

Es fällt auf, dass die Evangelisten entsprechende Fachausdrücke der antiken Rhetorik verwenden, um ihre Werke zu charakterisieren. Daraus lässt sich auf ihre literarische Absicht schließen, das Christusgeschehen in der Darstellungsweise der antiken Herrschaftsliteratur zu verkündigen. Dabei lag der Schwerpunkt auf der Präsentation der Großtaten einer Persönlichkeit. Dieses Vorgehen sollte den Schluss von den großen Taten einer Person auf ihre herausragende Bedeutung nahelegen. Im Neuen Testament kann die Apg dafür als eindrucksvolles Beispiel dienen – wie die ursprüngliche Bezeichnung der Schrift erkennen lässt: *acta* apostolorum.

Dieses Grundschema der antiken, speziell der so genannten *pragmatischen* Historiografie unterlag allerdings auch der Kritik einer zu vereinfachenden Nachzeichnung eines Persönlichkeitsprofils. Innerhalb der Historiografie entwickelte sich als Spezialbereich die so genannte *bios*-

Literatur, die sich genauer mit dem Leben, also der *vita* [eben dem *bios*] einer Persönlichkeit auseinandersetzen wollte und darin ein besseres Gelingen des gesteckten Darstellungszieles erkannte.

> „Der Thebaner Pelopidas ist mehr den Historikern (*historicis*) als der breiten Masse bekannt. Ich weiß nicht genau, wie ich seine Fähigkeiten (*virtutes*) darstellen soll. Denn ich fürchte, dass, wenn ich beginne, die Ereignisse auszufalten (*res explicare*), es so aussehen mag, als erzähle ich nicht sein Leben (*vita*), sondern schreibe Geschichte (*historiam*)."
> **Cornelius Nepos** [100 – 25 v. Chr.], Pelopidasvita 1

- Die *bios*-Literatur war im ersten Jh. n. Chr. besonders beliebt. Sie vermied eine beschreibende Aneinanderreihung von großen Taten, sondern verfolgte andere Grundsätze:
  - zentriert auf eine Person
  - chronologische oder thematische Inhaltsgestaltung
  - Entwicklung großer thematischer Bögen.

- Vor dem Hintergrund dieser literarischen Vorgaben stellt sich die Frage nach der Gattung „Evangelium" nochmals. Anhand einer in der Apg überlieferten Zusammenfassung des Christusgeschehens kann der Darstellungsweg eines Evangeliums nachgezeichnet werden:

Die Gattung „Evangelium"

„[37]Ihr wisst [um] die Botschaft, die sich ereignet hat ...	Mk 1,1
[38]Jesus von Nazaret, wie Gott ihn gesalbt hat mit Heiligem Geist und mit Kraft.	Mk 1,9-11
Er zog umher, Gutes tuend und heilend alle, die unter der Gewalt des Teufels waren, denn Gott war mit ihm ...	Mk 1,14-10,46
[40]Ihn beseitigten sie, ihn hängend ans Kreuz.	Mk 14-15
Diesen hat Gott auferweckt am dritten	Mk 16,1-8
Tag, und er ließ ihn sichtbar werden, [41]nicht dem ganzen Volk, sondern den von Gott vorbestimmten Zeugen ...	Mk 16,9-14
[42]Und er befahl uns, dem Volk zu verkündigen und zu bezeugen: Dieser ist der von Gott bezeichnete Richter der Lebenden und der Toten ..." Apg 10,37-43	Mk 16,15-20

Aus literaturkritischer Sicht gehört die Gattung „Evangelium“ also zur Vita- oder Bios-Literatur als einer speziell akzentuierten Form der Historiografie. Formal gesehen kann ein Evangelium umschrieben werden als

> „eine aus Traditionseinheiten komponierte
> erzählende Darstellung des öffentlichen Lebens Jesu
> im Licht der Schriften
> und gemäß der von Ostern her geprägten urkirchlichen Predigt und Lehre“. (R. Kühschelm, in: Neues Bibellexikon I, Zürich 1991, 617)

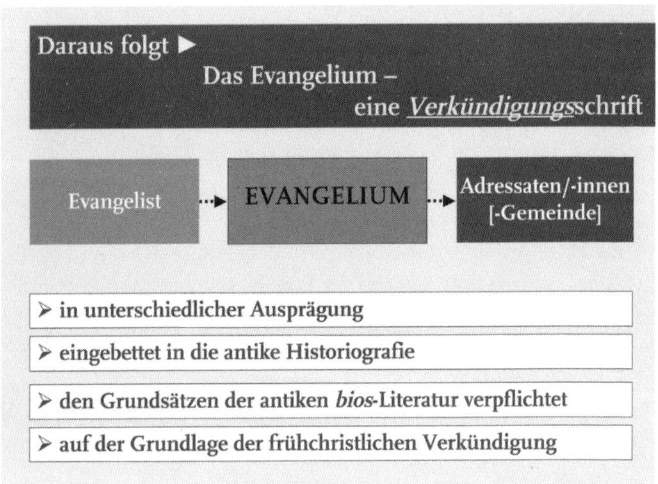

2.1.3 Die vier Schriften und das eine Evangelium

- Die Sammlung von **vier Evangelienschriften** im Neuen Testament bedeutet nicht, dass es sich um vier verschiedene Botschaften handelt. Die eine Botschaft über das Christusgeschehen wird vielmehr von verschiedenen Blickwinkeln aus dargelegt. Die Ursache dafür ist die jeweils unterschiedliche Schreibsituation der einzelnen verfassenden Personen, also ihre je verschiedene Situationsbezogenheit. Diese verschiedenen Darstellungen des Christusgeschehens sind nicht als einander ausschließend oder als gegensätzlich zu betrachten. Sie sind vier einander ergänzende (und somit auch bereichernde) Zugänge zu

Person, Wirken und Leben Jesu. Da die Fülle des Christusgeschehens das Denken und die Sprache einer einzigen Person übersteigt, ist der mehrfache Zugang (in unterschiedlicher Formulierung und gekleidet in unterschiedliche Denkmodelle) eine Chance für das bessere Verstehen des Christusgeschehens.

Der Gedanke des gemeinsamen Blicks der *vier* Evangelien auf die *eine* Mitte des Christusgeschehens wird in künstlerischen Darstellungen durch die Jahrhunderte wach gehalten.

Bild oben: Pala d'Ora, Hoher Dom zu Aachen
Bild rechts: Krönungsevangeliar, Hans v. Reutlingen, um 1500; Wien, Kunsthistorisches Museum

Ein Vergleich der Anfänge und sodann des Aufbaus der einzelnen Evangelienschriften kann zeigen, wie verschieden die Zugangsweise der einzelnen Schriften zum Christusgeschehen sein kann. Demgegenüber zeigen zwei Texte aus den ersten Jahrhunderten der Kirche, dass die mit diesen unterschiedlichen Darstellungen verbundenen Fragen bereits sehr früh bewusst waren und dass (frau oder) man versuchte, dazu einen Lösungsweg anzubieten:

„Und deshalb, wenn auch verschiedene Anfänge in den einzelnen Evangelienbüchern vorgetragen werden, trägt es doch für den Glauben der Gläubigen nichts aus, da durch den einen und führenden Geist in allen alles erklärt ist:

Über die Geburt, über das Leiden, über die Auferstehung,
über den Umgang mit seinen Jüngern und über seine doppelte Ankunft:
erstens verachtet in Niedrigkeit – was geschehen ist;
zweitens herrlich durch königliche Macht – was noch geschehen wird.“ Muratorisches Fragment, Kirche von Rom, um 200

„Der Herr über alles gab seinen Aposteln, durch die wir auch die Wahrheit, das ist die Lehre des Sohnes Gottes, kennen, die Vollmacht, das Evangelium zu verkünden. Denn wir kennen die Anordnung unseres Heils nicht durch andere außer durch sie, durch die das Evangelium zu uns gelangte. Denn was sie zunächst verkündigt hatten, haben sie uns danach durch den Willen Gottes in Schriften überliefert: das Fundament und die Säule unseres Glaubens ...
Sie zogen bis zu den Grenzen der Erde ... [und] verkündeten den Menschen den himmlischen Frieden; *sie hatten sowohl alle als auch jeder einzeln das Evangelium Gottes.*“

Irenäus von Lyon, Adversus Haereses (um 180–190 n. Chr.) III,1.1 (Hervorhebung WK)

- Mit der Reflexion über die Viergestalt der Evangelien und mit den entsprechenden Darstellungen ist in der Theologie- und Kunstgeschichte die Vorstellung von **Symbolen für die Evangelisten** verbunden.

Die vier Symbole begegnen erstmals in der Berufungsvision des Ezechiel. Der Prophet sieht „etwas wie vier Lebewesen“, die wie Menschen aussehen, aber ganz verschiedene Gesichter haben (Ez 1,5-9): „Und ihre Gesichter sahen so aus:

Ein **Menschen**gesicht ...,
ein **Löwen**gesicht ...,
ein **Stier**gesicht ...
und ein **Adler**gesicht ...“
(Ez 1,10; das Bild wird in Ez 10,14 nochmals aufgenommen)

Diese Vorstellung greift die Verfasserin/der Verfasser der Offb im Sinne einer Relektüre erneut auf:

„Und in der Mitte, rings um den Thron, waren vier Lebewesen voller Augen, vorn und hinten.
Das erste Lebewesen glich einem **Löwen,**
das zweite einem **Stier,**
das dritte sah aus wie ein **Mensch,**
das vierte glich einem fliegenden **Adler.**" (Offb 4,6-7)

Ein Bezug zu den vier Evangelisten ist nicht angedeutet. Erst Irenäus von Lyon [zu seiner Person siehe unten → 2.1.4], der auch eine Deutung zu Ez 1 vorgenommen hat (vgl. Adversus Haereses IV, 20.10), verbindet die vier Lebewesen mit den Evangelien:

„... Denn dasjenige nach **Johannes** erzählt ausführlich seine wirksame und herrliche Geburt aus dem Vater. Es heißt dort: ‚Im Anfang war das Wort ...'; und weiter: ‚Alles ist durch es geworden ...' Von daher ist dieses Evangelium voller Zuversicht; so ist nämlich sein Aussehen. **[Löwe]**
Das Evangelium nach **Lukas** hat typisch priesterliche Merkmale und beginnt beim Priester Zacharias, wie er Gott Rauchopfer darbringt (vgl. Lk 1,9). Schon wurde nämlich das **Mastkalb** zubereitet, das geopfert werden sollte, weil der jüngere Sohn wiedergefunden war (vgl. Lk 15,23.30).
Das Evangelium nach **Matthäus** verkündet seine Geburt als **Mensch** mit den Worten: ‚Buch der Abstammung Jesu Christi ...' (Mt 1,1); und dann wieder: ‚Mit Christi Geburt verhielt es sich so' (Mt 1,18). Dieses Evangelium hat also menschliche Gestalt; deshalb zieht sich durch das ganze Evangelium das Bild vom demütig gesinnten und sanften (vgl. Mt 11,29) Menschen.
Das Evangelium nach **Markus** nahm beim prophetischen Geist, der aus der Höhe auf die Menschen herabkommt, seinen Anfang und sagt: ‚Anfang des Evangeliums. Wie beim Propheten Jesaja geschrieben steht' (Mk 1,1-2). Damit zeigt er ein Bild des Evangeliums mit **Flügeln und Federn**; deshalb hat er seine Verkündigung kurz und eilig gefasst, denn das ist die Art eines Propheten."

Irenäus, Adversus Haereses III,11.8

Hieronymus führt diese Interpretationslinie fort. In seinem Kommentar zu Ezechiel verbindet er die vier Lebewesen mit den Evangelisten aufgrund der Anfänge der einzelnen Schriften (vgl. Hieronymus, Com. In Ezechielem I,1).

2.1.4 Die Entstehung der Evangelien

Erste Nachrichten über die Entstehung der vier Evangelien sind in Textfragmenten aus der Kirche des 2. Jhs. n. Chr. erhalten. Da diese Überlieferungen die Auffassung über die Entstehung der vier Schriften bis in unsere Zeit entscheidend beeinflussten, sollen sie kurz erläutert werden:

Papias war Episkop in Hierapolis (Phrygien in Zentralkleinasien) in der 1. Hälfte des 2. Jhs. [um 60–70 bis 120–130 n. Chr.]. Er verfasste fünf Bücher zur „Auslegung von Herrenworten", die nicht mehr erhalten sind, jedoch bei mehreren frühchristlichen Schriftstellern zitiert wurden. Darin legt Papias eine eigene Darstellung über das Wirken Jesu vor und beruft sich dafür auf frühere Augenzeugen und Verfasser. In diesem Zusammenhang kommt er auch auf die Evangelisten zu sprechen. Seine Hinweise zum MtEv und zum MkEv sind in der Kirchengeschichte des Eusebius von Cäsarea [263–339 n. Chr.] zitiert und somit (in dieser indirekten Form) erhalten geblieben. Vgl. dazu Eusebius, Historia Ecclesiastica [Kirchengeschichte] III, 39:

„**Markus** war ein Interpret *(hermeneutes)* des Petrus und schrieb sorgfältig auf, wessen er sich erinnerte, jedoch nicht nach Ordnung das, was vom Herrn gesagt oder getan worden ist. Er hatte nämlich den Herrn weder gehört noch war er ihm gefolgt, später aber, wie ich sagte, dem Petrus. Dieser gestaltete seine Lehren nach dem Bedürfnis, aber nicht, als wolle er eine Zusammenstellung der Herrenberichte schaffen, sodass Markus

Hermeneutes kann sowohl „Dolmetscher" als auch „Erklärer" bedeuten, sodass für die Tätigkeit des Evangelisten beides in Frage kommt. Ausdrücklich wird gesagt, dass der Verfasser kein Augenzeuge des Wirkens Jesu, sondern Schüler des Petrus (also Christ der zweiten Generation) war. Nach Papias enthält das MkEv daher auch die petrinische Verkündigung. Erkennbar ist auch die Absicht, das Evangelium im Blick auf seine Vollständigkeit keinen Fehler machte, indem er einiges, wie er es erinnerte, aufschrieb. Er beabsichtigte ja nur eines: nichts von dem auszulassen oder zu verfälschen, was er gehört hatte ..."

und auf die eigene Stoffanordnung zu verteidigen, indem es an die Eigenart der Vorgangsweise des Petrus rückgebunden wird.

„**Matthäus** stellte in hebräischer Sprache (*hebraidi dialekto*) die Berichte zusammen, es interpretierte (*hermeneusen*) sie aber jeder, wie er es konnte."

Papias könnte von einem ursprünglich hebräischen (oder aramäischen) Text sprechen, der sodann verschieden übersetzt wurde. Dieses Verständnis hat die Mt-Forschung bis in das 20. Jh. beeinflusst.

Irenäus von Lyon war zwischen 161 und 180 n. Chr. Presbyter der Kirche von Lyon. 180 n. Chr. wurde er zum Episkopen der Stadt gewählt. Zwischen 180 und 190 n. Chr. schrieb er die Schrift „Adversus Haereses [Gegen die Häresien], die allerdings verloren ging. Zitate sind in der Kirchengeschichte des Eusebius erhalten. Vgl. Eusebius, Hist. Eccl. V, 8,2-4 (= Adversus Haereses III, 1,1):

„Der Herr über alles gab seinen Aposteln, durch die wir auch die Wahrheit, das ist die Lehre des Sohnes Gottes, kennen, die Vollmacht, das Evangelium zu verkünden. Denn wir kennen die Anordnung unseres Heils nicht durch andere außer durch sie, durch die das Evangelium zu uns gelangte. Denn was sie zunächst verkündigt hatten, haben sie uns danach durch den Willen Gottes in Schriften überliefert: das Fundament und die Schule unseres Glaubens ... Sie zogen bis zu den Grenzen der Erde ... (und) verkündeten den Menschen den himmlischen Frieden; sie hatten sowohl alle als auch jeder einzeln das Evangelium Gottes."

Deutlich ist in diesem Text die apologetische (d. h.: die verteidigende) Absicht zu erkennen. Zunächst hebt der Verfasser die entscheidende Bedeutung der Evangelien hervor. Mit dem Hinweis auf die voranliegende mündliche Verkündigung unterstreicht er die Kontinuität der Botschaft. Nur in den Evangelien ist die Grundlage des Glaubens enthalten. Es sind Texte, die auf der Verkündigung der Christusbotschaft aufbauen. Ausdrücklich wird die Frage der Vielfalt der Evangelien angesprochen [siehe dazu oben → 2.1.3].

„So hat **Matthäus**, als er den Hebräern (predigte), in deren Sprache eine Evangeliumschrift herausgegeben, während Petrus und Paulus in Rom predigten und die Kirche gründeten."

Auch Irenäus geht von einer hebräischen Fassung des MtEv aus; bei einem solchen Verständnis wird allerdings aus der Adressatenbezeichnung auf die Sprache geschlossen. Des Weiteren datiert Irenäus das MtEv als das älteste bereits in die Zeit um 60 n. Chr.

„Nach deren Tod hat **Markus**, Schüler und Interpret des Petrus, eben das von Petrus Verkündete uns in schriftlicher Form überliefert."

Markus wird erneut als Petrusschüler bezeichnet. Sein Evangelium wird in Zusammenhang mit dem Tod des Petrus gebracht und als schriftliche Form der petrinischen Verkündigung angesehen.

„**Lukas** aber, der Paulus folgte, legte das von diesem verkündigte Evangelium in einem Buch nieder."

Erstmals ist hier die Aussage greifbar, Lukas sei Schüler des Paulus gewesen. Analog zu Markus wird Lukas als schriftlicher Garant der paulinischen Verkündigung eingeordnet.

„Schließlich gab auch **Johannes**, der Jünger des Herrn, der auch an seiner Brust ruhte, ein Evangelium heraus, während er in Ephesus in Asien weilte."

Der Verfasser des JohEv wird ausdrücklich mit dem geliebten Jünger (vgl. Joh 13,23-25 u.ö.) identifiziert. Erstmals wird hier Ephesus als Aufenthaltsort des Verfassers und somit als Entstehungsort der Schrift genannt.

- 1740 fand L. A. Muratori in der Bibliothek von Mailand in einer Handschrift aus dem 7. bis 8. Jh. ein älteres Fragment, das später nach ihm **Muratorisches Fragment** benannt wurde. Die Entstehung der Schrift wird auf ca. 200 n. Chr. datiert und der Kirche von Rom zugeordnet. Aufgrund der schlechten lateinischen Sprache ist anzunehmen, dass der Text die Übersetzung eines ursprünglich griechischen Schriftstückes ist. Das Fragment enthält eine der ältesten Aufzählungen der neutestamentlichen Schriften (aus diesem Grund wird es auch als **Kanon Muratori** bezeichnet). Zeile 1 bis 26 handeln über die Evangelien, die Hinweise über Mt und Mk sind allerdings nicht mehr erhalten:

„Das dritte Evangelienbuch nach **Lukas.** Lukas, dieser Arzt, hat es nach der Himmelfahrt Christi, da ihn Paulus als des Weges (der Lehre) Kundigen bei sich aufgenommen hatte, unter (in) seinem Namen nach (dessen) Meinung verfasst. Doch hat auch er den Herrn nicht im Fleische gesehen, und daher beginnt er so, wie es ihm erreichbar war, auch von der Geburt des Johannes an zu erzählen."

Der Text erwähnt im Blick auf Lukas drei wichtige Faktoren: Der Evangelist wird als Arzt bezeichnet (vgl. dazu Kol 4,14); des Weiteren wird Lukas als Schüler des Paulus gesehen (siehe Phlm 24, vgl. 2 Tim 4,11), der paulinische Verkündigung aufgeschrieben hat; schließlich wird betont, dass Lukas kein Augenzeuge Jesu gewesen ist.

„Das vierte Evangelium des **Johannes,** (eines) von den Jüngern. Als ihn seine Mitjünger und Bischöfe aufforderten, sagte er: Fastet mit mir von heute ab drei Tage, und was einem jeden geoffenbart werden wird, wollen wir einander erzählen. In derselben Nacht wurde dem Andreas, einem der Apostel, geoffenbart, dass Johannes in seinem Namen, indem alle (es) überprüfen sollten, alles niederschreiben sollte."

In den Hinweisen zum JohEv kommt deutlich der „geistige" Charakter dieser Schrift zum Ausdruck: Es wird aufgrund einer Offenbarung niedergeschrieben. Wichtig erscheint dabei, dass ein Jünger Jesu Verfasser dieser Schrift ist; zugleich wird auch die Autorität des Andreas und anderer Jünger mit dem Evangelium verbunden.

„Und deshalb, wenn auch verschiedene Anfänge (Tendenzen?) in den einzelnen Evangelienbüchern vorgetragen werden, trägt es doch für den Glauben der Gläubigen nichts aus, da durch den einen und führenden (anfänglichen) Geist in allen alles erklärt ist: Über die Geburt, über das Leiden, über die Auferstehung, über den Verkehr mit seinen Jüngern und über seine doppelte Ankunft: erstens verachtet in Niedrigkeit – was geschehen ist; zweitens herrlich durch königliche Macht – was noch geschehen wird."

Der Textabschnitt hat eine verteidigende Grundtendenz: Trotz der Vielfalt der Evangelien sind sie inhaltlich vollständig. Dies wird unter Hinweis auf den in den Schriften wirkenden Geist festgestellt. In der Aufzählung der behandelten Themen sind die Anliegen der damaligen christlichen Verkündigung zu erkennen.

2.1.5 Die einzelnen Evangelienschriften

Aufgrund der bisherigen Darlegungen ergibt sich in logischer Folge die Notwendigkeit, sich mit der Entstehung der einzelnen Evangelien auseinanderzusetzen. Dabei geht es um die Entstehungsfaktoren der einzelnen Schriften, um die Rekonstruktion des zugrunde liegenden Kommunikationsprozesses und in der Folge davon um ihre literarische Eigenart und ihre Aussageabsichten.

Das Matthäusevangelium

Der Verfasser schreibt ein „Buch der Geschichte über Jesus Chriustus, den Sohn Davids, den Sohn Abrahams" (Mt 1,1). An den Beginn seines Evangeliums stellt der Verfasser die Vorgeschichten: Sie geben Aufschluss über die Herkunft Jesu (1,1-25) und über die Ablehnung und Verfolgung durch das eigene Volk (2,1-23). Die Predigt des Täufers sowie die Taufe am Jordan (3,1-17) und die Versuchung Jesu (4,1-11) werden als Weiterführung der ausführlichen Einleitung (oder Hinführung) dargestellt.

Die Kompositionsweise des Evangelisten erschließt sein theologisches Konzept. Der Verfasser wendet für seine ganze Schritt eine Blocktechnik an: Er stellt verbale und nonverbale Verkündigung nach inhaltlichen Gesichtspunkten zusammen und wendet dafür assoziative (nicht explizit logisch ableitbare) Verknüpfungen an. Seine großen Redekompositionen bilden kompakte thematische Zusammenstellungen zu Grundbereichen der Jesusverkündigung und des Lebens der mt Kirche(n). Als solche stellen sie das inhaltliche Rückgrat dar, um das der weitere Verlauf der Jesusgeschichte erzählt wird. So wird im umfangreichsten Teil des Evangeliums das Wirken Jesu in Wort und Tat entfaltet (4,17–18,35). Der Weg nach Jerusalem (19,1–20,34) bildet den Übergang zum konfliktreichen Aufenthalt Jesu in dieser Stadt. (21,1–25,46). Abschließender Höhepunkt der Schrift ist die Erzählung über das Leiden, den Tod und die Auferstehung Jesu, verbunden mit dem Ausblick auf die Zeit der Kirche (26,1–28,20).

1,1–4,16	**Einführung: Die Vorgeschichten**	
	1,1–2,23	Über Herkunft und Werden Jesu
	3,1–4,16	Vorbereitung des Wirkens Jesu

4,17–18,35	**Das Wirken in Galiläa**	
	4,17-22	Verkündigung Jesu und Berufung von Jüngern
	4,23-25	Summarien: Die Ausstrahlung des Wirkens Jesu
5,1–7,29	Bergpredigt	
	8,1–9,34	Zyklus von Vollmachtstaten Jesu
9,35–11,1	Aussendungsrede	
	11,2–12,50	Auseinandersetzungen/Unglauben
13,1-53	Gleichnisrede über das Himmelreich	
	14,1-12	Täuferschicksal
	14,13–17,13	Die Offenbarung des Messias und Gottessohnes
	17,14-27	Vollmachtshandeln und Lehre
18,1-35	Kirchenrede	
19,1–20,34	**Der Weg Jesu bis nach Jerusalem**	
	19,1-2	Aufbruch nach Judäa
	19,3–20,34	Auf dem Weg: Lehrgespräche, Vollmachtstaten
21,1–25,46	**Die Konflikte um Person und Wirken Jesu in Jerusalem**	
	21,1-11.12-17	Einzug, Tempelreinigung
	21,28–22,46	Auseinandersetzungen
	23,1-39	Weherufe Jesu gegen die Schriftgelehrten und die Pharisäer
24,1-–25,46	Rede über die Endzeit	
26,1–28,20	**Die Verkündigung über das Leiden, den Tod und die Auferstehung Jesu**	
	26,1–27,66	Der Weg zum Tod Jesu
	28,1-8.9-10	Offenbarung der Auferstehung Jesu und Erscheinung vor den Frauen
	28,11-15	Der Betrug der Hohenpriester
	28,16-20	Die Begegnung des Auferstandenen mit den Jüngern – Auftrag und Zusage

Um der (großteils) judenchristlichen Kirche der Adressatinnen und Adressaten Argumentationsmaterial gegenüber der jüdischen Umgebung zur Verfügung zu stellen, bemüht sich der Evangelist um den Nachweis, dass Jesus von Nazaret der in der Jüdischen Bibel verheißene Messias, der Sohn Davids, ist (vgl. 1,1-17). In den Erfüllungszitaten wird auf die Jüdische Bibel verwiesen (1,22-23; 2,6.15.17-18; 3,3; 4,4-16; 8,17; 12,17-21; 13,14-15.35; 21,4-5; 27,9-10 und öfters), darüber hinaus wird in zahlreichen Passagen auf die Jüdische Bibel angespielt. Gegenüber der Parallelüberlieferung wird der Messias- bzw. der Christustitel Jesu besonders betont: Vgl. Mt 11,2 mit Lk 7,18; Mt 16,20 mit Mk 8,30; Mt 24,5 mit Mk 13,6; Mt 26,68 mit Mk 14,65; Mt 27,17 mit Mk 15,9; Mt 27,22 mit Mk 15,12. Jesus wird dabei als der neue Mose gekennzeichnet, der wie der Lehrer schlechthin das erneuerte Volk Gottes vom Berg aus lehrt (vgl. 4,25–5,2) und der in der Interpretation der Weisung Jahwes unerhörte eigenständige Autorität besitzt (vgl. 5,17-20.21-48; 12,8). So rückt Jesus das Verständnis des Gesetzes zurecht: Nicht um die buchstäbliche äußere Erfüllung geht es, sondern um den Geist, um die innere Haltung, die dahintersteht (vgl. 5,21-28; 15,1-11; 22,34-40); deswegen wird auf die sittlichen Forderungen und ihre Erfüllung (das Hören und „Tun" der Weisung: vgl. 5,19; 6,1-18; 7,21-23; 7,24-27; 12,50; 13,1-9.18-23, bes. 13,5-7.20-22; 23,3; 25,31-46; 28,20a; siehe zuvor auch schon 3,8) besonderer Nachdruck gelegt.

Obwohl im Evangelium verschiedene partikularistische Tendenzen aufscheinen (10,5.23; 15,24), ist die Schrift dennoch für eine Kirche bestimmt, die, um 80 bis 90 n. Chr., bereits die Trennung vom Judentum vollzogen hatte und weit darüber hinausgewachsen war (vgl. bes. 28,16-20; weiters 8,12; 21,43; 22,8-10; 24,14; 26,13). Der Verfasser möchte mit seiner Schrift seiner Gemeinde helfen, sich in einer Kirche von Judenchristinnen und Heidenchristinnen bzw. Judenchristen und Heidenchristen zurechtzufinden. Die religiöse Spannung zur Entstehungszeit des Evangeliums können wir uns anhand einer Skizze verdeutlichen:

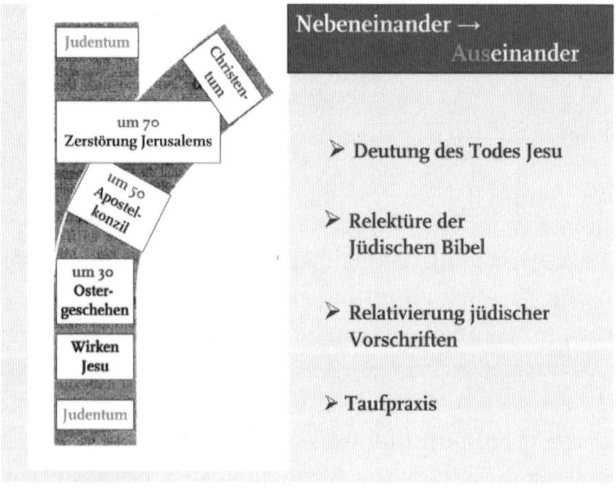

Aus einem Nebeneinander (teilweise auch Miteinander) der ersten christlichen Generation mit dem Judentum wurde aufgrund entscheidender Ereignisse und Entwicklungen eine fortschreitende Trennung. Durch die Zerstörung der Stadt Jerusalem sowie durch die Interpretationen dieses Geschehens begann die entscheidende Phase der endgültigen Trennung.

Der Evangelist zieht für seine Schrift verschiedene Quellen heran, insbesondere das MkEv: 600 der insgesamt 1068 Verse sind markinisch beeinflusst. Dies sowie die Beobachtung, dass die Zitate aus der Jüdischen Bibel mehrheitlich der Septuaginta (vgl. dazu unten → Exkurs) entnommen sind, lässt darauf schließen, dass das Evangelium ursprünglich bereits in griechischer Sprache entstanden ist und vermutlich nicht unmittelbar vom Apostel Matthäus geschrieben wurde: Kaum hätte sich dieser als Apostel auf das Material eines Nicht-Augenzeugen gestützt. Das Evangelium wurde eher von einem namentlich unbekannten Judenchristen verfasst, der dem Schülerkreis des Matthäus angehörte; so wird von Anfang an der Name dieses Apostels mit dem Evangelium verbunden.

Die entsprechende Aussage bei Papias (siehe oben) kann demnach in zweifacher Hinsicht verstanden werden: Entweder ist darin ein Hinweis zu finden, dass der Evangelist in hebräischer Redeweise, also in einem semitisierenden (griechischen) Sprachstil, schreibt. Oder der Papias-Text bezieht sich nicht auf das vorliegende Evangelium, sondern auf eine davor entstandene Sammlung von Berichten über die Verkündigung. Auch der Hinweis des Irenäus auf die Sprache der Hebräer könnte sich auf die Sprechweise, also auf ein semitisierendes Griechisch, beziehen.

Das Markusevangelium

Markus stellt an den Beginn seines „Evangelium Jesu Christi“ (1,1) eine kurze Darstellung der Begebenheiten vom Anfang: Mit dem Auftreten Johannes' des Täufers (1,2-8) sind die Taufe Jesu (1,9-11) und seine Versuchung (1,12-13) eng verbunden. Damit leitet der Verfasser den ersten großen Abschnitt seines betont geografisch aufgebauten Werkes ein: Die Zeit in Galiläa (1,14–10,1) ist ausgefüllt mit der Verkündigung der Gottesherrschaft (vgl. grundlegend dafür 1,14-15), mit dem wunderbar heilenden Handeln an Kranken und Besessenen in ganz Galiläa (vgl. 1,39). Dabei durchzieht das Geheimnis um die Person Jesu den Text. Niemand versteht Jesus (vgl. 6,51b-52), wo jedoch seine messianische Herrlichkeit erkannt wird oder durchbricht, gebietet Jesus selbst Schweigen (vgl. 1,24-25; 7,35-36 u.ö.). Dieser erste Abschnitt des Wirkens Jesu erreicht für den Evangelisten den Höhepunkt, als das Geheimnis Jesu im Kreis der Jüngerinnen und Jünger dargelegt (8,27-29) und offenbar (9,2-10) wird; 8,32-33 zeigt auch hier Unverständnis.

Dem Wirken Jesu in Galiläa sind die (letzten) Tage in Jerusalem gegenübergestellt: 10,1 kennzeichnet den Aufbruch dorthin. Diese Tage sind charakterisiert durch Belehrung und scharfe Auseinandersetzungen (11–13), welche die Passionserzählung vorbereiten. Die Erzählung von der Auffindung des geöffneten, leeren Grabes (16,1-8) beschließt das Evangelium, dem später der so genannte zweite Markusschluss (16,9-20) angefügt wurde.

1,1	Überschrift
1,2-13	Einführung: 1,2-8.9-11.12-13
1,14–9,50	Das Wirken Jesu in GALILÄA bes. 1,14-15;1,39; Messiasgeheimnis/Schweigegebote; Gleichnisverkündigung Vollmachtstaten Jesu bis zu den Völkern (bes. 5,1-20; 7,24-30) Offenbarung im Kreis der Jüngerinnen und Jünger, bes. 8,27-29; 9,2-10
10,1-52	Aufbruch nach JERUSALEM
11,1–13,37	Die Tage in JERUSALEM
14,1...16,8	Passions- und Ostererzählung
....	
16,9-20	Zweiter Markusschluss

Markus schreibt sein Evangelium knapp vor oder zur Zeit der Zerstörung Jerusalems (also um 65 bis 70 n. Chr.) an Adressatinnen und Adressaten aus den Völkern: Darauf verweisen sowohl die Erklärung jüdischer Feste und Sitten (z. B. 7,3) sowie die Übersetzung aramäischer Worte: 3,17; 5,41; 7,11.34; 10,46; 15,22.34. Der geografische Aufbau hat für den Verfasser theo- bzw. christologische Funktion: In Galiläa, dem Gebiet fern vom Zentrum des Heiligtums, nimmt das Heil seinen Anfang; hier verkündet Jesus die Botschaft der mit ihm anbrechenden Gottesherrschaft, hier wirkt er Vollmachtstaten. Für Galiläa wird die Erscheinung des Auferstandenen verheißen (16,7), von hier aus geschieht die zeichenhafte Öffnung zu den Völkern (7,31; 8,27). In Jerusalem dagegen begegnet Jesus Feindseligkeit, hier geschehen keine Heilungen (in ganz Judäa geschieht nur eine Vollmachtstat: vgl. 10,46-52); die Auseinandersetzung gipfelt in Passion und Kreuz; daher gibt es für Markus in Jerusalem keine Ostererscheinungen.

Entscheidend ist für Markus seine Deutung der Person Jesu als Sohn Gottes (vgl. schon 1,1). Freilich durchzieht das ganze Evangelium die Spannung zwischen seinem Offenbarwerden und dem (eigenartigen) Streben Jesu, verborgen zu bleiben. Auch hierin ist das Anliegen des Evangelisten christologisch: Die Herrlichkeit Jesu und sein wahres Wesen können erst durch seinen Tod (und seine Auferstehung) voll begriffen werden: Das erste echte Bekenntnis spricht daher der römische Hauptmann unmittelbar nach dem Tod Jesu (15,39). Implizit jedoch deutet Markus diese Sohnschaft konsequent in seinem Evangelium an, wenn er immer wieder die Vollmacht und die Autorität Jesu hervorhebt: Jesus erweist sich als mächtig über Dämonen (z. B. 1,21-28), über Krankheiten (z. B. 1,29-31); er steht über dem Sabbat (2,23-28), er beherrscht die Naturgewalten (4,35-41). Angesichts der hoheitsvollen und machterfüllten Verkündigung Jesu erhält so die Frage „wer ist dieser?“ für die Kirche des Evangelisten besondere Dringlichkeit (vgl. 4,41).

Das Evangelium wurde ziemlich sicher von einem Mann namens Markus geschrieben: Wäre dieser Name nicht von Anfang an mit dieser Schrift verbunden gewesen, hätte man sie wohl eher mit einer bekannteren Persönlichkeit der ersten Generation in Verbindung gebracht. Ob Markus mit dem Apg 12,12 erwähnten Johannes Markus identisch ist, muss offenbleiben, ist aber eher zu verneinen, da sich der Evangelist in Jerusalem und in der Umgebung der Stadt nicht sehr gut auskennt – wie einzelne geografische Fehler zeigen (vgl. 7,31; 10,1; 11,1). Auch bezüglich der Nähe des Markus zu Petrus bleiben Fragen offen. Nimmt man mit Papias und Irenäus (siehe oben) an, der Evangelist sei Petrusschüler gewesen, muss das Problem gelöst werden, warum sich in diesem Evangelium keine besondere petrinische Überlieferung, ja nicht einmal ein besonders positiver Umgang mit den allgemeinen Petrusüberlieferungen, findet: Weder 8,27-30.31-33 noch 14,66-72 wird Petrus geschont, im Vergleich mit den anderen Evangelien ist sogar das Gegenteil feststellbar. Wenn auch bezüglich der Herkunft des Evangelisten keine Sicherheit zu erzielen ist, wird man doch eher annehmen müssen, dass Markus ein Christ ist, der aus den Völkern stammt. Ein Hinweis dafür könnte 6,14 vorliegen: Ein Judenchrist hätte Herodes nicht einfach als König bezeichnet, sondern hier – in Kenntnis des politischen und des geschichtlichen Hintergrundes – noch präziser unterschieden. Eine zuverlässige Lokalisierung der Evangelienschrift ist nicht möglich. Der gerne verwendete Hinweis auf Rom ist nicht zuverlässig. Die zugunsten dieser Positionierung angeführte Verwendung lateinischer Lehnworte (z.B. 5,9; 15,39) muss durch den Hinweis auf die römische Präsenz im gesamten Mittelmeerraum entkräftet werden.

Das Lukasevangelium

In Anlehnung an profane Literatur stellt Lukas seiner Evangelienschrift ein Vorwort mit Widmung und Angabe der Schreibabsicht voran (1,1-4). Nach der Deutung der Herkunft und des Ursprungs Jesu (1,5–2,40) führt der Verfasser nach einer ausführlichen Einführung (einem „Vorspiel“: 2,41–4,13) weiter zur Darstellung des Wirkens Jesu als dem entscheidenden Gegenstand seines Evangeliums (4,14–19,27). Dieses Wirken nimmt seinen Ausgang in Galiläa (4,14-44), bevor es auf das ganze jüdische Land ausgeweitet wird (5,1–9,50). 9,51–19,27 wird Jesus auf seiner Wanderung nach Jerusalem dargestellt. Der abschließende Teil des Evangeliums erzählt die Ereignisse der letzten Tage in Jerusalem, das Ostergeschehen und die Himmelfahrt des Auferstandenen (19,28–24,53).

Aufbau LkEv

1,1-4	Vorwort	
1,5–2,40	Vorgeschichten	
2,41–4,13	Einführung in Person und Wirken Jesu	
4,14–19,27	Das Wirken Jesu	
	4,14-44	von Galiläa aus
	5,1–9,50	im jüdischen Land
	9,51–19,27	auf dem Weg nach Jerusalem
19,28–24,53	Die Vollendung Jesu in Jerusalem	
	19,28–21,38	Die letzten Tage in Jerusalem
	22,1–23,56	Der Tod Jesu
	24,1-53	Geschichten um Auferstehung und Erhöhung Jesu

Schon der äußere Aufbau, obwohl in den Grundzügen dem MkEv nachgestaltet, erhält bei Lukas christozentrische Bedeutung: Jesu Wirken beginnt im fernen Nazaret (4,16-30), also in Galiläa (4,14-15). Mit 9,51 wird ein wichtiger Wendepunkt markiert. Jesu Wanderung durch das jüdische Land erhält in der Hinwendung nach Jerusalem seine entscheidende Richtung und Bestimmung. Von 9,51 an ist Jesus auf dem Weg in die Heilige Stadt, dem Ort seiner Vollendung (vgl. 13,22.33; 17,11; 18,31; 19,11.28). Was in Galiläa seinen Anfang genommen hat, wird in Jerusalem im Ostergeschehen vollendet. (Dieser geografisch-christozentrische Gedanke wird in der zweiten Schrift des Lukas, in der Apg, fortgesetzt, wo gemäß der Apg 1,8 angegebenen „Stationen" die Ausbreitung des Evangeliums in Jerusalem, Judäa, Samaria bis an die Grenzen der Erde – d.h.: Rom – dargestellt wird.)

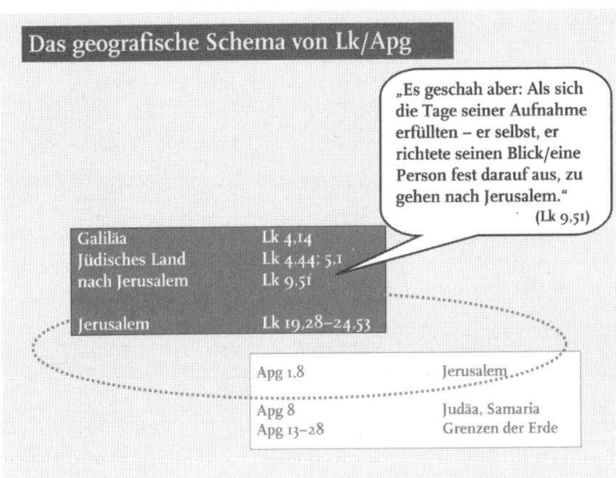

Für Lukas ist die Geschichte des Heils in Jesus Christus eingeordnet in die Weltgeschichte (vgl. 2,1; 3,1-2). Was Gott in der Zeit vor Jesus von Nazaret an seinem Volk gewirkt hat, ist hingeordnet auf die Erfüllung in und durch Jesus Christus (vgl. 1,1). „Erfüllen" und „Erfüllung" sind Lieblingsbegriffe des Evangelisten (vgl. bes. 4,21); der Grundgedanke, dass sich das Wort der Jüdischen Bibel („Verheißung") in Jesus erfüllt, ist für Lukas im Grundsätzlichen maßgeblich. Nach der Erwartung der Epoche der Jüdischen Bibel bricht mit Jesus von Nazaret die „Mitte der Zeit" (H. Conzelmann) an, in der die entscheidende Auseinandersetzung mit Satan und die Überwindung seiner Macht geschieht (4,1-13; 10,17, 22,3.53). Auf diese grundsätzliche Wende in der Geschichte (des Heils und der Welt) folgt die Zeit der Kirche, getragen von der Hoffnung und dem Warten auf die noch zukünftige Vollendung (vgl. Apg 1,11).

Lukas schreibt sein Evangelium in einer Epoche der Konsolidierung der urchristlichen Kirchen: Nicht auf ein kurzes Warten bis zur Wiederkunft Christi, sondern auf ein beharrliches Leben im Glauben muss die Kirche vorbereitet werden. Deswegen betont der Verfasser die Dauerhaftigkeit der Botschaft Jesu im Blick auf die Lebenssituation seiner Kirche (vgl. Lk 8,15 mit Mk 4,20; Lk 9,23 mit Mk 8,34; Lk 21,36 mit Mk 13,33). Das „Heute" des Heils Jesu bezieht sich nicht nur auf den geschichtlichen Augenblick des Wirkens Jesu, sondern ereignet sich stets neu im Leben der Kirche.

„Heute" des Heils im LkEv

Lk 2,11: „HEUTE ist euch in der Stadt Davids der Retter geboren. Das ist Christus der Herr."

Lk 4,22: „HEUTE hat sich dieses Schriftwort vor euren Ohren erfüllt."

Lk 5,26: „Und Aufregung erfasste alle, und sie priesen Gott, und sie wurden mit Furcht erfüllt, sagend: Einzigartiges sahen wir HEUTE."

Lk 13,32: „Geht und sagt zu diesem Fuchs [Herodes]: Siehe: Ich treibe Dämonen aus und Heilungen vollbringe ich HEUTE und morgen, und am dritten Tag werde ich vollendet."

**Lk 19,5.9: „HEUTE muss ich in deinem Haus bleiben."
„HEUTE geschah diesem Hause Heil."**

Lk 23,43: „HEUTE wirst du mit mir im Paradies sein."

Lukas stellt Jesus als einen menschenfreundlichen, gütigen, sich erbarmenden Messias dar: Die Lehrtätigkeit Jesu wird hervorgehoben (4,15; 5,3; 6,6; 13,10.22; 19,47; 20,1; 21,37); Jesu heilendes Wirken wird gegenüber den anderen Evangelien besonders betont (vgl. 5,17b; 7,13; 22,51). Jesus kommt zu den Armen, zu den Sünderinnen und Sündern (4,18-19; 7,22-23; 11,41; 12,33; 7,36-50; 19,1-10), er ist der Heiland, der sich aller Menschen erbarmt, der sucht, was verloren ist (10,30-37; 15,1-32; 18,10-14), und der Frauen und Männer in seine Nachfolge ruft (vgl. 6,12-16; 8,1-3; 23,49; 24,1-35). Mit seiner Verkündigung will Lukas für die junge Kirche um das Jahr 80 bis 90 ein Fundament zur Festigung des Glaubens und zur Bewältigung der Probleme dieser christlichen Generation legen.

Sicherlich ist der Name des Verfassers dieses Evangeliums richtig überliefert: Andernfalls hätte man wohl einen bedeutenderen oder bekannteren Namen mit der Evangelienschrift verbunden. Nach Lk 1,1-4 war der Verfasser kein Augenzeuge des Wirkens Jesu; vermutlich handelt es sich um einen Christen der dritten Generation, der sehr gebildet war und aus dem Heidenchristentum stammte. Darauf verweisen das gute Griechisch sowie die Gestaltung der Evangelienschrift unter Beachtung der Gesetzmäßigkeiten der griechischen Literatur.

Fraglich bleibt die Nähe des Verfassers zu Paulus: Es fällt auf, dass Lukas in der Apg die paulinischen Briefe nicht erwähnt und kein Interesse am Lebensschicksal des Paulus hat. Überdies sind beträchtliche Unterschiede zwischen der lukanischen und der paulinischen Christologie festzustellen. Die diesbezüglichen Angaben bei Irenäus und im Muratorischen Fragment (siehe oben) stützen sich vermutlich auf die sogenannten „Wir-Berichte" der Apg (vgl. 16,10-17; 20,5; 21,1; 27,1-28,16) sowie auf die Erwähnung eines Lukas in Phlm 24 und in Schriften aus der Paulusschule (Kol 4,14; 2 Tim 4,11). Dabei ist die Identität der in den genannten Schriften erwähnten Person mit dem Evangelisten keineswegs gesichert; die Namensgleichheit reicht dafür nicht aus. Die erwähnten Wir-Berichte sind nicht als Indizien für eine persönliche Augenzeugenschaft zu werten, sondern als Ausdruck der literarischen Fertigkeit des Verfassers, der damit seine Darstellungskompetenz unterstreicht und so die Glaubwürdigkeit seiner Erzählung fördern möchte. Die gleiche Überlegung ist auch gegenüber der bereits im Muratorischen Fragment (siehe oben) enthaltenen Annahme, Lukas sei Arzt gewesen, zu berücksichtigen. Diese Überlieferung bezieht die entsprechende Notiz in Kol 4,14 auf den Evangelisten. Auch hinsichtlich der feststellbaren Sachkenntnis in medizinischen Belangen ist jedoch eher der Rückschluss auf die schriftstellerische Kompetenz des Lukas als auf seinen Beruf zutreffend.

Das Johannesevangelium

Der Evangelist eröffnet seine Schrift mit einem Prolog, in dem er unter Rückgriff auf einen älteren Hymnus die Herkunft und das Wesen Jesu reflektiert (1,1-18). Damit ist der Grund für den ersten Hauptteil des Evangeliums gelegt (1,19–12,50): Jesus offenbart sich (und damit den Vater) vor dieser Welt; er kommt so seiner Sendung vom Vater nach. Einführende Abschnitte (Zeugnis des Täufers und Berufung von Jüngern: 1,19-51) führen zur Eröffnung von Jesu Wirken in Kana (2,1-12, vgl. bes. 2,11). Dieses (Gottes) Herrlichkeit offenbarende Wirken Jesu (vgl. 2,11;

9,3 und öfters) ist von „Zeichen“ und von „Werken“ geprägt, die in weiterführenden Reden und Gesprächen gedeutet werden. Kennzeichnend für das Auftreten Jesu ist der wachsende Widerspruch und die Ablehnung seitens „der Juden“ – für den Evangelisten ein Sammelbegriff für die Gegner Jesu (vgl. Joh 7–8, bes. 9,18-34). Mehrmals muss sich Jesus vor seinen Gegnern zurückziehen (vgl. 4,1-3; 7,30; 8,59; 10,39; 11,54-57). Die Frage nach seiner Person durchzieht die einzelnen Texte (vgl. z. B. 1,19-28; 1,29-34.36; 3,27-30; 4,25-26; 7,11-13; 7,25-29; 7,45-52; 10,24-25 u.ö.). Im Glauben an ihn als den vom Vater Gesandten entscheidet sich das Schicksal für den Menschen (vgl. 3,16-18; 12,44-50).

Mit Joh 13,1 beginnt die Vollendung der „Stunde“ Jesu: der Weg zurück zum Vater durch den Tod zur Verherrlichung (13,1–20,29). Die Fußwaschung (13,1-20) sowie die anschließenden Reden im Jüngerinnen- und Jüngerkreis (13,21–17,26) sind als Vorbereitung für den Gang zum Vater zu verstehen. In der Passionserzählung stellt der Evangelist Jesus als den hoheitsvollen, wahren König dar, der über dem Geschehen steht, ja dieses noch selbst bestimmend prägt (Joh 18-19, vgl. hier 19,28). Die Darstellung des Ostergeschehens zeigt, dass der Verfasser die Auferstehung Jesu, seine Erhöhung und die Gabe des Geistes als eine theo- und christologische Einheit versteht (20,1-29).

Der ursprüngliche Evangelientext schließt mit einem Epilog (20,30-31). Joh 21 wurde erst nach Abschluss der Niederschrift des Evangeliums, vermutlich auch erst nach dem Tod des Verfassers (vgl. 21,23), hinzugefügt.

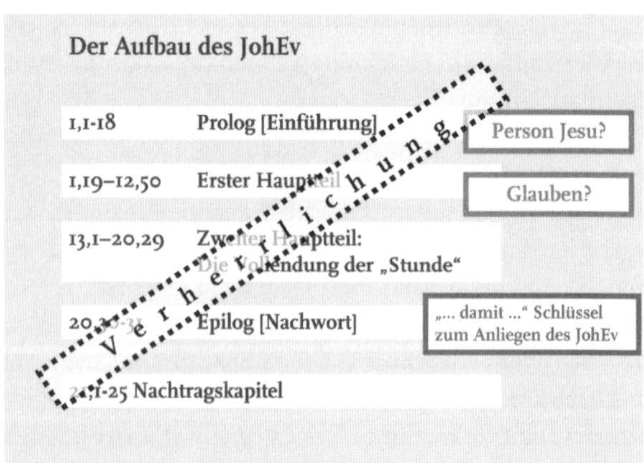

Der Verfasser schreibt in sehr einfachem Griechisch und verwendet unter den vier Evangelisten den kleinsten Wortschatz. Die Begriffe erhalten jedoch vielfach zeichenhafte und damit „theologische" Bedeutung und geben so dem Evangelientext einen eigentümlichen Klang. Mit besonderer Vorliebe denkt der Evangelist in gegensätzlichen Begriffspaaren (z. B.: Licht – Finsternis; Wahrheit – Lüge; glauben – nicht glauben; erkennen – nicht erkennen; bleiben – nicht bleiben usw.).

Mit dem Kommen Jesu in diese Welt ist für den Menschen die Entscheidung angebrochen. Sie vollzieht sich in Glauben oder Unglauben gegenüber Jesus (vgl. 3,16-18; 20,30-31). Das Gericht über den Menschen geschieht also in seiner Jesusbeziehung. Deshalb hat sich der Mensch an Jesus selbst zu orientieren (vgl. 13,34-35). Der glaubende Mensch ist in seinem Verhältnis zu Jesus in den innergöttlichen Lebensvollzug mit hineingenommen. Er hat Anteil an der Sendung (vgl. 20,21) und an der Lebensfülle Jesu im Austausch des dreifaltigen Gottes (vgl. 6,57), in dem jedwede Einheit grundgelegt ist (vgl. 17,21, weiters 15,4.9). Der Grund für die Forderung nach Glauben ist für den Evangelisten das Wesen Jesu. Er ist die entscheidende Offenbarung des unsichtbaren Gottes, der „Exeget" des Vaters (vgl. bes. 1,18): Jesus bringt Kunde vom Vater (15,15), in seiner Person wird der Vater sichtbar (14,9), sein Wirken wird vom Vater geleitet und bezeugt. Was Jesus – sich offenbarend – von sich sagt, gilt für den Vater (vgl.: „Ich bin ..."):

Die Vollendung seiner Sendung (vgl. 19,30) führt Jesus in die Herrlichkeit des Vaters zurück (vgl. 20,17). Den Jüngerinnen und Jüngern – das sind jene, die an Jesus glauben – ist die Gegenwart des Geistes als die Gabe der vollendeten Sendung Jesu (vgl. 20,22, zur Deutung 14,17.26; 15,26; 16,13) zugesagt: Es ist jener Geist, der das Wirken Jesu geprägt hatte (vgl. 7,37-39; 19,30b.34-35).

Der Evangelist reflektiert mit seiner Schrift die Jesusverkündigung in einer gegenüber den älteren Evangelien weiterführenden Weise. Das Evangelium ist wohl als letztes der vier Evangelienschriften entstanden. Von den apostolischen Vätern (Klemens, Barnabas) wird es (um 90 n. Chr.) noch nicht erwähnt; hingegen datieren die ältesten erhaltenen Textfragmente in die Zeit um 125 n. Chr. (Papyrus P^{52} mit dem Textabschnitt 18,31-33.37-38). So kann auf eine Entstehungszeit zwischen 90 und 100 n. Chr. geschlossen werden. Ob das Evangelium im kleinasiatischen Raum geschrieben wurde, ist heute umstritten. Eine Rekonstruktion seiner Entstehung in Palästina gilt als wahrscheinlicher.

Der überlieferte Verfassername ist sicher zutreffend. Schwierigkeiten bereitet hingegen die Identifizierung des genannten „Johannes". Die etwas schematische, typisierende Darstellung von Person und Wirken Jesu lassen nicht auf ein Naheverhältnis zwischen Jesus und dem Verfasser schließen. Der Verfasser war deswegen kaum ein Augenzeuge; er war wohl auch nicht jener Johannes, der aus der synoptischen Überlieferung als einer der Söhne des Zebedäus (vgl. Mk 1,19) bekannt ist. Der Evangelist ist aus diesem und auch aus anderen Gründen nicht mit dem geliebten Jünger gleichzusetzen, der ab Joh 13 mehrmals ohne Namensnennung erwähnt wird (vgl. 13,23-26; 19,26-27; 20,3-10; 21,7.20-23.24; eventuell auch 18,15; 19,35): Dass der eigene Name durch den Verfasser aus Bescheidenheit verschwiegen worden wäre, erscheint angesichts der Hervorhebung eines so auszeichnenden Verhältnisses zu Jesus doch sehr eigentümlich.

Aufgrund der literarischen Einheit des Evangeliums ist die Verantwortung für die endgültige Gestalt der Schrift einer einzigen Person zuzuweisen. Dies schließt nicht aus, dass sich dieser Verfasser auf einen weiteren Kreis gestützt hat (vgl. dazu die Hinweise im Muratorischen Fragment, dazu oben). Dieser Evangelist könnte im Schülerkreis des gleichnamigen Apostels zu suchen sein; oder die Evangelienschrift könnte von einem sonst unbekannten Verfasser namens Johannes stammen, dessen Verknüpfung mit der urkirchlichen Tradition zwar anzunehmen ist, heute aber nicht mehr zurückverfolgt werden kann. Wie die Sprache des Evangeliums verrät, war die Person semitischer Herkunft (vgl. semitische Wendungen in 1,12; 2,23; 3,18.21; 7,42; 8,33.37), schrieb aber für griechisch sprechende Adressatinnen und Adressaten – wie die Übersetzung aramäischer Ausdrücke zeigt (vgl. 1,38.41.42; 4,25; 20,16). Diese Adressatinnen und Adressaten sind weniger in einer örtlich geschlossenen Kirche als vielmehr innerhalb einer bestimmten Gesinnungsgruppe zu orten. Vermutlich setzt sich der Evangelist intensiv mit der philosophischen Strömung der Gnosis auseinander, die den Menschen aufgrund eigener Erkenntnis (griechisch: *gnosis*) zum Heil führen wollte. Ebenfalls bestimmend für die Abfassung des Evangeliums war wohl die Grenzziehung zu so genannten Johannesjüngern (vgl. dazu Apg 19,3-5), denen die überragende Stellung Jesu verdeutlicht werden sollte (vgl. 1,6-8.19-28.32; 3,22-40).

Aufgaben

- Tragen Sie in den nachstehenden Raster der **sechs W's** zu den jeweiligen Evangelien die einzelnen Informationen ein.
- Verwenden Sie dafür die zusammengestellten Informationen zu den einzelnen Schriften.
- Ziehen Sie dafür auch die kurzen Einleitungen heran, die in jeder Bibelausgabe den einzelnen Schriften vorangestellt sind.

Das Evangelium nach …

Wer	Verfassende Person: Name, Charakterisierung (siehe oben 1.1.7)
Was/wie	Eigenart der Schrift, Aufbau/Gliederung
Wann	Entstehungszeit; Hinweise zur Begründung
Wo	Entstehungs„ort" bzw. -gebiet; Hinweise zur Begründung
an **W**en	Benennung und Charakterisierung der Adressatinnen und Adressaten (siehe oben 1.1.8)
Warum	Entstehungsgrund, Indizien und Anhaltspunkte; Absichten der verfassenden Person

Exkurs A: Die Synoptische Frage

LITERATUR:

Textausgaben: K. Aland (Hrsg.), Synopsis Quattuor Evangeliorum, Stuttgart ab 12. Auflage 1982 [griechisch; auch griechisch-deutsche Ausgabe]; **J. Hainz** (Hrsg.), Synopse zum Münchener Neuen Testament, Düsseldorf ab 1991 (vgl. dazu oben → 1.2.3); **J. M. Robinson/P. Hoffmann/J. S. Kloppenborg** (Hrsg.), The Critical Edition of Q, Leuven 2000; **P. Hoffmann/Ch. Heil**, Die Spruchquelle Q. Studienausgabe Griechisch und Deutsch, Darmstadt 2002.

M. Ebner, Die Spruchquelle Q, in: M. Ebner/St. Schreiber (Hrsg.), Einleitung in das Neue Testament, Stuttgart 2008, 85–111; **F. Prostmeier**, Kleine Einleitung in die synoptischen Evangelien, Freiburg 2006.

• Der biblische Befund

Schon in den ersten christlichen Jahrhunderten haben kirchliche Verfasser in ihren Kommentaren zu den Evangelien verschiedene Beziehungsmomente zwischen einzelnen biblischen Schriften festgestellt, die insbesondere das Verhältnis der drei ersten Evangelien zueinander betreffen (vgl. dazu kurz oben → 1.2.4). Durch die Forschung der letzten zwei Jahrhunderte konnten diese Beobachtungen präzisiert werden. Der exegetische Befund stellt sich in folgender Weise dar:

(1) Die Evangelien nach Mt, Mk und Lk weisen viele Ähnlichkeiten auf, die sich auf die Anordnung und die Abfolge von einzelnen Perikopen[1] beziehen.

Mt 8	Mk 1	Lk 4
		4,16-30 Predigt in Nazaret
8,1-4 Heilung eines Aussätzigen	1,40-45 Heilung eines Aussätzigen	5,12-14 Heilung eines Aussätzigen
8,5-13 Heilung des Dieners des Hauptmanns in Kafarnaum		7,1-10 Heilung des Dieners des Hauptmanns in Kafarnaum
	1,21-28 Exorzismus	4,31-37 Exorzismus
8,14-15 Heilung der Schwiegermutter	1,29-31 Heilung der Schwiegermutter	4,38-39 Heilung der Schwiegermutter
8,16-17 Heilungen am Abend	1,32-34 Heilungen am Abend	4,40-42 Heilungen am Abend

[1] Von griechisch *perikopto* – behauen, abhauen, wegnehmen: Texteinheit.

Mt 8	Mk 1	Lk 4
	1,35-39 Aufbruch Jesu	4,43-44 Aufbruch Jesu 5,1-11 Berufung der Jünger
8,18-22 Sprüche über die Nachfolge		9,57-60 Sprüche über die Nachfolge
8,23-27 Bannung des Sturms	4,35-41 Bannung des Sturms	8,22-25 Stillung des Sturms

(2) Die Evangelien nach Mt, Mk und Lk weisen viele Ähnlichkeiten in der Gestaltung der Perikopen auf, die teilweise bis zur wörtlichen Übereinstimmung von Perikopenteilen, ganzen Perikopen oder auch Perikopenfolgen gehen können.

Mt 8,14-15	Mk 1,29-31	Lk 4,38-39
14Und Jesus, kommend in das Haus des Petrus,	29Und sofort, aus der Synagoge hinausgehend, kamen sie in das Haus von Simon und Andreas mit Jakobus und Johannes.	38Sich aufmachend aber von der Synagoge, hineinging er in das Haus des Simon.
sah dessen Schwiegermutter darniederliegend und fiebernd.	30Die Schwiegermutter des Simon aber lag fiebernd, und sofort sprachen sie zu ihm über sie.	Die Schwiegermutter des Simon aber war erfasst von einem starken Fieber, und sie baten ihn für sie.
	31Und hinzukommend, richtete er sie auf,	39Und hinzutretend vor sie hin, anfuhr er das Fieber,
15Und er berührte ihre Hand, und es verließ sie das Fieber, und sie wurde aufgerichtet,	ergreifend die Hand. Und es verließ sie das Fieber,	und es verließ sie.
und sie diente ihm.	und sie diente ihnen.	Sogleich aber aufstehend, diente sie ihnen.

(3) Den Gemeinsamkeiten und Übereinstimmungen stehen Abweichungen gegenüber. Diese beziehen sich sowohl auf die Textgestaltung als auch wiederum auf die Abfolge der einzelnen Textabschnitte.

(4) Die genannten Beobachtungen hinsichtlich Übereinstimmung und Abweichungen können in zweifacher Weise angestellt werden: Sie be-

treffen einmal einen Vergleich des Mt, Mk und Lk; des Weiteren zeigt sich, dass Übereinstimmung in Formulierung und Textabfolge auch bei jenen Textabschnitten vorliegen kann, die nur Mt und Lk überliefern und die bei Mk fehlen.

Mt 6,9-13	**Mk**	**Lk 11,2-4**
9a Unser Vater der [du] in den Himmeln [bist]:		2 Vater,
9b Geheiligt werde dein Name.		geheiligt werde dein Name.
10a Es komme deine Königsherrschaft.		Es komme deine Königsherrschaft.
10b Es geschehe dein Wille, 10c wie im Himmel so auf der Erde.		
11a Unser Brot, das tägliche,		3 Unser Brot, das tägliche,
11b gib uns heute.		gib uns Tag für Tag.
12a Und nimm uns weg unsere Schuld,		4 Und nimm uns weg unsere Sünden,
12b wie auch wir vergeben haben den uns gegenüber Schuldigen.		denn auch wir selbst vergeben jedem uns gegenüber Schuldenden.
13a Und lass uns nicht hineintreten in die Versuchung,		Und lass uns nicht hineintreten in die Versuchung.
13b sondern reiße uns [heraus] von dem Bösen.		

(5) Schließlich finden sich in diesen drei Evangelien auch jeweils Texte, die nur einer der Evangelisten überliefert hat und die in den anderen Schriften nicht aufscheinen.

(6) Das JohEv kann in diesen Vergleichsprozess in entsprechendem Maße nicht mit einbezogen werden.

- **Folgerungen**

Dieser mehrschichtige Textbefund gibt Anlass zu mehreren Schlüssen:

Ähnlichkeiten in *Gestaltung* und in *Abfolge* von Texteinheiten bei Mt, Mk, Lk:
→ Direkte Abhängigkeit zwischen diesen Schriften.

Abweichungen in *Gestaltung* und in *Abfolge* von Texteinheiten bei Mt, Mk, Lk:
→ Evangelien: je eigenständig geplant und geschrieben.

Beide Beobachtungen gelten fallweise *nur für Mt und Lk*, wenn Mk diese Texteinheiten nicht kennt:
→ Verhältnis zwischen Mt und Lk gesondert zu sehen.

Es sind auch Texteinheiten überliefert, die nur *ein* Evangelist kennt:
→ *Sondergut* der Evangelisten und eigenständige Auswahl müssen beachtet werden.

Die wissenschaftliche Einordnung dieser Beobachtungen und Folgerungen in eine allgemeingültige Überlegung zur Entstehung der drei ersten Evangelien und zu ihrem gegenseitigen Verhältnis hat die exegetische Forschung vor zahlreiche Fragen gestellt.

Die ersten drei Evangelien werden aufgrund dieser Beobachtungen **„Synoptische Evangelien“** oder kurz **„Synoptiker“** (*syn-opsis*: Zusammenschau) genannt (abgekürzt: Syn). Um die zweifellos gegebenen unmittelbaren Beziehungen zwischen diesen Schriften zu klären, wurden mehrere Theorien entwickelt. Die Gesetzmäßigkeiten der Beziehung zwischen diesen drei Evangelien sind bis heute nicht restlos geklärt. Jene These, die am ehesten die Schwierigkeiten beantworten kann, ist die von C. Lachmann entwickelte **Zweiquellentheorie** (um 1835).

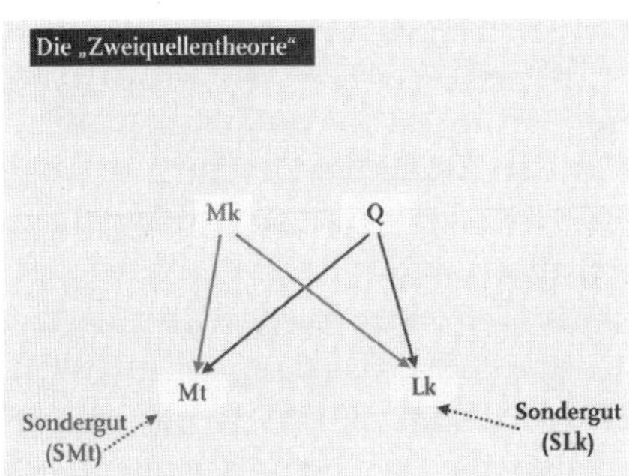

Diese Theorie geht davon aus, dass sowohl der Verfasser des MtEv als auch jener des LkEv zwei diesen beiden Evangelisten gemeinsame Quellen benützt hat:

- Jenen Abschnitten und Texteinheiten, in denen das MtEv und das LkEv mit dem MkEv (weitgehend) übereinstimmen, liegt der Text des MkEv zugrunde. Die Verfasser haben für diese Texte das MkEv als literarische Vorlage herangezogen. [Siehe oben (1) und (2).]
- In jenen Teilen ihrer Evangelienschriften, in denen das MtEv und das LkEv ohne Beziehung oder Parallele zum MkEv untereinander übereinstimmen, greifen die Verfasser auf eine andere, ihnen gemeinsame Quelle zurück. Diese Quelle – sie ist nicht erhalten und kann aus dem Textvergleich nur postuliert und teilweise rekonstruiert werden – enthielt vornehmlich Sprüche Jesu. Sie wird daher als „Spruchquelle" (oder Logienquelle) Q bezeichnet. [Siehe oben (4).]
- Zusätzlich zu diesen zwei Quellen für seine Evangelienschrift verwendet jeder Evangelist auch so genanntes „Sondergut" (bezeichnet als SMt und SLk). Dabei handelt es sich um Überlieferungen, die nur im je eigenen Evangelium aufscheinen. [Siehe oben (5).] Dafür kann es wiederum verschiedene Gründe geben: Sei es, dass nur ein Evangelist sie kannte; oder sei es, dass nur ein Evangelist sie in seine Schrift aufnehmen wollte.

  Als bekanntes Beispiel für Sondergutfolgen können die jeweiligen Vorgeschichten (Mt 1–2; Lk 1,5–2,40) genannt werden.

  (Sondergut findet sich in allen vier Evangelien; aufgrund des anhand dieser Theorie angestellten Vergleichs ist es jedoch nur für das MtEv und das LkEv eindeutig identifizierbar.)
- Das JohEv kann in der durch die Zweiquellentheorie vorgenommenen Verhältnisbestimmung der Evangelien zueinander nicht berücksichtigt werden. [Siehe oben (6).]

- **Logienquelle Q**

Ein offenes Problem der Evangelienforschung bleibt in diesem Zusammenhang die Frage nach der näheren Bestimmung der Quelle Q: Die Redequelle scheint mit der Gattung der alttestamentlich-jüdischen Weisheitsrede verwandt zu sein; offenbar sind die entsprechenden Sprüche in den Rahmen eines apokalyptisch bestimmten Weltbildes eingeordnet. Kennzeichnend für die Redequelle sind die Bildung von Überlieferungsblöcken und die Rahmung einzelner Abschnitte (Lk 7,18-23.29-30), die offensichtlich als chronologisch beabsichtigte und mittels Stichwortassoziation verknüpfte Anordnung der Sprüche. Inhaltlich auffallend ist das Fehlen von Passions- und Ostergeschichten.

Zur Entstehung der Logienquelle Q wurden in den letzten Jahrzehnten verschiedene Theorien entwickelt. Gesichert scheint, dass Q in griechischer Sprache überliefert wurde, sehr wahrscheinlich ist sie eine ursprünglich schriftliche Fassung von Q. Ebenfalls mit großer Wahrscheinlichkeit ist ein gestufter Entstehungsprozess mit entsprechenden mündlichen und schriftlichen Stadien anzunehmen.

- **Die methodische Folgerung: Der synoptische Vergleich**

In der Exegese der ersten drei Evangelien nimmt der synoptische Vergleich eine wichtige Stellung ein. Die Basis dafür bietet die Überlegung, dass die Eigenheiten des MtEv und des LkEv in Abweichung von einem parallelen Mk-Text in besonderer Weise die theologischen Akzente und die Aussageabsicht des jeweiligen Evangelisten verrät. Umgekehrt lenken die Weiterentwicklungen eines Mk-Textes in den Textfassungen der so genannten „Seitenreferenten" das Augenmerk auf das spezifische Textprofil des MkEv.

Im synoptischen Vergleich werden daher die drei Textfassungen unter Wahrung der Mk-Priorität einer genauen Analyse unterzogen. Im Zuge der Redaktionskritik können daraus entsprechende Folgerungen für die Verfasserabsicht und für die Bestimmung der theologischen Schwerpunkte abgeleitet werden.

- **Schreibweise synoptischer Bibelstellen**

Im Falle der **dreifachen** Überlieferung einer Perikope wird mit Bezugnahme auf die Priorität des Mk-Textes jeweils die Mk-Stelle angegeben; die Abschnitte im MtEv und im LkEv werden unter Ergänzung der Abkürzung „par" [d. h.: parallel dazu] ergänzt.

Das bedeutet z. B. (unter Bezugnahme auf die oben abgedruckte synoptische Perikope): Mk 1,29-31 par Mt 8,14-15; Lk 4,38-39. Führt neben dem MkEv nur ein Seitenreferent den Textabschnitt, wird die Zitation dieses Textabschnitts mit der Abkürzung „par" an die Mk-Angabe angefügt, z. B.: Mk 1,23-28 par Lk 4,33-37.

Im Falle der **zweifachen** Überlieferung können verschiedene Schreibweisen gewählt werden. In der Regel werden beide Textausfassungen aus dem MtEv und dem LkEv angegeben, verbunden durch die Abkürzung „par". Im streng wissenschaftlichen Gebrauch wird die Angabe nach dem LkEv unter Voranstellung des Siegels „Q" zitiert, also z. B.: Mt 6,9-13 par Lk 11,2-4, oder Q 11,2-4.

Als **Hilfsmittel** für die synoptische Lektüre entsprechender Texte der Evangelien stehen so genannte „Synopsen" zur Verfügung, in welchen die synoptischen Evangelien unter Berücksichtigung ihrer Übereinstimmungen nebeneinander abgedruckt sind. Synopsen können nur in der griechischen Ursprache der Evangelien oder in möglichst genauen Übertragungen eine sinnvolle Beschäftigung ermöglichen.

Aufgaben

- Lesen Sie unter Berücksichtigung der Zweiquellentheorie nochmals den Text über die Taufe Jesu (Mk 1,9-11 par): Welche Überlegungen können Sie nun hinsichtlich der unterschiedlichen Fassungen der Erzählung anstellen?
- Vergleichen Sie Mt 5,3-12 mit Lk 6,20-26: Welche der Seligpreisungen (oder der Weherufe) sind – auf der Grundlage der Zweiquellentheorie – der Spruchquelle Q zuzuordnen, welche dem Sondergut des jeweiligen Evangelisten?

Exkurs B: Johannes und die Synoptiker

- **Generelle Beobachtungen**

Aufgrund der Sprache sowie der theologischen Denkweise bestehen zwischen den synoptischen Evangelien und dem JohEv erhebliche Unterschiede, die nicht sofort an eine unmittelbare literarische Beziehung denken lassen. Allerdings zeigen sich auch zahlreiche Übereinstimmungen, die eine Beurteilung des Verhältnisses zwischen dem JohEv und den Synoptikern sehr schwierig machen.

Ein Vergleich zwischen den Evangelienschriften vermittelt den Eindruck, dass die Reflexion der Jesusverkündigung in einer gegenüber den älteren Evangelien weitergeführten Weise erfolgt. So wird z. B. anstelle des Einsetzungsberichtes die Fußwaschung (Joh 13,1-20) erzählt. Das Geheimnis der eucharistischen Speise wird im Zusammenhang einer ausführlichen Rede im Anschluss an die große Speisung gedeutet (vgl. Joh 6,1-15.22-59).

Sprache, theologische Denkweise und Kontext (Inkulturation) zeigen zwischen den synoptischen Evangelien und dem JohEv erhebliche Unterschiede, fallweise aber auch Ähnlichkeiten.

Unterschiede bestehen vor allem
- in der Stoffauswahl
- in der Stoffanordnung (Komposition)
- in der Darstellung des Stoffes (Schreibweise, Sprache)
- in den theologischen Grundperspektiven

Ähnlichkeiten zeigen sich
- in gemeinsamen Überlieferungen
- in thematischen Berührungspunkten

Es hat also den Anschein, der vierte Evangelist sei weitgehend eigenständige Wege gegangen – wie dies sowohl in Kleidung als auch in Körperhaltung der unten abgebildeten Holzschnitzarbeit zum Ausdruck kommt.

Predella des Hochaltars des St. Stephansmünster Breisach, 1526

- **Verhältnisbestimmung im Einzelnen**

- **Unterschiedliche Stoffauswahl:** Das JohEv kennt zahlreiche Perikopen, die in den Syn nicht überliefert sind, z. B.:

Prolog: Joh 1,1-18
Hochzeit zu Kana: Joh 2,1-12
(Dialogische) Reden Jesu: Joh 4; 6; 8; 10
Sieben Zeichen, *keine* Exorzismen
[dafür die Beschuldigung, Jesus selbst sei besessen: Joh 7,20; 8,48.52; 10,20]
usw.

– **Unterschiedliche Stoffanordung (Komposition)**: Das JohEv bringt Perikopen an einem anderen „Ort" in seiner Evangelienschrift, z. B.:

Die Tempelreinigung steht bereits Joh 2,13-22 (anders Mk 11,15-19).
Das Wirken Jesu ist zwischen Galiläa und Jerusalem in anderer Abfolge aufgegliedert.
Im JohEv ist dreimal vom Paschafest in Jerusalem die Rede (Joh 2,13; 6,4; 12,1 mit 13,1).
Die Abfolge zwischen dem letzten Mahl Jesu (13,1-35) und dem Beginn der Passionserzählung (18,1) ist gegenüber den Syn umgekehrt.
usw.

– **Stoffdarstellung, Schreibweise und Sprache** sind im JohEv eigenständig, z. B.:

Der synoptische Leitbegriff „Königsherrschaft Gottes" fehlt im JohEv fast zur Gänze (nur Joh 3,3.5). Der entsprechende Leitvers der Jesusverkündigung wird in Joh 3 mit anderen Begriffen umschrieben (siehe inhaltlich dazu auch unten → 3.2.1).

Mk 1,15	**Joh 3,16-17**
„Erfüllt ist die Zeit,	„So hat Gott die Welt geliebt,
und nahegekommen ist die	dass er seinen einzigen Sohn gab,
Königsherrschaft Gottes.	
Kehrt um	damit jede/r, die oder der
und glaubt an das Evangelium.“	an ihn glaubt, nicht verloren geht,
	sondern ewiges Leben habe.
	[17]Denn nicht hat Gott den Sohn in die Welt gesandt,
	dass er die Welt richte,
	sondern dass die Welt gerettet werde durch ihn.“

Die Sprache ist von der Verwendung von Gegensatzpaaren (Licht – Finsternis; Tod – Leben, Wahrheit – Lüge, Glauben – Unglauben) geprägt.

Der Evangelist verwendet den Redestil der Offenbarungsrede: „Ich bin …“ (*ego eimi* …). Siehe auch oben → 2.1.5.

Ich bin …	
das Brot des Lebens	6,35.41.48.51
das Licht der Welt	8,12; (12,46)
die Tür	10,7.9
der gute Hirte	10,11.14
die Auferstehung und das Leben	11,25
der Weg, die Wahrheit und das Leben	14,6
der Weinstock	15,1.5
Ich bin [vgl. Ex 3,14]	4,25; 6,20; 8,24.28.58; 9,9; 13,19; 18,5.6.8

– **Unterschiedliche Profilierung des Stoffes:** Einzelne Textabschnitte vermitteln eine andere Darstellung als die Synoptiker, z. B.:

Joh 1,32 gegenüber Mk 1,10 par	Taufe Jesu oder Zeugnis für Jesus
Joh 1,35-51 gegenüber Mk 1,16-20	Beginn der Nachfolgegemeinschaft Jesu
Joh 18,5 gegenüber Mk 14,44-45 par	Gefangennahme Jesu
Joh 6,1-59; 13,1-17.21-30 gegenüber Mk 14,22-25	Thema letztes Mahl Jesu und Herrenmahl
Joh 18,11 gegenüber Mk 14,32-42	Becherwort und Ölberggebet

Joh 19,28-30 gegenüber Mk 15,33-39	Verkündigung des Todes Jesu
Joh 1,18; 20,28 gegenüber Mk 15,39	Christologie

usw.

– In einzelnen Fällen sind hinter den verschiedenen Textfassungen **gemeinsame Traditionen** erkennbar, z. B.:

Joh 4,46-54	Mt 8,5-13; Lk 7,1-10	Heilung in Kafarnaum
Joh 6,1-15	Mk 6,32-44; Mt 14,13-21; Lk 9,10-17	Große Speisung
Joh 6,16-21	Mk 6,45-52; Mt 14,22-33	Wandel Jesu auf dem See

usw.

– In den Grundelementen der Passions- und Ostererzählung ist zwischen den Syn und Joh **Übereinstimmung** erkennbar, z. B.:

Joh 18,2-11 (Verhaftung Jesu)
Joh 18,15-18.25-27 (Verleugnung durch Petrus)
Joh 19,16b-19 (Kreuzigung Jesu und Kreuzesinschrift)
Joh 19,38 (Begräbnis Jesu)
Joh 20,1-3.11-18 (Maria von Magdala am geöffneten und leeren Grab und als Verkünderin der Osterbotschaft)
Joh 20,19-23 (Die Offenbarung des Auferstandenen vor seinen Jüngerinnen und Jüngern)

– Darüber hinaus bestehen **weitere thematische Berührungspunkte**, z. B.:

Verknüpfung des Handelns des Judas mit dem Wirken Satans
Joh 13,27, vgl. Lk 22,3.
Erzählung einer Erscheinung des Auferstandenen am Osterabend
Joh 20,19-23, vgl. Lk 24,36-43.
Dienst als Prinzip der Jüngerinnen- und Jüngerschaft
Joh 12,26 und 13,1-17, vgl. Mk 10,42-45 par.

Vermutlich besteht auch eine Beziehung zwischen der Gestalt des armen Lazarus (Lk 16,19-31) und der erzählerischen Entfaltung der Auferweckung eines Lazarus (Joh 11,1-53).

Joh 7,53–8,11 (Jesu Vergebung für die ehebrecherische Frau) gehört mit größter Wahrscheinlichkeit nicht zum ursprünglichen Bestand des vierten Evangeliums. Die Art der Darstellung, der Inhalt und die Wortwahl sind synoptisch geprägt. Wie die Erzählung in das vierte Evangelium kam, ist weitgehend ungeklärt. Eventuell ist hier ein Hinweis auf eine Verbindung zwischen dem JohEv und den Synoptikern erhalten, welche sich nur auf einzelne Überlieferungsabschnitte bezieht.

- **Folgerungen**

- Das Verhältnis zwischen dem JohEv und den anderen Evangelien gestaltet sich sehr komplex. Bei einer endgültigen Beurteilung ist große Zurückhaltung geboten.
- Mit einer gewissen Wahrscheinlichkeit kannte der Verfasser des JohEv die synoptischen Evangelien. Diese werden nicht als literarische Vorlage verwendet, ihre Kenntnis bei den Leserinnen und Lesern wird aber generell vorausgesetzt. Das JohEv bietet eine Darstellung des Christusgeschehens mit anderen Schwerpunkten. Die Gründe für die eigenständige Gestaltung sind vornehmlich im Kontext des JohEv zu suchen.
- Der Stand der Forschung mahnt zur Vorsicht, bevor direkte Abhängigkeiten oder literarische Verwandtschaftsverhältnisse angenommen werden.

Begriffe, die Sie im Zusammenhang mit den Evangelien erklären können:

Evangelium, Inschrift von Priene, antike Historiografie, *bíos*-Literatur, Symbole der Evangelisten, Papias, Irenäus, Muratorisches Fragment, Perikope, Synoptische Frage, Synoptiker, Synopse, Zweiquellentheorie, Q, Logienquelle, Spruchquelle, Sondergut, par, Seitenreferent, Syn.

Verständnis- und Wiederholungsfragen zu Kapitel 2.1

- Was bedeutet „Evangelium“ allgemein und im biblischen Kontext?
- Welche Bedeutungsentwicklung im biblischen Zusammenhang können Sie aufzeigen?
- Wie können Sie die Vielfalt der literarischen Gattung „Evangelium“ beschreiben?
- Wie ist die Auffächerung der einen Botschaft in vier Evangelien zu erklären?
- Welche Hinweise aus der frühen Kirche sind zur Entstehung der Evangelien überliefert?
- Erläutern Sie die Entstehung der Evangelienschriften; achten Sie dabei auf Hinweise zum Verfasser, zu den Adressatinnen und Adressaten, zur Entstehungszeit und zum Aufbau der Schrift.
- Erläutern Sie die Problemstellung der synoptischen Frage. Welche Lösungshypothese kann als wahrscheinlichste angeboten werden? Wie ist sie darzustellen und zu erklären?
- Kommentieren Sie das Verhältnis zwischen den synoptischen Evangelien und dem JohEv.

Anregungen zur begleitenden Lektüre des Neuen Testaments

- Lesen Sie begleitend zu Abschnitt 2.1 das Markusevangelium. Achten Sie dabei auf die Art und Weise, wie der Evangelist die Person Jesu darstellt und welche Akzente er setzt.
- Beachten Sie die Hinweise auf Parallelstellen in Ihrer Textausgabe der Bibel und schlagen Sie fallweise – je nach Ihrem inhaltlichen Interesse – die entsprechenden Perikopen in den anderen Evangelien nach: Welche Unterschiede und Gemeinsamkeiten fallen Ihnen dabei auf? Was könnten Sie bedeuten?

2.2 Die Apostelgeschichte

Durch die dem Werk vorangestellte Widmung an Theophilus (Apg 1,1) sowie durch den Rückverweis auf die Evangelienschrift (ebd.) ist die Apg als zweiter Teil des lukanischen Doppelwerkes erkennbar. Auch gedankliche Weiterführungen verweisen auf die Zusammengehörigkeit von LkEv und Apg sowie auf die (heute weithin unbestrittene) Identität des Verfassers.

Nach Art der antiken Geschichtsschreibung und -darstellung und der *bios*-Literatur (siehe dazu oben → 2.1.2) verfolgt Lukas die Absicht, die nachösterliche Kontinuität der Jesusbotschaft in der Ausbreitung des verkündigten Wortes aufzuzeigen. Als literarisches Vorbild gelten ihm dafür die so genannten „Acta": Beschreibungen der ruhmreichen Taten großer Persönlichkeiten (vgl. den lateinischen Namen der Schrift: Acta Apostolorum). In diesem Sinne ist das in Jesu Auftrag und Vollmacht verkündigte Wort das entscheidende handelnde Subjekt: In der Apg wird nicht über die Taten und das Wirken der Apostel geschrieben, sondern über die Vollmacht und Gewalt des in der Kraft des Geistes weitergegebenen und bezeugten Wortes. Insofern die Apostel „Diener des Wortes" (Lk 1,2) sind, ist von ihnen in dieser Schrift stets die Rede.

Ähnlich dem LkEv hat auch die Apg eine ausführliche Einleitung. Nach der Widmung, die nahtlos in die einführenden Texte über Himmelfahrt und Apostelwahl übergeht (vgl. 1,1-3.4-26), folgt mit der Erzählung des Pfingstgeschehens (Apg 2) der entscheidende Impuls für die schon 1,8 angesagte Bezeugung der Botschaft über Jesus als den auferstandenen und erhöhten Herrn. Bis Apg 12 wird – mit Ausnahmen – über die Entwicklung der Kirche in Jerusalem und in Judäa erzählt. Das ausführlich dargestellte Martyrium des Stephanus (6,8–8,1a) – die Schilderung weist Ähnlichkeiten mit der lk Fassung der Passion Jesu auf – wird als innere Voraussetzung für die Bekehrung des Paulus verstanden (vgl. 7,58; 8,1a). Diese ist Anstoß für die Ausbreitung der Kirche über Judäa hinaus (vgl. Apg 8) und führt letztlich zur ersten Heidentaufe (vgl. Apg 10–11). Die Bekehrung des Paulus (Apg 9) sowie die Taufe des Kornelius durch Petrus sind die Voraussetzungen für die von Paulus getragene Mission im hellenistischen Bereich (Kleinasien und Griechenland, vgl. Apg 13–21,17). Mit der Weisung des Geistes (13,1-3) wird dieser zweite Abschnitt der Apg eingeleitet. Das Apostelkonzil (Apg 15) bestätigt diese (neue) Entwicklung. Aufgrund seines persönlichen Schicksals ist Paulus erneut Träger der Botschaft bis nach Rom (Apg 22–28). Mit dem Hinweis, dass Paulus in Rom ungehindert und in aller Freimut die Gottesherrschaft und die Lehre über Jesus Christus, den Herrn, vortragen kann (vgl. 28,31), beschließt Lukas sein Werk.

Dieser abrupte Schluss der Apg gibt endgültig Aufschluss über die Absicht des Verfassers: Es geht ihm nicht um eine Darstellung der Person des Paulus (oder – in Apg 1–12 – des Petrus und der anderen Apostel), sondern um den Weg der Botschaft. Hilfreich für das Verstehen dieses literarisch-theologischen Programms ist hier der programmatische Satz Apg 1,8:

„Ihr werdet meine Zeugen sein
– in Jerusalem
– in ganz Judäa und Samarien
– und bis an die Grenzen der Erde."

Da die Botschaft (nach lukanischer Darstellung: mit Paulus) Rom erreicht, ist dieses Ziel erfüllt. Der geografisch-theologische Rahmen des Evangeliums (Galiläa → Jerusalem) wird in der Apg also weitergeführt.

Für den Verfasser ist es bedeutsam, seinen Adressatinnen und Adressaten das Werden der Kirche darzustellen. Es ist vom Eingreifen des göttlichen Geistes getragen, der eine Gabe des erhöhten Herrn ist (vgl. Lk 24,49; Apg 1,8; 4,8.31; 6,5, sodann 8,29.39; 10,19; 11,12; 13,2.4; 16,6-7 u.ö.). Das Wirken der Kirche ist ein Wirken „im Namen Jesu Christi, des Nazoräers" (3,6; vgl. weiters 4,10); so wie Gott mit ihm war (vgl. 10,37-38), so ist er jetzt, angesichts des Ostergeschehens, mit der Kirche.

2.3 Leben und Wirken des Paulus

LITERATUR: **E.-M. Becker** (Hg.) Biographie und Persönlichkeit des Paulus. (WUNT 187), Tübingen 2006; **J. Becker**, Paulus, Apostel der Völker, Tübingen 1989; **J. Gnilka**, Paulus von Tarsus. Apostel und Zeuge. (HThK.S VI), Freiburg 1996; **K. Kertelge**, Grundthemen paulinischer Theologie, Freiburg 1991; **E. Lohse**, Paulus: Eine Biographie, München 2003; **H. I. Lona**, Kleine Hinführung zu Paulus, Freiburg 2006; **U. Schnelle**, Paulus. Leben und Denken, Berlin 2003; **P. Wick**, Paulus. (UTB basics), Göttingen 2006; Themenheft Paulus – Wegbegleiter des Christentums: Welt und Umwelt der Bibel 51, 2009; **O. Wischmeyer** (Hg.), Paulus. Leben – Umwelt – Werke – Briefe. (UTB 2767), Tübingen 2006.

2.3.1 Das Umfeld des Paulus

LITERATUR: **B. Heininger**, Die religiöse Umwelt des Paulus, in: O. Wischmeyer (Hg.), Paulus 44-82; **P. Pilhofer**, Das Neue Testament und seine Welt. (UTB 3363), Tübingen 2010.

Der Hellenismus

- 333 v. Chr. besiegt Alexander d. Großen von Mazedonien Dareios III. von Persien bei Issos. Es beginnt die Herrschaft der Mazedonier mit der Errichtung eines Weltreiches von Mazedonien bis Indien.

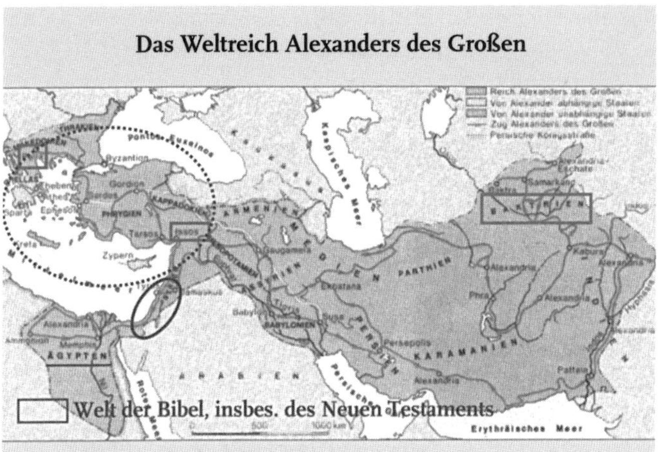

- Alexander betreibt eine Politik der Assimilierung: Er verbindet Vorhandenes mit neuen, eigenen Werten. Dies zeigt sich besonders in der Verbindung der verschiedenen Sprachen und Kulturen, in der Ausweitung des Einflussbereiches durch Gründung neuer Städte, in einer politisch motivierten Heiratspolitik: 327 v. Chr. schließt er die Ehe mit der indischen Prinzessin Rosane von Baktrien und verklammert damit gleichsam die Flügel seines Reiches (siehe die Karte oben). Durch die Ansiedlung des eigenen (mazedonischen) Beamtenstabs wird die eigene griechisch-mazedonische Lebensweise in den eroberten Gebieten verbreitet und allmählich auch verwurzelt.

Diese neue Kultur- und Lebensform wird mit dem Sammelbegriff **Hellenismus** umschrieben. (Siehe dazu auch unten → 3.1.3).

- Nach dem Tod Alexanders 323 v. Chr. in Babylon zerfällt sein Weltreich unter den Auseinandersetzungen seiner Nachfolger (Diadochenkriege); Palästina kommt unter den Einfluss der Ptolemäer (Ägypten, 320 bis 198 v. Chr.), später unter syrischen Einfluss (ab 198 v. Chr.).

In dieser Epoche geht der Prozess der Hellenisierung auch in Palästina weiter.

- Diese Entwicklung begünstigt die Ausbreitung des Judentums über Palästina: Der Lebensraum der einzelnen Gebiete wird durch Alexander offener, die einzelnen Länder rücken näher zusammen.

Die griechische Sprache wird zur allgemeinen Verkehrssprache im gesamten östlichen Mittelmeerraum, einschließlich der Küstengebiete von Nordafrika (Ägypten). Eine griechische Übersetzung der (hebräischen) Bibel wird für die jüdische Bevölkerung anderer Städte (hier konkret: Alexandriens in Ägypten) notwendig und auch möglich (siehe dazu oben 1.2.2). Zugleich werden aber verschiedene Elemente hellenistischer Kultur für orthodoxe jüdische Menschen zur Provokation:

> „Die Priester hatten kein Interesse für den Dienst am Altare,
> sondern schätzten den Tempel gering
> und vernachlässigten die Opfer.
> Dafür eilten sie auf den Ringplatz
> zur Teilnahme an den gesetzwidrigen Kampfspielen,
> wenn die Aufforderung zum Diskuswerfen erging."
>
> (2 Makk 4,14)

- Die politische Entwicklung in Palästina spitzt sich unter Antiochus IV. Epiphanes von Syrien (175–164 v. Chr.) zu. Die Errichtung einer Zeus-Statue im Tempel von Jerusalem und die religiöse Verfolgung führt zum Aufstand der Makkabäer 167 v. Chr.

In gemäßigter Form wird der Hellenismus durch die Hasmonäer und sodann durch Herodes den Großen (37 bis 4 v. Chr.) weitergeführt. Die Spannung zwischen jüdischem Glauben und jüdischer Lebensform und hellenistischer Offenheit bleibt ein ständiger Konfliktherd.

- In dieses kulturelle, geistige und politische Umfeld wird Paulus geboren, darin wächst er auf. Tarsus ist eine hellenistische Stadt, weltoffen durch Handelstätigkeit, mit starker jüdischer Bevölkerung, die gut integriert ist.

Die Stadt ist gelegen am damals schiffbaren Kydnos, sie ist eine alte phönizische Gründung. Tarsus wird erstmals um 830 v. Chr. auf einer Inschrift Salmanassars III. erwähnt. Die Stadt ist Sitz zilizischer Fürsten und später persischer Satrapen (nach 400 v. Chr.). Nach dem Tod Alexanders kommt Tarsus unter syrische Herrschaft; seit 66 v. Chr. ist Tarsus Hauptstadt der römischen Provinz Zilizien. Die Bevölkerung setzt sich aus Kleinasiaten, Griechen und Juden zusammen. Tarsus ist berühmt wegen seiner hellenistischen Dichter und Philosophen, an Bedeutung überragt die Stadt in dieser Hinsicht zeitweise sogar Athen und Alexandria.

> „Die Menschen zu Tarsus beweisen solchen Eifer für Weltweisheit …,
> dass sie selbst Athen und Alexandria übertreffen
> und jeden anderen Ort,
> welchen man noch nennen kann,
> wo Schulen und Vorträge der Weltweisen
> und Sprachgelehrten waren.
> Nur dadurch unterscheidet sich Tarsus,
> dass hier die Lernenden allesamt Einheimische sind,
> Fremde aber nicht leicht hinwandern …“
>
> Vgl. dazu **Strabo** [1. Jh. n. Chr.], Geographica XIV, 13

Die Spannung also zwischen der Treue zur eigenen Lebenshaltung und Tradition und der Offenheit für neue Gedanken und Lebensweisen ist Paulus von seinem Umfeld her bereits vorgegeben.

2.3.2 Leben und Wirken des Paulus

Eine biblische Biografie des Paulus liegt nicht vor. Um sein Leben zu erhellen, müssen wir die verfügbaren Quellen auf Informationen sichten.

Die Quellen zum Leben des Paulus

- Über die Person des Paulus sind keine profanen literarischen Quellen vorhanden. Wir sind also diesbezüglich auf religiöses, vornehmlich neutestamentliches Quellenmaterial angewiesen:

Als erstrangige biblische Quelle sind die **paulinischen Briefe** zu nennen. Hier finden sich zwar keine ausführlichen biografischen Hinweise, aber mehrere Einzelnotizen. Diese stehen jeweils im Dienst einer sachlich bezogenen Argumentation, sodass sie zumeist ohne besondere autobiografische Absicht geschrieben sind und daher als Quelle herangezogen werden können.

Der Verfasser der **Apg** schreibt ausführlich über Paulus. Bei der Verwertung dieser Informationen ist das anders gelagerte Interesse des Lukas zu beachten: Dem historiografischen Anliegen ist ein theologisch-darstellendes übergeordnet. Daraus kann gefolgert werden: Der Geschichtswert der Apg ist im Blick auf Paulus groß; im Zweifelsfall ist jedoch den paulinischen Angaben der Vorzug zu geben.

In den so genannten „**nachpaulinischen Schriften**" wird in pseudepigrafischer Weise aus der Sicht des Paulus geschrieben (siehe dazu auch unten Exkurs). Die Verfasserinnen oder Verfasser geben somit indirekt Informationen weiter, die sie selbst noch über Paulus besitzen. Da hier andere Aussagefaktoren bestimmend sind, ist der geschichtliche Wert entsprechender Hinweise jeweils zu überprüfen.

Unter den neutestamentlichen **Apokryphen** finden sich zahlreiche Texte, die sich mit der Person des Paulus beschäftigen. Da sie erst jüngeren Datums und vielfach in der Entstehung von älteren Texten abhängig sind, ist ihr geschichtlicher Wert als eher gering einzustufen.

- Der einzige zeitgeschichtliche, allerdings indirekte Hinweis auf Paulus ist im so genannten „**Gallio-Stein**" erhalten: Ende des 19. Jhs. wurden in Delphi neun Fragmente einer Inschrift gefunden; sie wurden 1905 erstmals veröffentlicht. Die Bruchstücke gehören zu einem Brief des Kaisers Klaudius an die Stadt Delphi. Darin wird erwähnt, dass Klaudius bereits zum 26. Mal als Imperator ausgerufen war und dass Lucius Iunius Gallio das Prokonsulat in der senatorischen Provinz Achaia innehatte.

Die 26. Akklamation zum Imperator kann nicht datiert werden, erfolgte jedoch vermutlich zu Ende des 11. oder am Anfang des 12. Jahres der Ausübung der tribunizischen Gewalt durch Klaudius (d.h.: zwischen dem 25. Jan. 52 und dem 24. Jan. 53 n. Chr.). Da die 27. Akklamation durch eine Inschrift auf der am 1. Aug. 52 eröffneten Aqua Claudia belegt ist, folgt für die Datierung des Briefes: Er entstand frühestens Ende 51, eher nach dem 25. Jan. 52 und vor dem 1. Aug. 52 n. Chr.

A. Deissmann, Paulus, Tübingen ^{2}1925, Tafel 1

Da Achaia eine senatorische Provinz war, blieb der Prokonsul üblicherweise ein Jahr im Amt. (Ausnahmen waren zwar möglich, sind jedoch für Achaia, das bis 44 n. Chr. unter einem *legatus Augusti pro praetore* stand, kaum anzunehmen.) Da normalerweise die Abreise der Prokonsuln aus Rom im Spätfrühling (seit 42 n. Chr. schon vor dem Aprilneumond) erfolgte, ist mit einem Amtsantritt um den 1. Juli zu rechnen. Daraus folgt unter Beachtung des kaiserlichen Briefes, in dem Gallio bereits als Prokonsul genannt wird: Gallio war entweder von (Mitte) 51–52 oder von 52–53 Prokonsul in Achaia.

Dieser zeitgeschichtliche Befund weist einen Schnittpunkt mit den biblischen Aussagen auf, und dadurch erhält er seine Bedeutung: Nach Apg 18,1-17 ist Paulus nach seinem Misserfolg in Athen für eineinhalb Jahre in Korinth tätig (Apg 18,11). Auseinandersetzungen während seiner Verkündigungstätigkeit führen dazu, dass Paulus vor das Gericht der

TIBERius Claudius CäsAR AugustUS Germanicus, im 12. jahr seiner tribuniz. geWÄLT, zuM 26. MAL als imperator proklamiert, Vater des vATERLANDdes, grüßt ... SCHON LANge war ich dER Stadt DELPHi niCHT NUr wohlgesonnen, sondern habe auch Sorge getragen für ihr geDEIHEN, UND ich HABE AUCH STETS deN KULT DEs pythischen APOllo BESCHIRMT. weil sie aber JETZT AUCH VON bürGERN ENTBlößT SEIN SOLL, WIe mir gerade L. JuNIUS GALLIO, MEIN FReund UNd stattHALTER gemeldet hat, SO Gebe ich die anweisung, in der absicht, daß delphi DEN FRÜheren glanz ungeschmälERT BEHALTE, daß ihr auch aus anDEREN STÄDTEN römischen Behörde gebracht wird, „als Gallio Prokonsul von Achaia war" (Apg 18,12). Da der genaue Zeitpunkt der Begegnung des Paulus mit Gallio nicht festzustellen ist, kann keine präzisere Datierung erfolgen. Aus der Verbindung der Datierung des Gallio-Steins mit den Hinweisen in Apg 18,12 ergibt sich jedoch, dass sich Paulus zwischen 51 und 53 n. Chr. in Korinth aufgehalten hat.

freigeborene menschen als neue bürger nach delphi RUFt und DASS IHR IHNEN und ihren nachkommen alle VORREchte von delPHI ZUgesteht WIE BÜRGern von gleichem und selbem rechtsstatus. DENN wENN NUN LEUte als bürGER ÜBERSIEDELT sind zu dieSEN ORTEN...
diESE GÄNZLICH.
DIE aber
UND DAS MIT-ZUNEHmen
wIE BEI DEN...
sAGE ICH. ALLERdings dEN
GEBE ICH DIE ANWEISUNG, DAß
NACH GEbühr nichts von allem, WAS IN IHM GESCHRIEben steht, STRITTIg sei

Transkription und Übersetzung des Gallio-Steines: Die Großbuchstaben entsprechen in etwa den erhaltenen Fragmenten; der übrige Text ist das Ergebnis einer Rekonstruktion durch A. Deissmann. Aus: **W. Kirchschläger**, Einführung in das Neue Testament, Stuttgart 1994, 108.

Da diese Verbindung der Gallio-Inschrift mit Apg 18 der einzige feste Anhaltspunkt in der Chronologie des Paulus ist, erhält dieser eine besondere Bedeutung. Bei einer Rekonstruktion des Lebens des Paulus kann nur von seinem Aufenthalt in Korinth vor- bzw. zurückgerechnet werden. Daraus ergeben sich in etwa die folgenden Eckdaten für das Leben des Paulus:

- *Um die Zeitenwende* — Geburt in Tarsus, Kleinasien
- *32–33 n. Chr.* — Bekehrung
- *45/46 bis 57–58 n. Chr.* — Missionsreisen
- *Pfingsten 57 oder 58 n. Chr.* — Verhaftung in Jerusalem
- *60/61 n. Chr.* — Überführung nach Rom
- *zwischen 63 und 67 n. Chr.* — Hinrichtung in Rom

Im Folgenden wird versucht, eine solche Lebensskizze des Paulus zusammenzustellen. Dazu werden jeweils die biblischen Verweisstellen für die einzelnen Informationen beigefügt.

Die jüdische Zeit

Paulus wurde in Tarsus (Zilizien, vgl. Apg 21,39; 22,3) als Jude aus dem Stamm Benjamin (Röm 11,1; Phil 3,5; 2 Kor 11,22) aus einer pharisäischen Familie (Phil 3,5) mit römischem Bürgerrecht (Apg 16,37; 22,25.28) geboren. Er wurde in Jerusalem – wahrscheinlich von Rabbi Gamaliël (zu dessen Person vgl. Apg 5,34-39) – zum Schriftgelehrten ausgebildet (Apg 22,3) und erlernte, wie damals üblich für diesen Beruf, zusätzlich ein Handwerk: die Lederverarbeitung (Apg 18,3). Dies blieb für sein ganzes Leben sein Brotberuf (1 Kor 9,6; 2 Kor 2,17; 12,14; Phil 4,15-16; 1 Thess 2,9). Paulus lebte ehelos (1 Kor 7,7; 9,5.19).

Die Bekehrung

Lukas schildert in der Apg die Bekehrung des Paulus dreimal – ein Indiz dafür, welche Bedeutung er diesem Ereignis für die junge Kirche beimaß (vgl. Apg 9; 22; 26). Vermutlich ereignete sich die Bekehrung des Paulus bald nach dem Tod des Stephanus, also um 32–33 n. Chr. Während in der Apg Einzelheiten überliefert werden, begnügt sich Paulus mit einer grundsätzlichen Deutung des Geschehens (siehe Gal 1,15-16; 1 Kor 9,1; 15,8). Die lukanische Darstellung, dass der religiöse Eifer des Paulus für seinen Gott im Zuge der Christenverfolgungen durch göttliches Eingreifen in die richtige, d. h., in eine neue, auf Christus bezogene Richtung gelenkt wird, trifft mit größter Wahrscheinlichkeit den historischen Sachverhalt. Paulus deutet das Geschehen im Lichte seiner Kenntnis der Jüdischen Bibel: Er bringt seine Bekehrung in Beziehung zur Berufung jüdischer Propheten (zu Gal 1,15 vgl. bes. Jer 1,4).

Aufgaben

- Vergleichen Sie die drei Bekehrungsdarstellungen in der Apg miteinander: Apg 9,1-19; 22,6-21; 26,12-18. Achten Sie auf die Gemeinsamkeiten der Erzählungen und auf die Unterschiede. Welche Absicht verfolgt der Verfasser mit jeder dieser Texteinheiten? Was ist der Grund für die geänderte Darstellungsweise? Welche Schlüsse können Sie für die Aussage der Texte ziehen?
- Wählen Sie unter den drei genannten Darstellungen jene aus, die Ihnen am aussagekräftigsten und eindrücklichsten erscheint. Vergleichen Sie diese Texteinheit mit Gal 1,13-24. Lesen Sie dazu auch Jer 1,4-10 sowie Röm 1,1 und Gal 1,1. Formulieren Sie in der Gegenüberstellung von Apg und Gal die Unterschiede, besonders die Hauptakzente der Textaussagen.

- Kommentieren Sie aufgrund des biblischen Befundes das geflügelte Wort: „Paulus stürzte vom Pferd."

Das Leben als Apostel

- Für die Rekonstruktion des Wirkens des Paulus sind wir weitgehend auf die Angaben in Apg 13–28 angewiesen. Bei einer generellen Übereinstimmung der paulinischen Angaben und jener in der Apg zeigen sich in Einzelheiten sowie in der Sichtweise entsprechende Unterschiede. Die Gegenüberstellung für die Zeit bis zum Apostelkonzil kann dafür als Beispiel dienen:

Das Wirken des Paulus

nach den Angaben des Paulus	nach der Apostelgeschichte
Bekehrung und Sendung (Gal 1,12.15)	Bekehrung und Sendung (Apg 9,1-19) u. ö.
Aufenthalt in der Wüste Arabia, Rückkehr nach Damaskus (Gal 1,17)	
Flucht aus Damaskus (2 Kor 11,32-33)	Flucht aus Damaskus (Apg 9,24-25)
nach drei Jahren: nach Jerusalem; Zusammentreffen mit Petrus und Jakobus, keine Begegnung mit anderen Aposteln (Gal 1,18-19)	nach Jerusalem Einführung durch Barnabas (Apg 9,26-28)
Aufenthalt in Jerusalem: 14 Tage (Gal 1,18)	
Aufenthalt in Syrien und Zilizien (Gal 1,21)	Wegen Hellenisten weiter nach Cäsarea und Tarsus (Apg 9,29-30)
	Barnabas holt Paulus aus Tarsus (Apg 11,25)
	Gemeinsames einjähriges Wirken in Antiochien (Apg 11,26)
	Kollektenreise nach Jerusalem (Apg 11,29-30)
	Rückkehr nach Antiochien mit Johannes Markus (Apg 12,25)
	Erste Missionsreise (Apg 13,2–14,27)
	Aufenthalt in Antiochien; Ankunft judaisierender Menschen aus Jerusalem; Auseinandersetzung über die Frage der Beschneidung (Apg 14,28–15,1)

Zeitangabe: nach 14 Jahren (Gal 2,1)	
nach Jerusalem zur Kirche und zu deren Säulen (Gal 2,1.2)	nach Jerusalem zu den Aposteln und Ältesten (Apg 15,2)
mit Barnabas und Titus (Gal 2,1)	mit Barnabas und einigen aus Antiochien (Apg 15,2)
aufgrund einer Offenbarung (Gal 2,2)	von der Kirche gesandt (Apg 15,2)
	Auf dem Weg Bericht in Phönizien und Samaria über die Bekehrung der Völker (Apg 15,3)
	Empfang in Jerusalem durch Kirche, Apostel und Älteste (Apg 15,4)
Darlegung des Evangeliums [zur eigenen Überprüfung] (Gal 2,2)	Bericht über die Großtaten Gottes (Apg 15,4)
Keine Aufforderung zur Beschneidung des Titus (Gal 2,3)	
Angriff von Falschbrüdern (Gal 2,4)	Gläubige Pharisäer fordern Beschneidung (Apg 15,5)
	Versammlung der Apostel und der Ältesten zur Klärung der Frage (Apg 15,6)
Widerstand um der Wahrheit des Evangeliums willen (Gal 2,5)	Streit (Apg 15,7)
	Rede des Petrus: Gott macht keinen Unterschied zwischen jüdischen Menschen und den Völkern (Apg 15,7-11)
Keine Auflagen durch die Angesehenen (Gal 2,6)	Petrus: keine Auflage (Apg 15,10)
Feststellung (und Anerkennung) der Sendung zu den Völkern (Gal 2,7)	Paulus und Barnabas berichten über Großtaten Gottes unter den Völkern (Apg 15,12)
Vergleich mit der Sendung des Petrus zu den jüdischen Menschen (Gal 2,7)	Rede des Jakobus: Im Eingreifen Gottes zur Heidentaufe des Petrus erfüllt sich die Jüdische Bibel (Apg 15,14-18)
Wirksamkeit Gottes im Apostolat des Petrus und des Paulus (Gal 2,8)Anerkennung der dem Paulus gegebenen Gnade (Gal 2,9)	Jakobusklauseln mit Hinweis auf Mose (Apg 15,19-21)
Handschlag der Säulen (Jakobus, Kephas, Johannes) mit Paulus und Barnabas (Gal 2,9)	
Übereinkunft zur Teilung: Mission	

zu den Völkern und Mission zu den jüdischen Menschen (Gal 2,9)	
Aufforderung zur Solidarität für die Armen (Gal 2,10)	Vgl. Apg 11,29; 24,17
	Gesandtschaft nach Antiochien: Paulus, Barnabas, Judas Barsabbas, Silas (Apg 15,22)
	Aposteldekret: Keine Auflagen, nur Jakobusklauseln zur Vermeidung von Ärgernis (Apg 15,23-29)

- Paulus verwirklicht in seiner Tätigkeit die Idealvorstellung des urchristlichen **radikalen „Wandermissionars“** (Begriff von G. Theissen). Seine Lebensführung entspricht den Vorstellungen, die in den Evangelien als radikale Nachfolgesprüche formuliert werden (vgl. z. B. Lk 14,25-35; Mk 8,34-38 par u. ö.). Er begreift sich im wörtlichen Sinn als ein **Ausgesandter (*apóstolos*)** für die Christusbotschaft [Sendung → lat. *missio* → griech. *apostolé*, daraus ergibt sich: (Aus)Gesandter → lat. *missionarius* → griech. *apóstolos*]. Sein Apostelverständnis ist offener als jenes der Synoptiker, insbesondere des Lukas (vgl. Mk 3,14-19 par Lk 6,12-16; Apg 1,21-22 u. ö., demgegenüber Röm 16,7; 1 Kor 12,28; 15,7; 2 Kor 8,23; Phil 2,25; 1 Thess 2,6-7). Diese seine Aufgabe versteht Paulus unter der Perspektive eines uneingeschränkten Einsatzes für die Christusbotschaft und die davon betroffenen Menschen (vgl. z. B. 1 Kor 4,9-13; 2 Kor 11,24-29).
- Lukas stellt diese Tätigkeit im Rahmen von drei großen Reisen dar. Ausgangspunkt dafür ist jeweils Antiochien in Syrien – vermutlich zumindest für die christliche Lebenszeit des Paulus seine „geistige Heimat“. Die erste Reise an verschiedene Orte Kleinasiens macht wohl auch die Notwendigkeit einer Entscheidung hinsichtlich des Umgangs mit Menschen aus den Völkern, die Christinnen oder Christen werden möchten, deutlich. Die Frage wird auf dem Apostelkonzil *im Sinne des* Paulus geklärt (vgl. Apg 15 und Gal 2,1-10; dazu den Überblick oben). Damit ist der Weg frei für eine weiter ausholende Verkündigungstätigkeit unter den Völkern. Nach dem Apostelkonzil (um 49 n. Chr.) geht Paulus auf seinen Reisen bis nach Europa. In den folgenden zehn Jahren bereist er neben Kleinasien auch Griechenland, in diesem Jahrzehnt (genauer: zwischen 51 und

spätestens 57 n. Chr.) schreibt er auch seine Briefe. Die einzelnen Stationen der Reisen überliefert Lukas (vgl. Apg 13,2–14,27; 15,36–18,22; 18,23–21,17). Insgesamt hat Paulus ca. 10.000 km auf den damaligen Römerstraßen zurückgelegt.

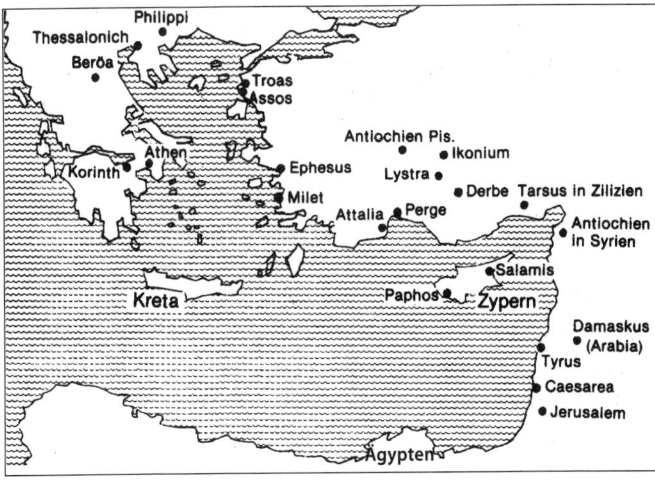

Aufgaben

Tragen Sie den Weg des Paulus auf der Landkarte ein. Verwenden Sie für jede Reise eine eigene Farbe und unterscheiden Sie den Weg zu Lande und zur See. Benützen Sie als Informationsgrundlage die Darstellung in der Apg. Lesen Sie dazu auch die in Ihrer Bibelausgabe angemerkten Verweise auf Texte aus den Paulusbriefen.

- Aufgrund des Vorwurfs der Tempelschändung wird Paulus zum Pfingstfest (spätestens des Jahres 58 n. Chr.) in Jerusalem verhaftet (Apg 21,27-30). Das römische Bürgerrecht ermöglicht ihm die Berufung an den kaiserlichen Gerichtshof (Apg 25,11-12). Da zwischen der Verhaftung und der Appelation an den Kaiser in Cäsarea ein Statthalterwechsel stattfindet, ist die Überführung nach Rom auf das Jahr 60 bis 61 n. Chr. anzusetzen.
- Da in der Apg der Ausgang des Berufungsprozesses des Paulus in Rom nicht erzählt wird, stehen darüber nur indirekte Angaben zur

Verfügung. Paulus spricht vor seiner Verhaftung in Jerusalem von seiner Absicht, über Rom nach Spanien zu reisen:

> „Ich habe mich seit vielen Jahren danach gesehnt, zu euch zu kommen, wenn ich einmal nach Spanien reise; auf dem Weg dorthin hoffe ich euch zu sehen und dann von euch für die Weiterreise ausgerüstet zu werden ..."
> (Röm 15,23f.)

Die Frage, ob Paulus diesen Plan umsetzen konnte, hängt vom Ausgang seines Prozesses ab. Dazu gibt es in der Forschung zwei gegensätzliche Auffassungen:

(1) Freispruch im Berufungsprozess. Zwei Zeugnisse aus der frühchristlichen Literatur begünstigen diese Auffassung:

Klemens von Rom schreibt um 95 n. Chr.:

> „[5]Wegen Eifersucht und Streit zeigte Paulus den Kampfpreis der Geduld. [6]Siebenmal in Ketten, vertrieben, gesteinigt, Herold im Osten wie im Westen, empfing er den echten Ruhm für seinen Glauben; [7]er lehrte die ganze Welt Gerechtigkeit, kam bis an die Grenze des Westens und legte vor den Machthabern Zeugnis ab; so schied er aus der Welt und gelangte an den heiligen Ort – das größte Beispiel der Geduld."
> (1 Klem 5,5-7)

Im Muratorischen Fragment (um 200 n. Chr.) heißt es:

> „Lukas fasst für den ‚Besten Theophilus' zusammen, was in seiner Gegenwart im Einzelnen geschehen ist, wie er das auch durch Fortlassen des Leidens des Petrus einsichtig klarmacht, ebenso durch (das Weglassen) der Reise des Paulus, der sich von der Stadt (Rom) nach Spanien begab."
> Muratorisches Fragment 2,35-39

Aus diesen Texten ist die frühe Überzeugung erkennbar, dass Paulus seine ursprüngliche Absicht, über Rom nach Spanien zu reisen und eine Mission im Westen zu beginnen, noch verwirklichen konnte. Wenn dies zutrifft, ist sein Freispruch im Berufungsprozess anzunehmen. Demnach wäre Paulus ungefähr zwischen 63 bis 66 tatsächlich in Spanien gewesen und nach seiner Rückkehr nach Rom vermutlich während der neronianischen Christenverfolgung zu Tode gekommen.

(2) Verurteilung im Berufungsprozess. Treffen die alten Notizen nicht zu, wäre Paulus aufgrund der Anklage der Tempelschändung zum Tod verurteilt und zwischen 63 und 64 – als römischer Bürger mit dem Schwert – hingerichtet worden. Eine sehr alte Ortstradition benennt als Todesort das Gebiet um den 10. Meilenstein auf der Straße nach Ostia.

Eine Entscheidung zwischen diesen beiden Auffassungen ist schwierig. Aufgrund der literarischen Belege und der diesbezüglichen Absichtserklärung durch Paulus in Röm 15 kann angenommen werden, dass Paulus von der gegen ihn erhobenen Anklage freigesprochen worden ist. Denn es ist fraglich, ob ein kaiserliches Gericht in Rom einen römischen Bürger wegen eines (angeblichen) rein innerjüdisch-religiösen Delikts ungefähr 15 Jahre nach dem Judenedikt des Kaisers Claudius zum Tod verurteilt hätte. Aufgrund fehlender äußerer Evidenz (Fehlen von Lokaltraditionen oder anderen ergänzenden Hinweisen) muss jedoch die Frage des Spanienaufenthalts letztlich offen bleiben.

2.3.3 Der Brief als literarische Gattung

LITERATUR: **H.-J. Klauck,** Die antike Briefliteratur und das Neue Testament. (UTB Wissenschaft 2022), Paderborn 1998; **Ch. Gastgeber/H. Harrauer** (Hrsg.), Vom Griffel zum Kultobjekt. 3000 Jahre Geschichte des Schreibgeräts, Wien 2001.

- Die Entwicklung der **Kommunikationsform „Brief"** gehört zu den großen kulturellen Errungenschaften der Antike. Die Praxis des Briefschreibens ist bereits im 3. Jt. v. Chr. belegt. Sie bezeugt die Absicht der Kommunikation und ist darin ein Merkmal der sozialen Entwicklung der Menschheit. Der Brief tritt an die Stelle des unmittelbaren persönlichen Kontaktes. Zugleich bietet er die Möglichkeit, einen kommunikativen Austausch über (beliebige) Distanzen hinweg. Seine formale Struktur bleibt in der Antike weitgehend unverändert.

- Die **technischen Hilfsmittel** des Briefschreibens haben sich in der Antike schnell entwickelt. Ursprünglich wurde auf Stein bzw. auf Tonscherben (Ostraka) geschrieben. Allmählich wird Papyrus als Schreibgrundlage und Tinte und Feder („Schreibrohr") als Utensilien eingesetzt (vgl. dazu z. B. 3 Makk 4,20; 2 Joh 12). Das kostspieligere Pergament kommt erst um die Wende vom 1. zum 2. Jh. n. Chr. zum Einsatz.

Papyrusschilf

Papyrusblätter werden aus der gleichnamigen Sumpfpflanze gewonnen, die entlang des Nil wächst. Papyrus ist einer der wichtigsten natürlichen Materialien Ägyptens. Es wird als Baumaterial für Hütten und Boote, für Liegen, in der Landwirtschaft und zur Herstellung der Papyprusblätter verwendet. Darüber gibt der antike Schriftsteller Plinius d. J. detailliert Auskunft (siehe dazu oben → 1.1.1).

Die Papyrusblätter werden ursprünglich seitlich zu längeren Rollen aneinandergeklebt, die zum Lesen jeweils zur entsprechenden hin aufgerollt werden (vgl. dazu Lk 4,17-20 sowie die Funde in Qumran). Um die Zeitenwende werden die Papyrusblätter zunächst lose aufeinander gelegt, allmählich auch am linken Rand miteinander verbunden. Daraus entwickeln sich die Vorformen des *bíblos*, also des Buches.

- Verschiedene Beispiele lassen die Vielfalt der antiken Briefliteratur erkennen. Üblicherweise werden die Briefe nach ihrem Inhalt in Privatbriefe, Öffentliche Briefe und Geschäftsbriefe eingeteilt.

Eine eigene Stellung nimmt der „Kunstbrief" ein. Dieser bildet eine eigenständige literarische Gattung, die sich an den formalen Kriterien des Briefes orientiert. Da der Kunstbrief nie als überbrückende Kommunikationsform, sondern als literarische Darstellungsform eingesetzt wird, ist seine Bezeichnung als Brief im strengen Sinne nicht zutreffend.

- Der antike Brief kennt eine **feste formale Struktur**, die kaum variiert wird. Darin sind die Elemente von Briefeinleitung (*Präskript:* Absender – Adressat – Eingangsgruß) und Briefschluss (*Postskript:* Schlussgruß, eventuell Datierung und eventuell Unterschrift) festgelegt. Sie umrahmen den Hauptteil des Briefes (*Briefcorpus*), der je nach Brieftyp entsprechende Mitteilungen enthält.

Auf der Rückseite des Briefblattes, das bei entsprechender Faltung nach außen zeigte, ist der Adressat oder die Adressatin vermerkt, allenfalls ergänzt durch Hinweise auf den Postweg.

Zum Beispiel:

Brief des Mystarion an Stotoetis, Papyrus aus dem Faijum, 50 n. Chr.; Reichspostmuseum Berlin. Transkription und Übersetzung bei **A. Deissmann**, Licht vom Osten, Tübingen 1908, 109:

Mystarion an seinen Stotoetis viele Grüße!

Ich sende Euch meinen Blastos
wegen gegabelter Hölzer für
meine Ölbaumgärten. Siehe, dass du ihn nicht
aufhältst. Denn Du weißt, wie sehr ich ihn
zu jeder Stunde nötig habe.

[von anderer Hand:]
Leb wohl!
Im Jahre 11 des Tiberios Klaudios Kaiser Sebastos
Germanikos des Selbstherrschers,
im Monat Sebastos 15.

[Auf der Rückseite von der ersten Hand:]

An Stotoetis Oberpriester auf der Insel d[?]

2.3.4 Die paulinischen Briefe

LITERATUR: **M. Reiser**, Sprache und literarische Formen des Neuen Testaments. (UTB 2197), Paderborn 2001, 116–125; **P. Wick**, Paulus. (UTB basics), Göttingen 2006; **O. Wischmeyer** (Hrsg.), Paulus. Leben – Umwelt – Werk – Briefe. (UTB 2767), Tübingen 2006.

Die Schriften des Apostels Paulus sind die ältesten Dokumente des Neuen Testaments. Sowohl in ihrer Entstehung als auch dem Inhalt nach sind sie eingebettet in die paulinische Verkündigungstätigkeit. Das bedeutet, dass Inhalt und Gestalt der Briefe nicht systematisch geplant werden, sondern **situationsbezogen** entstehen.

Die schriftliche Verkündigungsform ersetzt für Paulus das gesprochene, unmittelbar an die Adressatin und an den Adressaten gerichtete Wort. Die paulinischen Schriften sind nicht ein Hilfsmittel, das die mündliche Verkündigung unterstützen soll; vielmehr verwendet Paulus diesen schriftlichen Kommunikationsweg stellvertretend für den mündlichen, wenn eine persönliche, unmittelbare Begegnung im Augenblick – aus den verschiedensten und vielfältigsten Gründen – nicht möglich ist.

Der Brief an eine Kirche am Ort ist sozusagen der schriftlich verlängerte Arm des Apostels: Da er im Augenblick nicht anwesend sein kann, wählt er diesen Weg der Kommunikation.

„... so schrieb ich, statt selber zu euch zu kommen, einen Brief ...“
(2 Kor 2,3)

- Die schriftliche Form der Kommunikation und Verkündigung bleibt trotzdem eine **Ersatzform**; auch die Schriften des Paulus sind auf eine mündliche Verkündigung – d. h.: auf eine Aufnahme im Hören (durch Vorlesen) – hin orientiert.

Die paulinischen Schriften sind in besonderem Maße Gelegenheitsschriften, sie entspringen der konkreten Notwendigkeit der Verkündigung. Dies prägt auch ihre literarische Form. Paulus schreibt keine Rundbriefe, sondern richtet seine Briefe hauptsächlich an eine bestimmte Kirche. Zwei Briefe bilden hier eine Ausnahme:

Gal ist „an die Kirchen in Galatien“ (Gal 1,2) – an eine Gruppe von Kirchen am Ort also – gerichtet.

Phlm ist an eine Hauskirche adressiert.

Diese konkrete Bezogenheit auf eine jeweils bestimmte Adressatengruppe bedingt, dass die paulinischen Schriften keineswegs als eine (systematische) Summe paulinischer Theologie verstanden werden dürfen. Sie sind vielmehr auf die Zu- und Missstände in den einzelnen Kirchen zugeschnitten, die Paulus alle – mit Ausnahme der Kirche von Rom – bereits vor Abfassung der entsprechenden Schreiben gut kannte; sie gehen auf Fragen und Probleme, Nöte und Sorgen ein. Diese Themen werden behandelt; ein Anspruch oder auch die Sorge des Verfassers um theologische Vollständigkeit besteht nicht. Für das Verständnis der Briefe ist also der jeweilige Problemstand vor Ort mit entscheidend.

Ein Beispiel aus Korinth zeigt die Tragweite dieser letzten Feststellung: Hätte es in dieser Stadt um 55 n. Chr. nicht schwerwiegende Missstände bei der Feier des Herrenmahls und Vermengungen mit dem anschließenden Liebesmahl gegeben, wäre Paulus nicht genötigt gewesen, dieser Kirche nochmals ermahnend seine Verkündigung über die Feier des Herrenmahls in Erinnerung zu rufen (vgl 1 Kor 11,17-34). In diesem Falle wäre uns in den paulinischen Schriften kein Hinweis auf die Feier des Herrenmahls erhalten worden – was zu erheblichen Fehldeutungen der Praxis paulinischer Kirchen hätte Anlass geben können.

- Ein Überblick über die **Entstehungsorte und -zeiten** der paulinischen Briefe zeigt: Geografisch lassen sich für die entsprechende Aktivität des Paulus **Korinth** und **Ephesus** als Zentren identifizieren. Die paulinischen Briefe sind innerhalb von wenigen Jahren im **6. Jahrzehnt des 1. Jhs.** entstanden (siehe dazu auch unten).

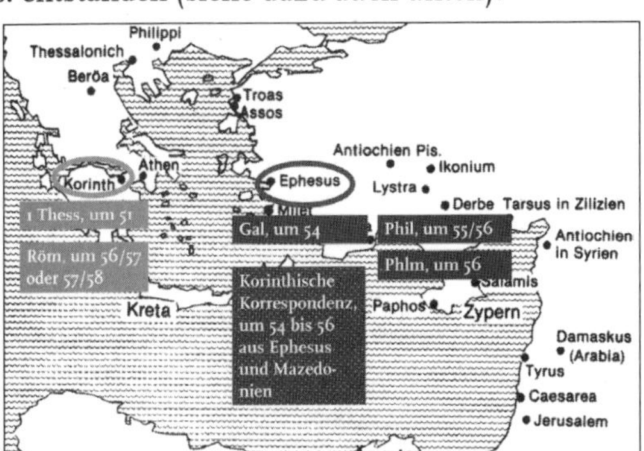

- Die Briefe des Paulus sind **echte Briefe**, keine Kunstbriefe, d.h.: Diese Schreiben gehen tatsächlich den Weg vom genannten Absender zu den angeführten Adressatinnen und Adressaten. Fast alle paulinischen Briefe überschreiten die Länge des antiken Privatbriefes beträchtlich. Nur Phlm entspricht dem Umfang eines persönlichen Schreibens. Im **Aufbau** gleichen die paulinischen Briefe – mit einigen Variationen – dem Schema des **antiken Privatbriefes**.

Paulus geht mit dem übernommenen Briefschema frei um. Er erweitert, ergänzt und variiert es:

- **Das Präskript** wird durch theologische Aussagen sowie durch Würdetitel für die angesprochene Kirche ergänzt. Dadurch ist es nicht nur Eröffnungsformel für den Brief, sondern bereits erster inhaltlicher Schwerpunkt. (Vgl. z.B. Röm 1,1-7: Der formale Grundbestand des Präskripts würde lauten: „Paulus ... denen, die in Rom sind: Gnade euch und Friede!")
- **Das Proömium** wird zu einem Dank an Gott für die Kirche am Ort bzw. für ihren Glauben entwickelt. Es kann in der Form eines Hymnus gestaltet sein (2 Kor); wenn inhaltlich für einen solchen Dank kein Anlass besteht, kann es ganz wegfallen (so im Gal).

Der Aufbau des paulinischen Briefes

Präskript (Briefeingang)	
Proömium (Überleitung)	
Briefcorpus (Hauptteil des Briefes) **Inhaltliche Darlegung, Argumentation, Glaubensvertiefung, Beantwortung von Fragen, Ermahnung**	
Kerygmatischer [Verkündigender] Abschnitt	Paränetischer [Ermahnender] Abschnitt
Postskript (Briefschluss)	

- **Der Briefcorpus** lässt sich meist in zwei Abschnitte gliedern: Im kerygmatischen Teil behandelt Paulus Fragen der Verkündigung (*kerygma* – Verkündigung) und grundsätzliche Anliegen und Probleme der Adressatinnen und Adressaten. Im parenätischen Teil konkretisiert der Verfasser diese Ausführungen im Blick auf Anweisungen und Ermahnungen an die Gemeinde. Abgesehen von 1 Kor (und evtl. 2 Kor) lässt sich diese Struktur des Briefcorpus in den Paulusbriefen feststellen. [Strenger durchgehalten wird sie in den Briefen der Paulusschule.]

- **Das Postskript** ist sehr unterschiedlich gestaltet; es ist jener Abschnitt der Paulusbriefe, der am stärksten persönlich (und auch stimmungsmäßig) geprägt ist. Dementsprechend kann es über ein Kapitel reichen (Röm) oder sich auf wenige Verse beschränken (2 Kor).

Dem paulinischen Briefschema folgen unter den späteren neutestamentlichen Schriften: Eph, Kol, 2 Thess, 1 Tim, 2 Tim, Tit, 1 Petr, 2 Petr, 2 Joh, Jud. Der Jak ist ähnlich aufgebaut, variiert jedoch in der Form des Präskripts: Während in den Paulusbriefen das Präskript in zwei Sätzen formuliert ist (Absender – Adressatin/Adressat. Gruß: jüdisch-vorderorientalisches Formular), ist in Jak das Präskript in einem Satz ausgedrückt (hellenistisches Formular, vgl. so auch z. B. 1 Makk 10,18.25; 12,20; 2 Makk 1,10; Apg 15,23).

Aufgaben

- Schlagen Sie den Brief an Philemon (Phlm) auf. Gliedern Sie diesen Text nach der oben angegebenen Einteilung. Wiederholen Sie diese Aufgabe bei 1 Thess. (Lassen Sie sich dabei nicht durch Überschriften oder Gliederungen in Ihrer Ausgabe des Neuen Testaments irritieren.)
- Vergleichen Sie die Präskripte der Paulusbriefe. Unterstreichen Sie mit einer Farbe den Grundbestand des Präskripts, mit einer anderen die theologischen Erweiterungen, mit einer weiteren die Ergänzungen in der Umschreibung des Absenders, schließlich mit einer vierten Farbe die Würdetitel bzw. Umschreibungen der Adressatinnen und Adressaten. Welche Schlüsse könnten Sie aus den Eigenheiten der einzelnen Briefpräskripte auf den Ton des Briefes und auf das Verhältnis des Verfassers zu den Adressatinnen und Adressaten ziehen?
- Untersuchen Sie das Präskript und die Weiterführung des Gal. Was beobachten Sie zur Struktur? Welche Gründe könnte die Eigenart dieses Textaufbaus haben?
- Vergleichen Sie die Postskripte der paulinischen Briefe. Welche Elemente scheinen immer oder des Öfteren auf, welche nur einmal oder selten? Versuchen Sie, einen Zusammenhang mit dem gesamten Schreiben (Situation, Tonfall, Inhalt) herzustellen.

• **Die paulinischen Briefe – ein Überblick zu ihrer Entstehung**

Die folgende Darstellung muss sich auf allgemeine Hinweise beschränken. Für genauere Ausführungen zu Entstehung, Gedankengang und Inhalt sind die Einführungen in den Textausgaben des Neuen Testaments sowie weiterführende Literatur heranzuziehen. Die Entstehung der paulinischen Briefe ist in die Zeit der zweiten und der dritten Missionsreise einzuordnen, d.h. zwischen 51/52 bis spätestens 58 n.Chr.

Da Paulus seine ursprüngliche Absicht, die von ihm gegründete Kirche in Thessalonich nochmals zu besuchen, aufgeben muss (vgl. 1 Thess 2,17-18) und sein Mitarbeiter Timotheus aus der Stadt mit Nachrichten über Missverständnisse in Glaubensfragen (insbesondere hinsichtlich der Auferstehung der Toten und der Parusie) zurückkommt (vgl. 1 Thess 4,13; 5,1), schreibt Paulus während seines Aufenthaltes in Korinth um 51/52 einen Brief an diese junge Ortskirche. Mit diesem **1 Thess** eröffnet Paulus – unbewusst – die Schriften des Neuen Testaments.

Seine umfassendste schriftstellerische Tätigkeit entfaltet Paulus während seines längeren Aufenthaltes in Ephesus im Zuge der dritten Missionsreise. Nach Apg 19,10.22 (vgl. auch Apg 20,31) hat sich Paulus über zwei Jahre in Ephesus aufgehalten, bevor er nach dem Aufstand der Silberschmiede nach Mazedonien weiterreiste (vgl. Apg 20,1). Die Zeit in Ephesus ist auf 53/54 bis ca. 56 zu datieren. Vermutlich noch vor der Korrespondenz mit der Kirche von Korinth schreibt Paulus aus Ephesus an die Kirchen in Galatien. Damit sind mit großer Wahrscheinlichkeit die Ortskirchen in der Landschaft Galatien (im Zentrum Kleinasiens) angesprochen. Sie sind nicht identisch mit den auf der ersten Missionsreise gegründeten Kirchen (vgl. Apg 13,4–14,28). Allerdings lässt Gal 4,13-19 darauf schließen, dass Paulus die Adressatinnen und Adressaten gut kannte. Hinweise auf die Gründung der einzelnen Kirchen können hinter Apg 16,6; 18,23 vermutet werden. Der erregte Ton des Briefes zeigt, dass die das Schreiben auslösenden Auseinandersetzungen nicht allzu lange zurückliegen. Deshalb ist die Abfassung des **Gal** auch eher zu Beginn des Aufenthalts in Ephesus (um 54) anzusetzen.

Ebenfalls in Ephesus entsteht ein Großteil der Korrespondenz mit der Kirche von Korinth, wie er in den beiden Korintherbriefen erhalten ist. Nachrichten aus dieser Kirche veranlassen Paulus zu sofortiger Reaktion, die in schriftlicher Form geschehen muss (vgl. 1 Kor 1,11; 4,18-21; 5,1-3). Den so entstehenden **1 Kor** nimmt Paulus auch zum Anlass, auf ihm vorgelegte Fragen der Menschen in Korinth (vgl. 1 Kor 7,1; 8,1; 11,17) zu antworten. Es ist möglich, dass der als Mitabsender genannte Sosthenes (1 Kor 1,1) – nach Apg 18,17 Synagogenvorsteher in Korinth – der Überbringer der Nachrichten und Anfragen an Paulus ist. 1 Kor 4,17; 16,10 verweist darauf, dass Timotheus mit dem Brief nach Korinth reist.

Die Sammlung der weiteren Korrespondenz mit der Gemeinde von Korinth liegt – teilweise in fragmentarischem Charakter – in **2 Kor** vor. In der heutigen Forschung ist es weitgehend unbestritten, dass 2 Kor eine Briefsammlung darstellt. Die zugrundeliegenden Briefe sind großteils in Ephesus entstanden. Im Detail ist die Abgrenzung der Fragmente umstritten; die Entwicklung kann in der folgenden Form rekonstruiert werden:

Aufgrund von Informationen, dass in der Gemeinde die Autorität des Apostels untergraben wird, schreibt Paulus erneut einen Brief nach Korinth, in dem er die Eigenart und das Wesen seines apostolischen Dienstes darlegt und versucht, zwischen sich und der Kirche in dieser Stadt Frieden zu schaffen: 2 Kor 2,14–7,4. Da dieses Schreiben seinen Zweck verfehlt, kann eventuell mit einem kurzen Zwischenbesuch des Paulus in Korinth gerechnet werden; die Absicht dazu hatte der Apostel bereits 1 Kor 16,7 geäußert. Paulus wird jedoch auch persönlich von der Kirche am Ort abgewiesen. Dies veranlasst ihn dazu, erneut an die Kirche von Korinth zu schreiben. In diesem so genannten „Tränenbrief" (vgl. zur Bezeichnung 2 Kor 2,4) setzt sich der Apostel nochmals sehr persönlich und engagiert mit den Angriffen gegen seine Person und sein Wirken auseinander. Dieses Schreiben überbringt Titus; sein Einsatz und das Schreiben des Paulus haben Erfolg (vgl. 2 Kor 7,6-7). Titus kehrt mit guten Nachrichten zu Paulus zurück, als dieser bereits über Troas auf dem Weg nach Mazedonien ist. Der Hauptteil dieses Schreibens ist in 2 Kor 10–13 erhalten. Als Reaktion schreibt Paulus wieder einen Brief, in dem er vermutlich erneut einen Besuch in Korinth ankündigt (vgl. Apg 20,2-3): 2 Kor 1,1-2,13; 7,5-16. 2 Kor 8 und 2 Kor 9 enthalten zwei unabhängige Brieffragmente mit einem für Paulus wichtigen Thema: der Sammlung von Gaben für die Kirche in Jerusalem (vgl. schon 1 Kor 16,1-4 sowie später Röm 15,25-28). Beide Fragmente setzen voraus, dass sich Paulus und die Kirche von Korinth wieder versöhnt haben.

Mit großer Wahrscheinlichkeit ist auch die Korrespondenz mit der Kirche von Philippi in Ephesus entstanden. Nach Phil 1,13-14.17 ist Paulus zur Zeit der Entstehung des Textes in Gefangenschaft. Dass eine solche auch für Ephesus angenommen werden muss, zeigt 2 Kor 1,8-9.

Der Brief setzt einen regen Austausch zwischen Paulus und der Kirche von Philippi voraus. Weiters äußert Paulus die Absicht, Philippi nach seiner Freilassung zu besuchen (vgl. Phil 1,26; 2,24). Aus diesen Gründen scheidet wohl Cäsarea (Gefangenschaft vor der Berufung an den Kaiser, vgl. Apg 24,23-27) sowie vor allem Rom als Abfassungsort aus (nach Röm 15,23-29 hatte Paulus die Absicht, nach Spanien zu reisen und nicht zurück in den Osten des Reiches). Auch im Falle des **Phil** wird heute vielfach an eine Briefsammlung gedacht:

In einem ersten Schreiben dankt Paulus der Kirche in Philippi für die Gaben, die ihm Epaphroditus nach seiner Verhaftung überbracht hat: Phil 4,10-20. Mit einem zweiten Brief sendet Paulus den Epaphroditus nach Philippi zurück; er äußert sich optimistisch über den Ausgang des Verfahrens gegen ihn: Phil 1,1–3,1a; 4,7.21-23. In einem dritten Schreiben setzt sich Paulus nach seiner Freilassung mit Gegnern und Irrlehren in der Gemeinde auseinander: Phil 3,1b–4,1 oder 4,3.

Auch der Brief an Philemon (**Phlm**) ist mit größter Wahrscheinlichkeit in Ephesus entstanden. Paulus ist zur Zeit der Niederschrift in Haft (Phlm 1.9-10.13.23). Aufgrund des im Schlussgruß erwähnten Epaphras (Phlm 23, vgl. Kol 4,12) ist anzunehmen, dass der Adressat Philemon in Kolossä beheimatet ist. Wenn Paulus den entlaufenen Sklaven Onesimus zu ihm senden möchte, kann er dies schwerlich aus den anderen Orten seiner Gefangenschaft tun; so scheiden erneut Cäsarea und Rom als Entstehungsorte aus. Da Paulus überdies einen Besuch bei Philemon plant (Phlm 22), ist an seinen Aufenthalt in Ephesus, aufgrund der erwähnten Gefangenschaft und erhofften Freiheit, an einen Zeitpunkt gegen Ende dieser Haft (also: um 56 n. Chr.) zu denken.

Der längere Aufenthalt des Paulus in Korinth vor seiner Rückkehr nach Jerusalem zum Pfingstfest (vgl. Röm 15,25) fällt wahrscheinlich (und spätestens) in den Winter 57/58 n. Chr. Offensichtlich überdenkt Paulus in dieser Zeit seine Missionstätigkeit und steckt dafür neue Ziele ab. Im Zusammenhang solcher Überlegungen schreibt Paulus aus Korinth an die ihm unbekannte Kirche in Rom. Nach der vorgelegten Chronologie ist der **Röm** das letzte Schreiben des Apostels Paulus. Zahlreiche inhaltliche und theologische Beobachtungen unterstützen eine solche Reihung. Die erste (schriftliche) Begegnung mit der ihm unbekannten Kirche nützt Paulus zur Darlegung seiner Position zu grundsätzlichen Fragen. Überdies will Paulus damit seinen Besuch vorbereiten, damit er in der Kirche von Rom einen Rückhalt für seine weitere Missionstätigkeit im Westen des Reiches hat (vgl. dazu Röm 15,24). Dieser Brief ist das längste Schreiben des Paulus und zugleich jenes Dokument, in dem er am ehesten über den Kontext einer Ortskirche hinaus Grundprobleme des damaligen Christentums anspricht.

2.3.5 Einflussfaktoren des Hellenismus

LITERATUR: **H. J. Klauck**, Die religiöse Umwelt des Urchristentums. Band I und II. (Studienbücher Theologie), Stuttgart 1995 und 1996; **P. Pilhofer**, Das Neue Testament und seine Welt. (UTB 3363), Tübingen 2010.

- **Das Vereinswesen**

Vereine entwickeln sich angesichts des Bedeutungsverlustes der Städte und mit dem politischen Aufstreben größerer politischer Einheiten. Sie bilden neue Zentren des religiösen, kulturellen und gesellschaftlichen Lebens; vielfach verbinden sie in ihrem Zweck mehrere inhaltliche Elemente.

Vereine bestehen an der Schnittstelle zwischen privatem und öffentlichem Leben; sie sind nach bestimmten strukturellen Vorgaben organisiert und entfalten in ihrer Zielsetzung eine große Vielfalt.

> „Einige Gemeinschaften scheinen um des Vergnügens willen zu bestehen.
> So die Kultvereine und die Speisevereine.
> Denn sie gibt es wegen der Opfer und wegen des Zusammenseins ...
> Sie organisieren Opfer und in Verbindung damit Zusammenkünfte; sie ehren damit die Götter und schaffen sich zugleich angenehme Erholung."
>
> **Aristoteles** [384 bis 322 v. Chr.], Nikomachische Ethik VIII 9,5

Das Vereinswesen bringt neben sozial-kultureller Bedeutung auch Missstände mit sich.

> „In der Stadt gibt es Vereine mit zahlreichen Mitgliedern, an deren Gemeinschaft nichts Gesundes ist. Sie beruht auf ungemischtem Wein, Trunkenheit, Gelagen und auf der Hemmungslosigkeit, die daraus folgt ..."
>
> Vgl. dazu **Philo von Alexandrien** [ca. 15 bis 45 n. Chr.], In Flaccum [gegen Flaccus] 136f.

Vgl. dazu 1 Kor 11,17-22 und 1 Kor 10,14-22.

- **Die „Kalenderfrömmigkeit"**

Die Umwelt und die Natur werden vom Menschen in der Antike als bedrohlich erfahren. Das noch geringe naturwissenschaftliche Wissen verstärkt die Furcht angesichts zahlreicher nicht erklärbarer Ereignisse. Daraus entstehen religiöse Verhaltensweisen zur Beschwichtigung der Götter, z. B.:

- Beobachtung bestimmter Tage, Gestirne, Gestirnstellungen
- Aszetische Riten
- Engelverehrung

Paulus und die Paulusschule müssen sich in Kleinasien mit solchen Praktiken auseinandersetzen. Beachte in diesem Zusammenhang z. B.:

Gal 4,3.8-10:

„So waren auch wir, solange wir unmündig waren,
Sklaven der Elementarmächte dieser Welt ...
Einst, als ihr Gott noch nicht kanntet, wart ihr Sklaven der Götter, die in Wirklichkeit keine sind.
Wie aber könnt ihr jetzt, da ihr Gott erkannt habt,
vielmehr von Gott erkannt worden seid,
wieder zu den schwachen und armseligen Elementarmächten zurückkehren?

Kol 2,16-23:

„Darum soll euch niemand verurteilen
wegen Speise und Trank oder wegen eines Festes,
ob Neumond oder Sabbat ...
Man sagt zwar, in ihnen liege Weisheit,
es sei ein besonderer Kult, ein Zeichen von Demut,
seinen Körper zu kasteien.
Doch es bringt keine Ehre ein,
sondern befriedigt nur die irdische Eitelkeit."

Warum wollt ihr von Neuem ihre Sklaven werden?
Warum achtet ihr so ängstlich auf Tage, Monate, bestimmte Zeiten und Jahre?“

Anregungen zur begleitenden Lektüre des Neuen Testaments

– Lesen Sie zu Abschnitt 2.3.4 die Paulusbriefe. Achten Sie darauf, wie die paulinischen Schriften in das kulturelle Umfeld des Paulus eingeordnet sind.

Exkurs: Die Frage der Pseudepigrafie

LITERATUR: **N. Brox**, Falsche Verfasserangaben. Zur Erklärung der frühchristlichen Pseudepigraphie. (SBS 79), Stuttgart 1975; **H. J. Klauck**, Die antike Briefliteratur und das Neue Testament. (UTB 2022), Paderborn 1998, 301–305; **St. Schreiber**, Pseudepigraphie, in: **M. Ebner/St. Schreiber**, Einleitung in das Neue Testament, Stuttgart 2008, 260–263; **W. Kirchschläger**, Briefe des Paulus und nachpaulinische Briefe. Zur Frage der Pseudepigraphie: Die Paulusbriefe vorgestellt, Klosterneuburg 1983, 34–38.

- Bei den Hinweisen zu den paulinischen Briefen wurde jeweils nur auf sieben Schriften Bezug genommen, obwohl in den neutestamentlichen Textausgaben (z. B. der Einheitsübersetzung) eine andere Aufteilung vorgenommen ist und in der (katholischen) Tradition vierzehn Briefe als paulinisches Schrifttum zusammengefasst werden.
- Auch unter Berücksichtigung der unverwechselbaren Eigenart jedes einzelnen Paulusbriefes ist bei genauer Untersuchung der entsprechenden Schriften festzustellen, dass sie nicht alle aus einer Feder stammen. Maßgeblich für solche Überlegungen sind sowohl stilistische als auch theologisch-sachliche Beobachtungen. Wollte frau oder man alle in Frage kommenden Schriften (einschließlich Hebr) Paulus zuschreiben, müsste von dieser Person innerhalb eines Lebensjahrzehnts eine gedankliche und sprachliche Flexibilität in einem Ausmaß erwartet werden, das kaum erklärbar wäre.

So hat Paulus z. B. eine jüdische Opfertheologie im Blick auf die Person Jesus Christus weitgehend überwunden, während sie in Hebr (z. B. 8,1–9,28) wieder entfaltet wird.

Paulus formuliert in Zusammenhang mit der Deutung der Taufe ein futurisch-endzeitliches Verständnis von Erlösung (bes. Röm 6,3-11), während es in Kol präsentisch gedacht ist (bes. Kol 2,12-13; 3,1-4).

Das Bild des Leibes als Deutung der Kirche (1 Kor 12,4-30; Röm 12,4-8) wird in Kol (1,15-20) und Eph (4,1-6.7-16) durch die ausdrückliche Identifikation des Hauptes dieses Leibes weitergeführt; usw.

- Hinsichtlich der paulinischen Verfasserschaft der entsprechenden Schriften wurden in den letzten 200 Jahren (in unterschiedlicher Entschiedenheit) Bedenken angemeldet. Die bisher erwähnten sieben Briefe (Röm, 1 Kor, 2 Kor, Gal, Phil, 1 Thess, Phlm) gelten allgemein als paulinisch. In Bezug auf die übrigen Schriften stellt sich generell die Frage nach ihrer *pseudepigrafischen* Entstehung. „Pseudepigrafie" bedeutet fälschliche Zuschreibung. Diese bezieht sich in erster Linie auf die fälschliche Zuordnung der Schrift zu einer Verfasserpersönlichkeit; sie kann sich aber darüber hinaus erstrecken:

In den neutestamentlichen Schriften können vier Formen der pseudepigrafischen Einkleidung festgestellt werden:

- Eine Verfasserangabe wird im Präskript ohne weitere Bezüge auf die genannte Person im weiteren Text eingetragen; z. B. 1 Petr, ähnlich Jak.
- Die pseudepigrafische Identität eines Verfassers wird in die ganze Schrift eingetragen. Dies geschieht mittels fiktiver autobiografischer Angaben unter Miteinbeziehung des Milieus des genannten Verfassers; z. B. 2 Petr 1,12-21; Eph 3,1-13; 4,1; 6,20; Kol 1,23–2,7; 4,3.7-17.
- Die Angabe der Adressatinnen und Adressaten wird pseudepigrafisch gestaltet, sodass insgesamt eine fiktive Kommunikationssituation entsteht.
- Die gesamte Schrift wird konsequent pseudepigrafisch gestaltet. Dadurch wird die Schrift auf eine andere (frühere) Kommunikationsebene gestellt. Die gegenwärtige Situation (oder die gegenwärtigen Fragen und Probleme) werden fiktiv als bereits früher gegebene Situation oder Problemstellung behandelt.

Besonders deutlich geschieht dies in den so genannten Pastoralbriefen (also 1 Tim, 2 Tim, Tit): Hier werden die Fragestellungen bezüglich der

Leitung der Kirchen am Ort, welche die echte Verfasserin oder den echten Verfasser beschäftigen, in die paulinische Zeit zurückverlegt und auf der Ebene des Paulus und seiner Mitarbeiter behandelt.

- Bei der Beurteilung dieser Vorgangsweise ist zunächst zu beachten, dass es sich dabei um ein allgemein bekanntes Phänomen in der Antike handelt. Die entsprechenden Beobachtungen an den neutestamentlischen Schriften sind daher **wertneutral** zu beschreiben. Wertende Klassifizierungen („Fälschung") verkennen die Bedeutung dieser Vorgangsweise in der Antike.
- Für ein pseudepigrafisches Vorgehen, vor allem also für die Abfassung und Verbreitung einer Schrift unter falschem Verfassernamen, waren in der Antike vor allem **zwei Gründe** maßgebend:
  - Einerseits sollte durch diese Vorgangsweise die Erinnerung an eine bekannte, meist zu diesem Zeitpunkt bereits verstorbene Persönlichkeit wachgehalten und – gegebenenfalls – intensiviert werden (Verstärkung der sog. *memoria,* also der Erinnerung/des Gedächtnisses).
  - Andererseits wurden durch die Verknüpfung einer Schrift mit dem Namen einer bedeutenden Persönlichkeit Einfluss und Autorität dieser Schrift erhöht.

  Beide Beweggründe sind auch für die neutestamentliche Pseudepigrafie bedeutsam.

- Für die Beurteilung der biblischen Texte und für ihren **theologischen Wert** spielt die Feststellung einer pseudepigrafischen Bearbeitung **keine** Rolle. Denn nach dem Verständnis der Kirche ist eine Schrift nicht deswegen bedeutsam, weil die Identität der Verfasserin oder des Verfassers zweifelsfrei bekannt wäre, sondern weil ihr Inhalt als von Gottes Geist entscheidend mitgestaltet und mitgeprägt („inspiriert") geglaubt wird. Das Kriterium der so genannten „Apostolizität" ist also im Blick auf die Zuverlässigkeit und Kontinuität der Überlieferung anzuwenden. (Siehe dazu auch oben → 1.1.6.)

Für die **geschichtliche** Einordnung der entsprechenden Schriften und die sich daraus ergebenden **theologischen Folgerungen** ist die Beachtung dieses Phänomens allerdings von erheblicher Bedeutung. Denn ihre literarische Form (also ihre Gattung „Brief") ist ebenfalls fiktiv, diese Schriften wurden nie vom genannten Absender an die genannten Adressatinnen und Adressaten gesendet. Die untenstehende Gegenüberstellung lässt die Bedeutung dieses Unterschieds erkennen.

Allerdings ist die Unterscheidung nicht in allen Fällen genau durchzuführen. Teilweise ist bei den pseudepigrafischen Schriften die Briefform nicht erhalten oder defekt (z. B. Hebr), teilweise ist eine Entscheidung über die Zuordnung einzelner Schriften zu pseudepigrafischen Texten auf der Grundlage des heutigen Forschungsstandes nicht eindeutig möglich; dies gilt insbesondere für einzelne der so genannten „Katholischen Briefe“.

Pseudepigrafie – Bedeutung für das Textverständnis	
AbsenderInangabe echt	AbsenderInangabe fiktiv
AdressatInnenangabe echt	AdressatInnenangaben ungenau und/ oder fiktiv
Gerichtet an bestimmten Personenkreis	Gerichtet an eine eher unbegrenzte Öffentlichkeit
*Gelegenheits*schrift, verankert in konkretem Kontext	Geplante Schrift: Kontext wird fiktiv konstrukiert
Schrift ersetzt mündliche Kommunikation	Theologische Abhandlung, gefasst in bestimmte literarische Form
Schriftliche Form sekundär	Schriftliche Form konstitutiv
Reflexionsstand zur Zeit des/der tatsächlichen VerfasserIn	Reflexionsstand zur Zeit des/der tatsächlichen VerfasserIn; Vortäuschung des Reflexionsstandes zur Zeit des/der fiktiven VerfasserIn

2.3.6 Grundzüge paulinischen Denkens

Die folgenden stichwortartigen und fragmentarischen Hinweise sollen einen ersten Zugang zur paulinischen Theologie vermitteln. Sie können lediglich auf markante Punkte hinweisen und müssen anhand der paulinischen Schriften vertieft werden.

- **Jesus Christus Kyrios als die Mitte**

Phil 1,21 heißt es: „Für mich [ist] Christus Leben, und Sterben [ist] für mich Gewinn."

Jesus Christus – das ist Leben. Paulus würde präzisieren: *Nur* das ist Leben. Im Prinzip müssten wir mit dem Stift in der Hand die Paulusbriefe lesen und den Text jeweils dort unterstreichen, wo „Jesus Christus" oder „Herr Jesus" bzw. wo Begriffe, die sich darauf beziehen, vorkommen. So könnte rein optisch deutlich werden, dass die These richtig ist: Die Mitte der paulinischen Theologie ist Jesus Christus, ist das Bedenken des Christusgeschehens.

In einer autobiografischen Notiz in 1 Kor schreibt Paulus der Kirche von Korinth:

> „[1]Und als ich zu euch kam, Schwestern und Brüder,
> kam ich nicht im Übermaß der Rede oder der Weisheit –
> verkündigend euch das Mysterium Gottes.
> [2]Denn ich habe mich entschieden, nichts unter euch zu wissen
> außer Jesus Christus, und diesen als Gekreuzigten." (1 Kor 2,1-2)

Die Aufmerksamkeit gilt der Grundaussage, die gleichsam Methode und Inhalt der paulinischen Verkündigung zusammenfasst: „Nichts wissen außer Jesus Christus". – Darum geht es. Gegenüber der Kirche von Philippi bekennt Paulus, dass ihm alles bisher Wertvolle zu „Dreck" geworden ist, weil er erkannt hat, dass Jesus Christus sein Herr ist, den er im Glauben erkennen möchte und dem er gleichgestaltet werden will (vgl. Phil 3,7-11). Die Zitatenliste könnte lange fortgesetzt werden. In diesem Rahmen soll anhand von zwei Textabschnitten diese Bedeutung von Jesus Christus als Zentrum, als Mitte, vertieft werden.

(1) Der Briefeingang von 1 **Kor** bietet einen knappen und präzisen Zugang:

> „[1]Paulus, berufen zum Apostel Christi Jesu durch den Willen Gottes,
> und der Bruder Sosthenes
> [2]an die Kirche Gottes, die in Korinth ist,
> Geheiligte in Christus Jesus, Berufene, Heilige –

mit allen, die den Namen unseres Herrn Jesus Christus [im Bekenntnis] anrufen,

bei ihnen und bei uns:

3Gnade euch und Friede von Gott, unserem Vater, und dem Herrn Jesus Christus.“ (1 Kor 1,1-3)

Die Eröffnung des Schreibens ist nach schematischen Grundsätzen aufgebaut (siehe oben → 2.3.4). Wie des Öfteren ergänzt Paulus auch hier das Schema durch Erweiterungen. Zwischen Absender und Adressatinnen bzw. Adressaten spannt er gedanklich und sprachlich eine Brücke: „mit allen ...“, schreibt er, und zwar „bei ihnen und bei uns“. Diese hier angesprochene Verbundenheit zwischen allen hier Beteiligten hat einen bestimmten Inhalt, der offensichtlich jenes Element bildet, dem sich die Verbundenheit verdankt, die sie letztlich ausmacht: „... die den Namen unseres Herrn Jesus Christus [im Bekenntnis] anrufen“, d.h.: proklamieren.

Das, was den Absender Paulus und alle in seinem Umfeld mit der Kirche – hier von Korinth – verbindet, ist **das Bekenntnis zu Jesus Christus**. Jesus Christus selbst ist jene Wirklichkeit, die im Zentrum steht. Er selbst ist aus der Sicht des Paulus diese Verbindung, in seiner Person ist der Bogen, die Brücke von Paulus nach Korinth gespannt.

Die oftmalige Verwendung der Formeln „*in* (Jesus) Christus“ oder „*in* ihm“ in den Paulusbriefen zeigt: Die Formulierung eingangs des 1 Kor ist kein Sonder- oder Einzelfall. Hier begegnen wir einer paulinischen Grundthese.

(2) Diese These ist wohlüberlegt formuliert, und Paulus kann sie gut begründen. Er tut dies besonders anhand eines älteren hymnusartigen Textes (**Phil 2,6-11**), den er gegenüber der Kirche von Philippi zitiert. Dies geschieht in einem ermahnenden Textzusammenhang (vgl. Phil 2,1-5). Der Apostel ermutigt die Kirche von Philippi dazu, einmütig und vor allem demütig zu sein. Die dafür notwendige Grundhaltung liest er in der Person und im Werdegang Jesu Christi ab:

„6aDer in der Gestalt Gottes war,

6bnicht verstand [er] wie einen Raub zu sein gleich Gott,

[7a]sondern sich selbst entäußerte er,
[7b]Gestalt eines Sklaven (an)nehmend,
[7c]in Gleichheit von Menschen geworden,
[7d]und in der Erscheinung gefunden wie ein Mensch;
[8a]er erniedrigte sich,
[8b]geworden gehorsam bis zum Tod,
[8c][zum] Tod aber am Kreuz.
[9a]Darum erhöhte ihn Gott, [9b]und er gab ihm einen Namen,
[9c]der über allen Namen,
[10]damit im Namen Jesu jedes Knie sich beuge
im Himmel und auf der Erde und unter der Erde
[11]und jede Zunge bekenne: Kyrios Jesus Christus –
zur Herrlichkeit Gottes des Vaters.“ (Phil 2,6-11)

Diese hymnusartige Reflexion über das Christusgeschehen wurde vermutlich höchstens 10 bis 15 Jahre nach dem Ostergeschehen in der frühen Kirche formuliert. Darin sind beides – die menschliche Schwachheit bis in den Kreuzestod und die im Christusschicksal damit *untrennbar* gekoppelte Handlungsvollmacht Gottes – miteinander verschmolzen – so sehr, dass die abschließende Quintessenz die gesamte Dialektik mit aufnimmt: Der neue Name, den Gott seinem Sohn gibt und der über allen Namen steht, lässt das Irdisch-Sterbliche, das am Kreuz vergangen ist, nicht beiseite, sondern nimmt es auf und verbindet es mit der neuen Titulatur, die an Ostern zugänglich wurde: Kyrios – Jesus – Christus, *Jesus* also ist der Christus und Herr.

Wie ein Scharnier steht in diesem Text die Rede vom Tod am Kreuz im Zentrum des gesamten Abschnitts, der wie eine christologische Biografie anmutet und von zwei gegenläufigen Bewegungen bestimmt ist: Weil sein Göttlichsein für den Sohn nicht eifersüchtig zu bewahrender Besitz ist, lässt er es auf dem Weg der Erniedrigung zurück. In einer immer dramatischer werdenden Dynamik wird dieser Weg bis zum absoluten Tiefpunkt skizziert: Er entäußerte sich – wie ein Sklave – als Mensch – er erniedrigte sich – gehorsam bis zum Tod – und dieser Tod schließlich: am Kreuz (vgl. Phil 2,6-8). Es fällt nicht schwer, diese knappe Skizze mit der Verkündigung der Evangelien über Leben und Wirken Jesu zu füllen, dessen Konsequenz in seinen letzten Lebenstagen und -stunden in Jerusalem mit eingeschlossen.

Schon der Kern der frühesten christlichen Verkündigung sagt dazu: Das ist nicht das Ende. Denn die christliche Botschaft, die schon Paulus übernommen und sodann zum Inhalt seines Lebens gemacht hat, spricht von einem Gott, der gerade in diesem Moment der unüberbietbaren Machtlosigkeit des Gekreuzigten an ihm machtvoll handelt. Paulus formuliert dies in der theologischen Sprache der „Erhöhung". Der zweite Abschnitt des hymnusartigen Textes lebt von diesem Begriff, und er bildet zugleich die Kernaussage: Gott hat ihn *erhöht*, und dies nicht einfach und beiläufig, sondern: „*Darum* …" (Phil 2,9), das bedeutet: bezogen auf diesen irdischen Weg der Niedrigkeit, der Demut, des Sich-Zurücknehmens bis und mit *diesem* Tod Jesu. In dieser letzten Konsequenz ist hier *der* entscheidende Kristallisations- und Wendepunkt erkennbar.

Dieser Textabschnitt aus dem Brief an die Kirche von Philippi ist streng genommen eine prägnant gefasste Gottes- und Christuskatechese. Paulus hat das so begriffen, und er hat gerade diesen spannungsvollen Abschnitt den Christinnen und Christen von Philippi vor Augen gestellt. Diese gesamte komplexe Christuswirklichkeit als Vorgabe und in der Folge auch als Maßstab für unser Leben annehmen zu können, ist nur möglich und theologisch konstruktiv, weil der irdischen Jesusgeschichte noch ein weiteres Kapitel folgt, das eine gänzlich neue, von Gott gewirkte *Erhöhungs*dimension erschließt.

Der Textabschnitt aus Phil zeigt:

(1) Die Rede über Jesus Christus geschieht durch Paulus nicht für sich und isoliert, sondern in Bezogenheit zu anderem, was ihm bedeutsam ist – hier die Ermahnung der Kirche von Philippi zu Demut und Einmütigkeit.

(2) Für Paulus ist es nicht möglich, über Jesus Christus ohne österliche Perspektive, also ohne Miteinbezug des Ostergeschehens, zu sprechen.

- **Das Ostergeschehen als Kristallisationspunkt des Christusgeschehens**

In zahlreichen paulinischen Reflexionen wird erkennbar: Aufgrund des Ostergeschehens begegnet uns Jesus als der Christus, als der Kyrios. Tod und Auferstehung sind nicht einfach zusätzliche Stationen seiner Biografie, sondern beide Momente bilden in ihrer spannungsvollen Antithese unverzichtbare Persönlichkeitskomponenten Jesu. So ist es nicht verwunderlich, dass die dreiteilige Formel **Jesus Christus Kyrios** ziemlich früh (d.h.: um 40 n.Chr.) in der Kirche zu einem dreiteiligen Namen verschmilzt, in dem die hier genannten Titel einen unmittelbaren Persönlichkeitsbezug zu Jesus erhalten.

Es ist einleuchtend, dass sich die frühe Kirche mit der Frage nach der Sinnhaftigkeit einer solchen dialektischen Verkündigung von Tod *und* Auferstehung Jesu Christi beschäftigt, die ja alles andere als eine Selbstverständlichkeit ist. Gerade an diesem entscheidenden Punkt legt Paulus Grundlinien für alle christlichen Generationen bis heute. Wiederum sind es zwei Textabschnitte, die dies zeigen können:

(1) **1 Kor 1,18-25** ist eine schwierige und komplexe Textpassage. Sie führt jedoch genau ins Zentrum des Problems, mit dem sich Paulus auseinandersetzen muss. Er kommt auf Umwegen, ursprünglich aufgrund von banalen Äußerlichkeiten, zu dem Thema: Es gibt Streit in Korinth, der zu verschiedenen Parteiungen führt (vgl. 1 Kor 1,11-14). Vielleicht haben sich diese Gruppen je nach dem Taufspender organisiert, sodass Paulus diese Aufgabe relativiert und demgegenüber den Auftrag zur Verkündigung hervorhebt: Christus habe ihn „nicht gesandt, um zu taufen", schreibt er, „sondern um das Evangelium zu verkündigen" (1 Kor 1,17a). Die etwas pointierte Formulierung ist wohl in diesem konkreten Kontext zu lesen. Paulus präzisiert in eine andere Richtung und eröffnet damit ein ganz neues Thema: „... nicht in der Weisheit des Wortes, damit das Kreuz Christi nicht entleert werde" (1 Kor 1,17b). Von dieser möglichen Gefahr war bisher keine Rede. Der Satz zeigt, was Paulus wirklich beschäftigt:

Da gibt es offensichtlich ein Verkündigungsproblem, nämlich die Rede vom Kreuz Christi. Diese Schwierigkeit zu überspielen, z.B. mit gelehrter Rede, also mit einer „Weisheit des Wortes", ist nicht zielführend. Paulus möchte lieber die mit dieser Rede vom Kreuz verbundene Spannung aufrechterhalten, sie thematisieren und theologisch deuten. Genau das tut er in dem folgenden Abschnitt:

„18 Denn das Wort vom Kreuz ist den Verlorenen Torheit,
den Geretteten – uns – Wirkkraft Gottes.
19 Denn es ist geschrieben: *Ich vernichte die Weisheit der Weisen,*
und die Einsicht der Einsichtigen verwerfe ich. [Jes 29,14]

[20]Wo ein Weiser? Wo ein Schriftkundiger? Wo ein Verständiger dieser Weltzeit?
Hat nicht Gott die Weisheit der Welt zur Torheit gemacht?
[21]Denn da in der Weisheit Gottes die Welt durch die Weisheit Gott nicht erkannt hat,
gefiel es Gott,
durch die Torheit der Verkündigung die Glaubenden zu retten.
[22]So also erbitten die jüdischen Menschen Zeichen
und die griechischen Menschen suchen Weisheit.
[23]Wir aber verkündigen Christus als Gekreuzigten –
den jüdischen Menschen ein Ärgernis,
den heidnischen Menschen aber eine Torheit,
[24]den Berufenen aber – jüdischen wie heidnischen Menschen –
Christus als Gottes Wirkkraft und Gottes Weisheit.
[25]Denn das Törichte Gottes ist weiser als die Menschen,
und die Schwachheit Gottes ist stärker als die Menschen."

(1 Kor 1,18-25)

Der Inhalt des paulinischen Evangeliums lässt sich zusammenfassen in einer kurzen Formulierung: **Jesus Christus als Gekreuzigter** (1 Kor 1,23). Paulus weiß um die Spannung dieser Aussage. Dennoch ist für ihn die Verknüpfung von Tod und Auferstehung Jesu das nicht aufgebbare Zentrum der christlichen Botschaft. Angesichts des Christusgeschehens ist dies folgerichtig. Aber was bedeutet es?

1 Kor 1,18 zeigt, dass Paulus ein Gegensatzpaar zu Hilfe nimmt, das im allgemeinen Verständnis als unvereinbar angesehen werden kann: **Torheit und Weisheit** – entweder das eine oder das andere. Für das Verstehen des Ostergeschehens kommt es jetzt darauf an, welche Begriffe wofür verwendet werden. Als Beispiel zitiert Paulus seine verschiedenen Zeitgenossen: Im Kreuzestod Jesu können sie keine Weisheit erkennen. Im Gegenteil: Dieser schändliche Tod widerspricht allem, was der antike Mensch als weise, also als mit seiner Erkenntnis erstrebenswert, ansehen kann: Nein, der Tod Jesu am Kreuz ist blanke Torheit. Das muss Paulus zur Kenntnis nehmen; gerade als hellenistischer Mensch kennt er diese Wertvorstellungen.

Aber da ist (noch) ein anderer Akteur im Spiel, *wesentlich* im Spiel. Das angeführte Zitat aus Jes 29 erinnert daran, dass Gott schon in der jüdischen Überlieferung dafür bekannt ist, menschliche Weisheit ad absurdum zu führen. Hier setzt Paulus an und behauptet: Aus der Perspektive Gottes sieht die Wertezuteilung anders aus. Selbst was für Gott noch töricht und schwach erscheinen mag, ist weiser bzw. stärker als menschliche Weisheit und Kraft (1 Kor 1,25). Dieser dialektische Transfer ist der Schlüssel des Arguments. Der Zugang Gottes ist ein anderer, eben diese „Torheit" der Verkündigung, von der Paulus früher spricht (1 Kor 1,21) – was heißen will: eine Verkündigung, die Menschen als Torheit empfinden.

Was also aus menschlicher Sicht nicht zusammengeht – Kreuzestod und Auferstehung – und daher als unsinnig, eben als töricht empfunden wird: Für Gott geht es zusammen. Die Gründe dafür benennt Paulus Schritt für Schritt. Sei es die notwendige menschliche Demut und Verwiesenheit auf göttliches Handeln in Jesus Christus (vgl. 1 Kor 1,26-31), sei es das Geheimnis göttlicher Wege, eben eine „Weisheit [Gottes] im Mysterium" (vgl. 1 Kor 2,6-7), sei es schließlich – und darauf muss die Argumentation hinauslaufen – Gottes Liebe (vgl. 1 Kor 2,9). Es ist eine Liebe, die deswegen in diesem spannungsvollen Gegensatz wirken kann, weil Gott einen unvergleichlich größeren und weiteren Aktionsradius kennt als der Mensch. Das führt ja zur Verkehrung der Perspektiven, denn kein Mensch könnte angesichts des Todes, und noch dazu eines solchen Todes, sagen, er wäre handlungsfähig. Gott – und nur Gott – behält im Kreuzestod seines Sohnes die Möglichkeit, dennoch ein Ja zu seinem Sohn zu sprechen. Darin liegt seine Weisheit, die aus der Torheit dieses Todes erwächst.

Wir kommen damit an die Grenze des Sprech- und Denkbaren. Auch Paulus weiß dies, und er greift daher zu diesem gegensätzlich geprägten Begriffsspiel, um eine Annäherung zu versuchen. Das heißt nicht einfach, das Kreuz Jesu *musste* sein; sondern es zeigt, dass dieser Kreuzestod, da er geschehen war, wesentlich zum Verstehen der Person Jesu Christi und des Handelns Gottes beiträgt.

(2) Gerade diesen Gesichtspunkt der Verknüpfung des Ostergeschehens mit dem Handeln Gottes betont ein zweiter kürzerer Textabschnitt. **1 Kor 15,3-5** wird im Blick auf die Argumentation über die Zukunft der Christinnen und Christen die Osterverkündigung der frühen Kirche zusammengefasst. Dieser formelhafte Text geht auf die Zeit gegen 40 n. Chr. zurück; er bildet wohl eine der ältesten Formulie-

rungen über das Ostergeschehen. Schon allein deshalb darf er nicht fehlen:

„[3b]Christus starb für unsere Sünden gemäß den Schriften
[4]und er wurde begraben.
Und er wurde auferweckt am dritten Tag gemäß den Schriften
[5a]und er erschien dem Kephas, [5b]
dann den Zwölfen.“ (1 Kor 15,3-5)

Der Textabschnitt ist in seinen vier Zeilen regelmäßig aufgebaut. Inhaltlich gliedert er sich in eine Rede über den Tod Jesu (Zeile 1 und 2) und über seine Auferweckung (Zeile 3 und 4). Die erste und die dritte Zeile sind jeweils aus drei Teilen zusammengesetzt, Zeile 2 und 4 ergänzen die jeweils davorstehenden Aussagen: Der Hinweis auf das Begräbnis unterstreicht die Erwähnung des Todes Jesu; die Nennung der Erscheinungen an Kephas und an die Zwölf dient als zusätzliche Verstehenshilfe für die Aussage: „er wurde auferweckt“.

Neben zahlreichen Einzelheiten sind folgende Beobachtungen an dieser alten Formulierung von Bedeutung: Die Formel spricht weder vom Tod Jesu allein noch handelt sie nur von seiner Auferstehung. Sie zeigt vielmehr, dass die frühe Kirche und mit ihr Paulus von allem Anfang an **Tod und Auferstehung gemeinsam im Blick** hatte. Das Ostergeschehen umfasst beides. Beides – und das ist besonders bemerkenswert – wird mit der jeweils gleichlautenden Formulierung in der Schrift verankert: „gemäß den Schriften“. Damit ist nicht der Bezug auf eine bestimmte Stelle der Jüdischen Bibel angedeutet, sondern es wird damit die Überzeugung ausgedrückt: Was hier geschehen ist, steht in Übereinstimmung mit der bisherigen Gottesoffenbarung, wie sie in der Jüdischen Bibel bezeugt ist. Damit ist wohl auf die Grundzüge der Gottesoffenbarung, auf Gottes Treue und Verlässlichkeit, auf seine Güte und Liebe Bezug genommen. Schwerpunkt einer solchen Bezugsetzung ist nicht der Versuch eines Beweises, sondern vielmehr der Hinweis auf die Kontinuität göttlichen Handelns durch die Geschichte Gottes mit den Menschen, sei es im jüdischen, sei es im christlichen Umfeld. An Jesus Christus und an seinem Schicksal ist dies exemplarisch abzulesen. Dieses Schicksal geschieht nicht um seiner selbst willen, sondern – und dies wäre ein weiterer Akzent: Es geschieht um der Menschen willen, und zwar in ihrer Sündhaftigkeit (siehe dazu unten).

Dieses Bedenken von Tod und Auferstehung Jesu Christi ist für alles Weitere unentbehrlich und entscheidend, denn darin hat sich Jesus von Nazaret in seiner tatsächlichen Identität erschlossen, eben als der Christus und Kyrios. Dieses dreigliedrige Bekenntnis Jesus Christus Kyrios ist eben grundlegend und bestimmend, für Paulus ist es *die* Proklamation schlechthin, in der das gesamte Christusgeschehen zusammengefasst wird. Das unsagbare Geheimnis und Paradoxon ortet Paulus genau darin, dass im Moment der absoluten Machtlosigkeit des Gekreuzigten Gott machtvoll an ihm handelt. Er tut dies in der Gabe neuen Lebens für seinen Sohn und setzt damit ein unwiderrufliches Zeichen des Heils für alle Menschen.

- **Heil/Rettung in Jesus Christus**

Dieses Stichwort führt inhaltlich weiter. In der Deutung des Passions- und Ostergeschehens gibt es für Paulus eine maßgebliche Antwort: Es ist **für uns** geschehen, nicht um Jesu selbst willen. Sowie Jesus für uns gelebt hat, ist er auch für uns gestorben, und für uns wurde er auferweckt. Nur an zwei Stellen übernimmt Paulus aus der noch älteren Überlieferung und Deutung die Bezugsetzung zur Sündhaftigkeit des Menschen: „für unsere Sünden" (1 Kor 15,3; Gal 1,4). Es hat den Anschein, als habe er diesen ihm schon vorgegeben *Sach*bezug (für Sünden also) durch einen *Personal*bezug (für uns, euch, dich, mich, alle) ersetzt. Dass es dabei um einen umfassenden Heilsbezug und eine Rettungsbedeutung des gesamten Christusgeschehens und nicht isoliert nur des Todes Jesu geht, ist hier zumindest anzumerken (siehe dazu nochmals unten → 4.2). Jetzt ist darauf zu achten, wie Paulus diesen Rettungsbezug des Christusgeschehens in die Existenz der Christin und des Christen einordnet bzw. ihn damit verbindet.

Das Taufverständnis des Paulus ist dafür grundlegend. Zu beachten sind in der ausführlichen Taufkatechese **Röm 6,3-23** vor allem alle Nennungen von Jesus Christus und alle Bezugsetzungen zu ihm (z. B. *mit ihm* begraben, *mit*gestaltet mit ihm, *mit*gekreuzigt, leben *mit ihm* usw.)

sowie die Gegensatzpaare Sklave – Herr und Leben – Tod. Damit erschließt sich ohne Schwierigkeit der Zugang zu diesem grundlegenden Textabschnitt.

Das paulinische Verständnis von Taufe ist gemäß dieser Katechese von einer **Schicksalsgemeinschaft mit Jesus Christus** geprägt: In der Taufe ist der Mensch hineingenommen in ein umfassendes „Mit Christus", das über den Tod hinaus tragfähig ist für eine neue Lebensfülle. Darin zeigt sich, wer tatsächlich Herr/Kyrios ist im Leben des Menschen, d. h.: Wer vorrangig die Richtung angibt: der Tod, die Sünde, andere Pseudoherren oder eben Jesus Christus. Für die paulinischen Kirchen haben diese Fragen reale Brisanz. Denn die römischen Kaiser des 1. Jhs. ließen sich in zunehmendem Maße als vergöttlichte Rettungsgestalten feiern und der Titel „Kyrios" wurde [auch] als ein dem Kaiser zukommender Titel proklamiert. Die kritische, im Text enthaltene Kontrollfrage liegt auf der Hand, die paulinische Gegenthese ebenso, die da lautet: Kyrios im Leben der Christinnen und Christen ist niemand anderer als Jesus Christus; denn er ist tatsächlich jener, der den Menschen Rettung und Leben gibt, und zwar über den Tod hinaus.

Hintergrund für diese Überlegungen ist die Wirklichkeit und Erfahrung des antiken Sklavenmarktes, die Paulus weiterführt: Aufgrund des Christusgeschehens ist der Mensch aus der Sklaverei der Sünde herausgelöst (Röm 6,17a) und hineingestellt in eine „Sklaverei" Gottes (vgl. Röm 6,22). Die Sprache darf nicht irritieren; Paulus bleibt ja im Bild. Diesem Vorstellungshintergrund verdankt sich auch die Überzeugung von der untrennbaren Schicksalsgemeinschaft zwischen Herr und Sklave, die ja erneut der damaligen sozialen Wirklichkeit entspricht. Paulus formuliert im ersten Teil des Abschnittes weiter: *Mit* Christus durch den Tod in ein neues Leben. Dass dieser Abschnitt Röm 6,3-11 jene Epistel ist, die seit Jahrhunderten in der Osternacht verkündet wird, ist kein Zufall: So wird auch liturgisch evident, dass Tod und Auferstehung Jesu gleichsam die „Währung" für diesen Menschenhandel bilden.

Natürlich weiß Paulus, dass diese Rede hart ist. Daher führt er sie zwei Kapitel später in passendere Töne und weniger aggressive Formulierungen weiter: In und aufgrund der Christusverbundenheit empfängt die und der Glaubende in der Taufe jenen **Geist der Kindschaft**, der sie und ihn zum **Abba/Vater-Ruf** und zum vollen Christusbekenntnis befähigt (vgl. Röm 8,15; Gal 4,6; 1 Kor 12,3). In dieser, durch den Glauben an das erlösende Handeln Gottes in seinem Sohn geprägten

Existenz ist die Christin und der Christ eine „neue Schöpfung“ (2 Kor 5,17). Die Glaubenden sind nicht mehr dem Tod und der Sünde verbunden, sondern dem Leben in Christus (vgl. Röm 7,7-25). Frau oder man könnte auch sagen: In der Taufe wird der Mensch in seiner ursprünglichen Schöpfungsabsicht, nämlich Ikone Gottes zu sein (vgl. Gen 1,26), wiederhergestellt und darin als Tochter und Sohn Gottes ermächtigt, in seiner Existenz Gott widerzuspiegeln in dieser Welt.

Andere Heilswege treten demgegenüber in den Hintergrund und verlieren ihre Bedeutung. Daher geschieht auch die so genannte „Rechtfertigung“ vor Gott nicht durch den Vollzug bestimmter Vorschriften oder Werke, sondern im Glauben an Jesus als den Christus, wie Paulus mit einem sehr kritischen Seitenblick auf judaisierende judenchristliche Kreise konsequent festhält. Streng genommen müsste frau oder man von der **„Gerechtmachung“** sprechen, die Gott aufgrund des Christusgeschehens wirkt, d.h.: Gott setzt den Menschen in einen gerechten, in einen „gerichteten“, d.h.: ausgerichteten, ausgeglichenen Zustand zu ihm – Gott. Es ist keine Frage, dass dies gnadenhaftes, geschenkhaftes Handeln Gottes ist, das freilich mit einer entsprechenden Grundhaltung des Menschen korrespondieren muss, die in Entsprechung zu diesem Vorgang „stimmig“ ist – eben der Vollzug von Glauben. Grundlage dafür ist immer das Bekenntnis zum gekreuzigten und auferstandenen Herrn. Denn Gott wirkt seine Gerechtmachung in seinem Sohn, in ihm handelt er zur Heiligung des Menschen (vgl. 1 Kor 1,30; Gal 1,4). Besonders in Gal setzt sich Paulus intensiv mit diesem Thema auseinander und macht deutlich: Die Hoffnung auf diese Gerechtmachung durch Gott gründet nicht auf eine bestimmte Vorverfasstheit – also z.B. auf die Beschneidung und damit auf die Zugehörigkeit zum Judentum –, sondern auf das Christusgeschehen und die Verbundenheit des einzelnen Menschen mit Jesus Christus, die in der Taufe grundgelegt ist. Ein markantes Beispiel dieser Argumentation ist in **Gal 2,19-21** zu lesen:

„19 Denn ich bin durch das Gesetz dem Gesetz gestorben,
damit ich [für] Gott lebe.
[Mit] Christus bin ich mitgekreuzigt.
20 Ich lebe – nicht ich, sondern es lebt in mir Christus.
Das lebe ich jetzt im Fleisch,

im Glauben lebe ich [für] den Sohn Gottes,
der mich geliebt hat
und der sich hingegeben hat für mich.
[21]Nicht verachte ich die Gnade Gottes.
Denn wenn durch das Gesetz die Gerechtmachung,
dann ist Christus umsonst gestorben.“ (Gal 2,19-21)

Dies darf nicht Theorie bleiben, sondern es muss Folgen haben für das Leben der einzelnen Menschen. Paulus selbst spricht in **Phil 3,7-11** von einer radikalen Wertumkehr als Konsequenz seiner Bekehrung. Diese geschieht nicht nur den konkreten Inhalten nach, sondern vor allem – und das ist das Wesentliche – **der Ausrichtung nach**: An die Stelle von Sachwerten tritt **ein einziger personaler Wert:** Jesus Christus:

„[7]Doch was mir war Gewinn, das erachte ich *wegen Christus*
als Verlust.
[8]Aber gewiss: Ich erachte alles
Verlust zu sein
wegen des Überragenden der Erkenntnis Christi Jesu [als]
meines Herrn, wegen dessen mir alles
Verlust wurde,
und ich erachte [es]
als Dreck, damit ich Christus gewinne [9]und gefunden werde in ihm,
nicht habend meine Gerechtmachung –
die aus Gesetz,
sondern *die durch Glauben an Christus,*
aus Gott
die Gerechtmachtung
aufgrund des Glaubens:
[10][Um] ihn zu erkennen
und die Kraft seiner Auferstehung
und die Gemeinschaft mit seinen Leiden,
mitgestaltet seinem Tod;
[11]ob etwa ich mich nähern [hinzugelangen] werde
zur Auferstehung von den Toten. –“ (Phil 3,7-11)

Auch in diesem Abschnitt können nur wenige Gesichtspunkte herausgehoben werden: Der Text ist zunächst von den gegensätzlichen Wortfeldern Gewinn/gewinnen und Verlust geprägt; das dreimal verwendete „erachten" stellt die Beziehung zwischen diesen Gegenätzen her. Die Grundaussage ist in V. 7 sogleich unmissverständlich formuliert: Die Auffassung von Gewinn und von Verlust hat sich diametral verändert; es hat sich nicht nur leicht verschoben, sondern es ist eben auf den Kopf gestellt. Die Begründung dafür ist *personal,* und sie ist knapp formuliert: „wegen Christus". Erst allmählich wird Paulus dazu ausführlicher. So wie die Wiederholung der Aussage in Phil 3,8 einer Steigerung gleichkommt, so auch die christologische Begründung: Es ist die *Erkenntnis* Jesu Christi, die Paulus als überragend empfindet und die ihn umdenken lässt, weil er diesen Jesus Christus als seinen Herrn begriffen hat. Die Zuordnung mittels des Personalpronomens („*meines* Herrn") ist wichtig, deutet sie doch an, wie sehr Paulus diese Christuswirklichkeit und -erkenntnis an sich heranlässt. Alles Bisherige wurde für ihn zum Verlust, beteuert er nochmals. Es ist notwendig, sich kurz über dieses Frühere Rechenschaft zu geben: Paulus hatte seine Beschneidung, seine jüdische Existenz, seine Identität als Pharisäer, die Verfolgung der Kirche und das Gesetz genannt (vgl. Phil 3,5.6). Erst diese Vergewisserung lässt erahnen, wohin sich Paulus da versteigt, wenn er sagt: Als „Dreck" erachtet er es.

Das ist nur nachvollziehbar, wenn an die Stelle der bisherigen Werte etwas Einzigartiges tritt. Paulus hat mehr zu bieten. Denn plötzlich (Ende V. 8) verbindet er mit dem Verb „gewinnen" nicht wie bisher *Sachaussagen*, sondern er setzt zu diesem Verb ein *personales* Objekt: „damit ich *Christus* gewinne". Von der Nennung Christi als Grund für die Umkehr (Phil 3,7) führt also eine Linie zu Jesus Christus als dem neuen Inhalt des paulinischen Gewinnstrebens. Dabei geht es nicht um eine Akquisition, sondern erneut um das Ziel von **personaler Gemeinschaft**: „... und gefunden werde in ihm" (Phil 3,9).

Auch wenn der Satz grammatikalisch hier weitergeht, ist inhaltlich kurz anzuhalten. Die Lebenswende des Paulus markiert eine völlige Umkehr der Werte, weil ihm Jesus Christus plötzlich als **personales Du** erscheint. Dabei ist eben nicht nur die Umkehr der Wertordnung zu beachten, sondern die damit verbundene Akzentsetzung weg von der apersonalen Observanz hin zum personalen Beziehungswert, hier in der Verbundenheit mit Jesus Christus. Daher wird in Phil 3,10 die **„Ge-**

rechtmachung" auch nicht mehr im Gesetz verankert, wie sich dies für einen Pharisäer geziemen würde, sondern **in Jesus Christus**. Was diese Christusverbundenheit konkret bedeuten kann, darüber geben dann Phil 3,10-11 Auskunft.

Nach diesem paulinischen Selbstzeugnis werden verschiedene Punkte klar, die als Folgerungen für alle Christinnen und Christen gelten. Anders als früher geht es nicht mehr um die Umsetzung sachlicher Einsichten, sondern um die Änderung der **Bezugsperspektive**. Sie ist in erster Linie eben **eine Person** geworden: Jesus Christus. Das lässt Bisheriges in einem anderen, in einem Licht der Bedeutungslosigkeit erscheinen, füllt Wertvorstellungen mit neuem Inhalt und gibt Anhaltspunkte dafür, dass mit **„Glauben" ein personaler Beziehungsprozess** gemeint ist.

- **Konsequenzen für das Leben im Alltag**

In diesem paulinischen Entwurf hat eine Erfüllungsethik mit detaillierten Handlungsanweisungen keinen Platz. Denn wenn es im Glauben an Jesus Christus um eine Wertumkehr geht und darum, Jesus Christus als personalen Glaubensinhalt und damit als Du einer **Beziehung** zu begreifen, kann dem nicht mit der Erfüllung bestimmter Regeln und Konditionen entsprochen werden.

Das gilt für die Beschneidung als nicht mehr notwendige Anfangsvoraussetzung ebenso wie für die zahlreichen Einzelbestimmungen der im Judentum überlieferten Weisung Gottes. Paulus bringt dies in **Gal 5,1-6** mit programmatischen Sätzen (Gal 5,1.6) auf den Punkt. Zugleich zeigt er den wesentlichen Handlungsakzent dabei auf:

„1Zur Freiheit hat uns Christus befreit.
Steht also und lasst euch nicht wiederum durch ein Joch der Sklaverei vereinnahmen.
2Siehe: Ich, Paulus, sage euch:
Wenn ihr euch beschneiden lasst, wird euch Christus nichts nützen.
3Ich bezeuge aber wiederum jedem beschnittenen Menschen, dass [es] die Notwendigkeit ist, das ganze Gesetz zu tun.

[4]Entkräftet [außer Geltung gesetzt] werdet ihr [weg] von Christus,
ihr, welche ihr im Gesetz gerecht gemacht werdet,
fielt aus der Gnade.
[5]Denn wir erwarten im Geist aus Glauben die Hoffnung der Gerechtmachung.
[6]Denn in Christus Jesus bedeutet weder die Beschneidung etwas noch die Unbeschnittenheit,
sondern der Glaube, in Liebe zur Wirksamkeit gebracht." (Gal 5,1-6)

Der entscheidende Punkt ist also diese Grundhaltung von **Liebe**. In **1 Kor 13** hat Paulus dies in einer einzigartigen Dichtung zum Thema gemacht: „... hätte aber die Liebe nicht, so wäre ich nichts" (1 Kor 13,2), heißt dort der abgewandelte Refrain in der Eingangsstrophe (vgl. 1 Kor 13,1-3), auf die sodann in Form eines Tugendspiegels die Charakterisierung von Liebe erfolgt. Diese steht in Beziehung zu einzelnen konkreten Entfaltungsweisen bzw. in der Zurückweisung von Haltungen, die mit Liebe unvereinbar sind: Eifersucht, Prahlerei, selbstsüchtiges Vorteilsstreben, Reizbarkeit, Verharren im Unrecht und nachtragendes Verhalten offenbaren das Gegenteil von Liebe, da Liebe all das nicht tut. Umso markanter treten die positiven Merkmale in den Vordergrund, die den Abschnitt einleiten und ihn beschließen (vgl. 1 Kor 13,4-8a).

Dabei bleibt zu beachten, dass Liebe nicht eigene Leistung ist. Paulus reiht sie unter die Charismen, also die **Gnadengaben**, ein und betont damit ihren geschenkhaften Charakter. Dass Liebe innerhalb der Dreizahl Glaube, Hoffnung, Liebe den uneingeschränkten Vorzug erhält (vgl. 1 Kor 13,13), ist dann nicht verwunderlich. Der Textabschnitt erschließt dafür mehrere Begründungen – seien es die herausragenden Eigenschaften von Liebe, sei es ihr tugendhaftes Profil als Maßgabe für das Leben der Glaubenden. Letztentscheidend ist jedoch ihr endgültiger Bestand. Denn Glaube und Hoffnung verlieren im Erkennen von Angesicht zu Angesicht in einer endzeitlichen Lebensfülle ihren Stellenwert. Demgegenüber findet Liebe gerade darin ihre endgültige Fülle, ist sie doch eine tatsächlich göttliche Eigenschaft, ein Charakteristikum, das im Wesen Gottes, im vielfältigen innergöttlichen Lebensaustausch, gründet und diesen zugleich bestimmt. Solange Gott lebt, wird Liebe als Gottes Grunddynamik erfahrbar bleiben.

Getaufte Menschen haben also nichts anderes als Liebe in Fülle zu verwirklichen (vgl. neben 1 Kor 13,13 auch Röm 13,8-14). Paulinische Ethik lässt sich daraus ableiten, erschöpft sich aber auch genau an diesem Punkt. So schreibt Paulus:

„[10]Seid einander in geschwisterlicher Liebe zugetan." (Röm 12,10)

Wenig später bringt er es im gleichen Brief auf die grundsätzliche These, dass die einzelnen Weisungen der Zehn Gebote allesamt in dem einen Liebesgebot zusammengefasst sind:

„Bleibt niemandem etwas schuldig.
Nur die Liebe schuldet einander immer.
Wer die oder den andern liebt, hat das Gesetz erfüllt." (Röm 13,8)

Paulus erfährt das Christusgeschehen als Ausdruck der Liebe Gottes. Daraus ergibt sich, dass diese Haltung Gottes den Menschen gegenüber auch das zwischenmenschliche Miteinander bestimmt. Anderes ist nicht „bündig".

- **Kirche als geschwisterliche Gesinnungs-, Bekenntnis- und Beziehungsgemeinschaft**

Christin- und Christsein verbindet. Kirche wird also zuerst durch die Gemeinschaft des Glaubens und des Bekenntnisses konstituiert. Nach 1 Kor 1,2 sind die Christinnen und die Christen jene Menschen, die „den Namen unseres Herrn Jesus Christus [im Bekenntnis] proklamieren" (siehe dazu oben). Kirche ist jener „Ort", wo Menschen einander in den Glauben einführen, einander unterstützen und gegenseitig mittragen.

Geschwisterlichkeit ist eine unerlässliche Konsequenz von Taufe. Denn die Schicksalsverbundenheit mit Jesus Christus (siehe oben zu Röm 6) verbindet auch untereinander. In **Gal 3,26-29** reflektiert Paulus gerade dieses Moment sehr grundsätzlich:

> „[26]Alle seid ihr Töchter und Söhne Gottes
> durch den Glauben in Christus Jesus.
> [27]Denn als solche, die ihr auf Christus getauft seid,
> habt ihr Christus [als Gewand] angezogen.
> [28]Nicht [ist] da Jude oder Grieche,
> nicht ist da Sklave oder Freier,
> nicht ist da männlich und weiblich.
> Denn ihr alle seid eins in Christus Jesus.
> [29]Wenn ihr aber [zu] Christus gehört,
> dann seid ihr Nachkommen Abrahams,
> gemäß der Zusage Erben.“ (Gal 3,26-29)

Unterschiede werden nicht aus der Welt geschafft, aber sie verlieren ihre Bedeutung, da alle Getauften mit dem einen gleichen Gewand bekleidet sind, das ihr Aussehen prägt: Jesus Christus (vgl. so auch Röm 13,14), oder umgekehrt gesagt: Was Paulus hier schreibt, verbietet es, aus den gegebenen Unterschieden Argumente und Wertmaßstäbe abzuleiten. Das schließt weder Autorität noch Struktur aus, aber es provoziert die Haltung der Geschwisterlichkeit. Denn eine andere Taufwirklichkeit gibt es nicht. Die Strukturen, die Dienste in dieser kirchlichen Gemeinschaft, sind auf die Notwendigkeiten und das Wohl des gesamten Leibes (Christi) hingeordnet und von daher in ihrer Entfaltung bestimmt – wie Paulus in 1 Kor 12,28-30 und 14,26-40 ausführlich darstellt.

Kirche erlebt sich nach Paulus als **Beziehungsgemeinschaft** in den sie begründenden Elementen ebenso wie in ihrem Lebensvollzug. Sie entsteht dort, wo Menschen Christus als ihren Kyrios bekennen und auf dieser Grundlage ihr Leben gestalten (wollen). In der Taufe wird diese Absicht gleichsam besiegelt, also verbindlich grundgelegt. Dort, wo Glaubende in der Feier des Herrenmahls dem auferstandenen und erhöhten Herrn personal begegnen und seine Gemeinschaft und Gemeinschaftsabsicht mit ihnen im Feiern neu erfahren (vgl. 1 Kor 10,16-17), wird die in der Taufe grundgelegte Gemeinschaft (siehe 1 Kor 12,12-14) aktualisiert.

Daraus ergibt sich: Taufe und Eucharistie bilden – wie die zwei Brennpunkte einer Ellipse – die Mitte und die Grundlage von Kirche.

- **Der Blick in die Zukunft**

Mit dem Christusgeschehen bricht die Zeit der Vollendung an. Herausgerissen aus dieser sündigen Epoche, erwarten die Glaubenden die Wiederkunft ihres Herrn (vgl. Gal 1,4; Röm 6,4.22; Phil 3,20-21). Dazu müssen angesichts der klaren paulinischen Argumentationslinie wenige Hinweise genügen:

Die **Begründung** für eine solche **Hoffnung in die Zukunft** ist in der **Auferstehung Jesu** gegeben, der als Erster den Weg vom Tod in das Leben gegangen ist (vgl. 1 Kor 15,12-58; 1 Thess 1,10; 4,14). Was immer über unsere Zukunft zu sagen ist, kommt aus dem Ostergeschehen. Daher ist die Überzeugung davon für Christinnen und Christen auch unerlässlich: „Wie können Einzelne unter euch sagen, eine Auferstehung von den Toten gibt es nicht?" Mit dieser kritischen Frage beginnt Paulus seine diesbezügliche Argumentation (1 Kor 15,12). Wenn und weil Christus auferstanden ist, werden auch wir auferstehen. Streng genommen ist mehr dazu nicht zu sagen.

Die **Verortung dieser Hoffnung** liegt im Lebens-, Todes- und Erhöhungsweg Jesu Christi selbst, wie **Phil 3,12-21** zeigen kann:

„12Nicht, dass ich [sie] schon erhalten habe oder schon vollendet bin;
ich jage aber, ob ich wirklich erhalten werde,
darauf, dass auch ich erhalten [aufgenommen] werde durch Christus Jesus.
13Schwestern und Brüder, ich erachte mich nicht als erhalten [aufgenommen];
eines aber: Das Hinten vergessend,
dem Vorne aber mich entgegenstreckend.
14Gemäß diesem Anliegen jage ich nach dem Preis der Berufung von oben,
[jener] Gottes in Christus Jesus.

15 Als solche, die vollkommen [sind], wollen wir dies denken.
und wenn ihr etwas anders denkt,
wird Gott euch auch dies offenbaren.
16 Jedoch: Wohin wir gelangt sind, in dem stehen wir [fest].

17 Meine MitnachahmerInnen werdet, Schwestern und Brüder,
und achtet auf die so Wandelnden, wie ihr uns als Vorbild habt.
18 Denn viele wandeln – wie ich euch des Öfteren sagte, jetzt aber weinend sage,
als die Feinde des Kreuzes Christi.
19 Ihr Ziel – Verderben; ihr Gott – der Bauch, und ihre Herrlichkeit – in ihrer Schande:
Das Irdische denkend.
20a Unser Bürgerecht [*politeuma*] nämlich ist im Himmel;
20b von dort erwarten wir auch [als] Retter den Herrn Jesus Christus.
21a Dieser wird den Leib unserer Niedrigkeit umgestalten,
21b gleichformend dem Leib seiner Herrlichkeit,
21c gemäß der Kraft [seines] Könnens auch ihm unterzuordnen das All.“ (Phil 3,12-21)

Der in Phil 3,12-14 intensiv ausgedrückte **Blick voraus auf die Vollendung** entspricht der Grundhaltung des Paulus. Er bricht allerdings zunächst diese Zukunftsperspektive ab und bezieht in ermahnendem Grundton die Adressatinnen und Adressaten mit ein, denen attestiert wird, dass sie bis zu diesem Zeitpunkt den Weg des Paulus geteilt haben (Phil 3,15-16). Diese Ermutigung und Ermahnung verdichtet sich im Imperativ, den Apostel nachzuahmen (Phil 3,17). Die Dringlichkeit einer solchen Aufforderung erhält durch die Skizzierung der als absolut negativ eingestuften Alternative den nötigen Nachdruck. Die Gegner des Paulus werden durch die Bezeichnung „Feinde des Kreuzes Christi“ (3,18) kompromisslos disqualifiziert – was sachlich aufgrund ihres Verharrens in einer jüdisch orientierten Heilshoffnung verständlich erscheint. Denn sie verkennen die Bedeutung des Kreuzes und damit die Heilsdimension des Ostergeschehens.

Im Zuge von Gedankengang und Formulierung dieser ermahnenden Sätze nimmt Paulus in Phil 3,20 nochmals das Thema der Zukunft auf. Als Gegensatz zur irdischen Verhaftetheit der Gegner, vor der er die

Kirche von Philippi schützen möchte (siehe Phil 3,18), stellt er sein ganz anderes Bürgerrecht in den Vordergrund und bezieht die Adressatinnen und Adressaten mit ein.

„*Unser* Bürgerrecht nämlich ist im Himmel" (3,20a). Paulus hebt nun antithetisch zu Phil 3,18 hervor: *Dieses* Bürgerecht hat nichts mit irdischen Ordnungen zu tun. Davon gerade will Paulus sich ja deutlich absetzen. „Im Himmel" markiert eine deutliche Relativierung alles Irdischen und markiert eine bewusste Bezugsetzung zur göttlichen/himmlischen Sphäre: Christinnen und Christen haben nicht das Irdische (gegen 3,18), sondern eben das Himmlische, d.h. auch: das Göttliche, im Sinn.

Die Begründung bzw. die mit dieser Zuordnung verbundene Hoffnung wird in Phil 3,20b in einem klaren Satz ausgesprochen. Nur hier verwendet Paulus den Titel **„Retter"** für Jesus Christus. Markant steht die dreiteilige Titulatur: Kyrios Jesus Christus. Sie ist uns zuvor schon begegnet (vgl. Phil 2,11, siehe oben).

Zwischen diesen Versen und dem Hymnus in Phil 2 zeigt sich gerade in der Wiederaufnahme des ausführlichen Titels *Kyrios Jesus Christos* aus 2,11 in 3,20b eine auffällige Gemeinsamkeit: Gerade dieser *Kyrios Jesus Christos* wird vom Himmel her erwartet, und zwar als unser Retter, d.h.: in seiner heilstiftenden Dimension. Diese wird näher als eine Veränderung in der Erscheinung umschrieben, indem die bisherige menschliche Erscheinungsform – der Verfasser benennt sie als „Leib" – einer neuen gegenübergestellt wird: Der skizzierte Prozess spricht vom „Leib unserer Niedrigkeit" (3,21a), der in der Erscheinung dem „Leib seiner Herrlichkeit" „gleichformend" verändert wird (3,21b). Diese Aussage entspricht generell paulinischem Denken. Sie ist Konsequenz seiner Tauftheologie, wie er sie besonders in seiner Taufkatechese in Röm 6 entwickelt: Der getaufte Mensch hat in Schicksalsverbundenheit mit Jesus Christus durch den Tod hindurch Gemeinschaft mit dessen Herrlichkeit. In Phil 3,20-21 geht Paulus aber noch weiter: Er spricht von einer Gleichformung, einer teilhabenden Angleichung also des Menschen an die Auferstehungswirklichkeit Jesu Christi.

Was Paulus der Kirche von Philippi als gemeinsame Hoffnung vor Augen führt, hat also über das Ostergeschehen hinaus **ein Fundament**: Es ist **das gesamte Christusgeschehen**, das er dieser Kirche bereits zuvor als den exemplarischen Weg (siehe Phil 2,5, dazu oben) vor Augen geführt hat: Weil Jesus Christus diesen Weg des irdischen Menschen gegangen ist, weil Gott ihn darin nicht hat scheitern lassen, sondern über den Tod hinaus an ihm gehandelt hat, darf der irdische Mensch solches Handeln Gottes auch für sich erwarten. Jesus Christus, in der Gestalt Gottes die Ikone Gottes schlechthin, befähigt durch seinen Weg aus der Gottgleichheit in sein Menschsein den Menschen dazu, mit ihm durch diesen Lebens- und Todesweg in die göttliche Herrlichkeit hineinzuwachsen. Phil 3,21c deutet an, dass dies in jener Kraft und Wirkvollmacht geschieht, aufgrund derer dem erhöhten Christus die gesamte Schöpfung zu Gebote steht.

Dann aber ist zu sagen: Dies ist eine **neue Entsprechung zu jener Gottebenbildlichkeit**, die bereits in der Schöpfungsabsicht Gottes (vgl. Gen 1,26-27) gründet. Wie das Christusgeschehen zeigt, führt sie zu Leben im Überfluss. Wie Paulus andeutet, ist dies das Ziel und die Zukunft für den an Jesus Christus glaubenden Menschen jenseits des irdischen Todes, ja streng genommen: seine genuine Heimat.

Alles Weitere sind **Bilder und Umschreibungsversuche**. Denn die Frage, wie das sein wird, kann auch Paulus nicht im Klartext beantworten. So versucht er einfach, auf die Unsicherheiten, auch auf die Ängste seiner Kirchen einzugehen. Der Begriff „verwandeln" spielt dabei eine wichtige, aber eben eine *bildhafte* Rolle (vgl. 1 Kor 15,51-52); der Vergleich mit Aussaat und Wachstum nach dem Winter wird bemüht (vgl. 1 Kor 15,37-41), das Sprachspiel von Vergänglichkeit und Unvergänglichkeit wird eingeführt und weiterentwickelt (1 Kor 15,42-49). Das apokalyptische Bild vom himmlischen Triumphzug mit dem erhöhten Christus soll die Bedenken der Menschen in der Kirche von Thessalonich zerstreuen, einige – nämlich die jetzt schon Gestorbenen – könnten zurückgelassen werden (vgl. 1 Thess 4,13-17). Das bedeutet mit anderen Worten: Vollendung der Taufwirklichkeit. Oder nochmals Paulus im O-Ton an die Kirche von Thessalonich: „Und so werden wir immer *mit* dem Herrn sein" (1 Thess 4,17).

Die **skizzenhaft angedeutete Perspektive** führt vom Christusgeschehen über unsere Hineinnahme in dieses österliche Geschehen durch die Taufe hin zur Gemeinschaft der Getauften, also der Kirche. Sie legt als Folgerung nahe, das und so zu leben, was wir sind: Menschen, die Christus als Gewand tragen und Du seiner Liebe geworden sind. Sie führt in eine Zukunft, in der vollendet wird, was Gott in Jesus Christus in und mit uns begonnen hat: Lebensgemeinschaft mit Gott in Jesus Christus.

Begriffe, die Sie im Zusammenhang mit Paulus und seinen Briefen erklären können:

Hellenismus, Gallio-Stein, Wandermissionar, *apostolos*, Berufungsprozess des Paulus, Spanienreise des Paulus, Brief, Präskript, Proömium, Kerygmatischer Abschnitt, Pränetischer Abschnitt, Postskript, antike Vereine, Kalenderfrömmigkeit, Pseudepigrafie.

Verständnis- und Wiederholungsfragen zu Kapitel 2.3

- Geben Sie einen Überblick über das Leben des Paulus unter Einordnung seiner Missionstätigkeit.
- Beschreiben Sie die Bedeutung des Hellenismus für das Wirken des Paulus.
- Diskutieren Sie kritisch die Quellenlage bezüglich der Rekonstruktion des Lebens des Paulus.
- Welche Bedeutung hat die Kommunikationsform „Brief" für die Tätigkeit des Paulus?
- Wie ist der paulinische Brief aufgebaut?
- Erklären Sie das Phänomen der Pseudepigrafie.
- Bringen Sie dieses Phänomen in Beziehung zu den so genannten „paulinischen" Briefen.
- Skizzieren Sie Grundgedanken der paulinischen Verkündigung.

2.4 Die Spätschriften des Neuen Testaments

2.4.1 Die Briefe aus der Paulusschule

Mehrere neutestamentliche Schriften, die nicht im Zusammenhang mit dem paulinischen Schrifttum angesprochen wurden, nennen ebenfalls Paulus als ihren Verfasser. Wie die exegetische Forschung zeigen kann, geschieht dies in pseudepigrafischer Weise. Dies lässt zumindest vermuten, dass diese Texte in einem mittelbaren Verhältnis zu Paulus stehen. Allgemein kann angenommen werden, dass die tatsächlichen Verfasserinnen oder Verfasser dieser Schriften im Schülerinnen- bzw. Schülerkreis oder im Bereich der Mitarbeiterinnen und Mitarbeiter des Paulus zu suchen sind.

Der Hebr nimmt in dieser Schriftengruppe eine Sonderstellung ein. Da seine Briefform defekt ist (Präskript und Proömium fehlen), ist Paulus nicht unmittelbar genannt. Allerdings kann aus dem Postskript (bes. Hebr 13,23) entnommen werden, dass die Verfasserin oder der Verfasser das Dokument in das Umfeld des Paulus rücken möchte.

- **Abgrenzung**

Die Sicherheit der wissenschaftlichen Entscheidung über die Zuordnung der Schriften zur pseudepigrafischen Literatur variiert hinsichtlich jedes einzelnen Textes. Unbestritten ist der nichtpaulinische Charakter des **Hebr**: Zu groß sind hier die theologischen und stilistischen Unterschiede. Aufgrund des Inhalts sind auch die Pastoralbriefe ohne Zweifel erst nachpaulinischen Ursprungs. Literarische und inhaltliche Bezüge lassen jedoch darauf schließen, dass **1 Tim**, **2 Tim** und **Tit** untereinander verwandt sind. Mit sehr großer Wahrscheinlichkeit wurde **2 Thess** unter literarischer Benützung des 1 Thess ebenfalls erst nachpaulinisch verfasst. Bezüglich der Entstehung von **Eph** und **Kol** besteht in der exegetischen Forschung keine einhellige Meinung. Deutlich erkennbar sind jedoch inhaltliche Übereinstimmungen, die auf eine unmittelbare literarische Abhängigkeit des Eph von Kol (nicht umgekehrt) schließen lassen. Dies sowie theologische Unterschiede gegenüber den paulinischen Briefen stützt die Annahme der nachpaulinischen Entstehung beider Schriften. Abgesehen von Hebr, der keine Verwandtschaft mit Paulus aufweist, sind in den Schriften in unterschiedlichem Ausmaß Spuren (bereits weiterentwickelter) paulinischer Theologie erkennbar. (Trotz seiner Eigenstellung wird im Hinblick auf herkömmliche Einteilungen der Hebr im Rahmen der nachpaulinischen Literatur zur Sprache gebracht.)

- **Die einzelnen Schriften im Überblick**

Kol: Das Schreiben wurde von einem namentlich nicht bekannten Paulusschüler (oder einer Paulusschülerin) verfasst. Die gute Kenntnis der Kirchensituation wird durch Miteinbeziehung von wichtigen Personen der Kirche vor Ort vorgetäuscht; dafür wird auf den Phlm zurückgegriffen. In den Brief sind mehrere pseudepigrafische Momente eingearbeitet (vgl. Kol 1,7.23-24; 2,1-7; 4,7-9.10-17.18). Die Nähe zum Phlm zeigt die Tatsache, dass mit einer Ausnahme alle in Phlm genannten Personen auch in Kol (die meisten nur dort) genannt werden; dies ist nicht in umgekehrter Reihenfolge der Fall, sodass der Schluss auf Abhängigkeit der Texte auch nicht umgekehrt gesehen werden kann. Vgl. dazu den folgenden Überblick:

Personen	**Philemonbrief**	**Kolosserbrief**
Aphia	2	
Archippus	2	4,17
Aristarch	24	4,0
Demas	24	4,14
Epaphras	23	1,7; 4,12
Justus		4,11
Lukas	24	4,14
Markus	24	4,10; vgl. Apg 13,5.13; 15,37.39 (?)
Nympha		4,15
Onesimus	10	4,9
Tychikus		4,7; vgl. Apg 20,4; Eph 6,21 u. ö.

Gegen eine paulinische Verfasserschaft sprechen neben stilistischen Eigenheiten vor allem theologische Unterschiede zu den paulinischen Briefen, bes.:

- Die „kosmische" Christologie (Kol 1,15-20) unterscheidet sich deutlich von Röm 12,3-5 und 1 Kor 12.
- Das Taufverständnis Kol 2,12; 3,1 ist anders gedacht als Röm 6,3-11.
- Die endzeitliche Dimension ist zusammengerückt („Ihr *seid* mit Christus auferweckt ..." Kol 3,1), während Paulus hier futurisch denkt.

Der Brief ist relativ bald nach dem Erdbeben des Jahres 61 n. Chr. entstanden. Dieses Naturereignis hat der Kirche in Kolossä stark zugesetzt und verschiedene kosmisch-gnostische Irrlehren begünstigt. Andererseits ist wohl der Tod des Paulus vorauszusetzen. Als Datum ist so ehestens 65–70 n. Chr. anzusetzen. Die Irrlehren und die damit verbundene

Weltangst waren wohl der Anlass für das Schreiben. Im kerygmatischen Teil (1,9–2,23) kämpft die Verfasserin bzw. der Verfasser gegen diese innerweltlichen Heilslehren an (vgl. bes. 2,8), die zu eigenartigen Frömmigkeitspraktiken führten (vgl. 2,10.15-23). Im paränetischen Abschnitt (3,1–4,6) skizziert die Verfasserin oder der Verfasser das Leben des neuen Menschen in Christus (vgl. bes. 3,5-17).

Eph: In den ältesten Handschriften (P^{46}: Pypyrus Chester Beatty II, um 200 n. Chr., und Codex Sinaiticus, 4. Jh. n. Chr.) fehlt im Präskript des Eph die Ortsangabe. Dies hat zu der Annahme geführt, es könne sich entweder um den Kol 4,16 erwähnten Brief an die Kirche von Laodizea handeln, oder Eph wäre als ein Rundbrief an mehrere Kirchen in Kleinasien (eventuell im Umfeld von Ephesus) zu verstehen. Da der Brief auch nicht auf spezifische Fragen der Kirche(n) am Ort eingeht, ist die letztere Möglichkeit wahrscheinlich. Es wäre zusätzlich denkbar, dass die Zuschreibung „in Ephesus" im Hinblick auf die längeren Aufenthalte des Paulus in dieser Stadt (vgl. Apg 18,19-21; 19; 1 Kor 16,9) hinzugefügt wurde. Neben sprachlichen Beobachtungen (der Brief enthält 35 so genannte Hapaxlegomena – Begriffe also, die im Neuen Testament nur hier vorkommen) sprechen besonders inhaltliche Kriterien für eine nachpaulinische Verfasserschaft:

- Kirchenverständnis (vgl. Eph 4) und Zukunftsdenken (vgl. Eph 1,3-14) sind gegenüber dem paulinischen Denken weiterentwickelt.
- Israel (vgl. Eph 2) ist eine bereits vergangene Größe (vgl. dagegen Röm 9-11).

Für die Einordnung des Schreibens ist jedoch besonders das Verhältnis zu Kol bestimmend; dieses muss aufgrund der Analysen als literarische Abhängigkeit bezeichnet werden. Ein vergleichender Überblick kann dies verdeutlichen:

	Kolosserbrief	**Epheserbrief**
Schematische, „formelhafte" Darlegungen	1,1-2	1,1-2
	4,7-8	6,21-22
	1,3-4	1,15-16
	4,2-4	6,18-20
	3,16-17.18–4,1	5,19-20.21–6,9

Ähnlichkeit in Ausdrucksweise und Aussage	1,14.(20)	1,7
	1,5	1,13
	2,12; 3,1	1,20
	2,12-13	2,1-6
	1,26	3,3-5
	3,12-14	4,2-3
	3,5	4,19
	3,8	4,31
	3,9-10	4,22-24
	2,19	2,20-21; (4,16)
Ähnlichkeiten in der Ausdrucksweise, aber Unterschied in der Aussage	1,26-27	3,3
	2,10.19 (1,18.24; 3,15)	1,23; 2,16; 4,4. 12.16
	1,25	1,10; 3,9

In das Schreiben sind durchgehend pseudepigrafische Momente eingetragen (vgl. Eph 1,1.15-16; 3,1-13; 4,1; 6,19-20, ev. 6,21-22). Seine Entstehung ist auf die Zeit zwischen 80 bis 90 n. Chr. einzugrenzen: Ignatius von Antiochien kennt den Brief und greift in manchen Formulierungen in seinem Schreiben an die Epheser darauf zurück (vgl. IgnEph Einleitung mit Eph 1,3–5.11; IgnEph 9,1 mit Eph 2,20-22; IgnPol 5,1 mit Eph 5,25). Damit ist eine Entstehung vor 110/120 n. Chr. gesichert. Der Brief nimmt keinen Bezug auf die Christenverfolgung unter Kaiser Domitian (Regierungszeit 81 bis 96 n. Chr.), er muss also vor dieser entstanden sein, wegen der feststellbaren Abhängigkeiten aber nach dem Kol.

Sowohl im kerygmatischen (1,15–3,21) als auch im paränetischen Abschnitt des Briefes (5,1–6,20) beschäftigt sich die Verfasserin oder der Verfasser mit der Krise der Kirche in Kleinasien. Den Auseinandersetzungen zwischen Christinnen und Christen aus dem Judentum und aus den Völkern (die vermutlich nach der Tempelzerstörung vermehrt nach Kleinasien kamen) und dem orientierungslosen, liberalen Weltbürgertum der großstädtischen Bevölkerung stellt die Schreiberin oder der Schreiber das Konzept einer umfassenden, alle einschließenden Kirche unter dem einen Haupt Jesus Christus gegenüber (vgl. 1,23; 2,17; 4,16). Besonders in der Paränese entfaltet sie oder er die Lebensordnung in dieser Kirche für den einzelnen Menschen, für sein Haus/seine Familie und für die gesamte Gemeinschaft.

2 Thess: Das Bedenken der Parusie ist das durchgehende Leitthema des 2 Thess. Sowohl inhaltlich als auch literarisch dient 1 Thess der Verfasserin oder dem Verfasser als Vorlage:

Vgl. 2 Thess	mit 1 Thess
1,1-2	1,1
1,3-5.11-12	1,2-10
2,1-12	4,13-18
2,16-17	3,11-13
3,6	5,14
3,7-8	2,9-10
3,16	5,23

Die Weiterführung des Parusiedenkens gegenüber 1 Thess sowie der allgemeine Stil und die Distanz zur Ortkirche (es fehlen die Schlussgrüße an Persönlichkeiten in der Kirche in Thessalonich) verweisen auf die pseudepigrafische Entstehung. Lediglich 3,17 ist mit der Eintragung eines eigenhändigen Grußes der Versuch einer pseudepigrafischen Einkleidung unternommen.

Die Niederschrift setzt die paulinischen Briefe, insbesondere 1 Thess, voraus. Eventuell wird das Schreiben bei Polykarp zitiert (vgl. Pol, 2 Phil 11,3-4 mit 2 Thess 1,4?). So ist es in den (weiten) Zeitraum zwischen 80 bis 110 n.Chr. einzuordnen. Die Schreiberin oder der Schreiber setzt sich mit der Parusielehre von 1 Thess auseinander, ergänzt und modifiziert sie: Die Parusie ist noch nicht gekommen (2 Thess 2,2). Aus dieser Hauptthese des kerygmatischen Teils (2,1-14) werden in der Paränese (2,15–3,16) entsprechende Folgerungen gezogen; die Verfasserin bzw. der Verfasser fordert Standhaftigkeit und einen geordneten Lebenswandel. In gewisser Hinsicht kann 2 Thess als korrigierende Aktualisierung zu 1 Thess verstanden werden.

1 Tim, 2 Tim, Tit (Die Pastoralbriefe): Die drei genannten Schreiben weisen zahlreiche Gemeinsamkeiten auf. Sie sind nicht an Ortskirchen, sondern an Mitarbeiter des Paulus gerichtet. Auf dieser (fiktiven) Ebene möchte die unbekannte Verfasserin oder der unbekannte Verfasser Hinweise für die Führung der paulinischen Kirchen ausgangs des 1. Jhs. geben. Neben sprachlichen Beobachtungen (insgesamt 225 Hapaxlegomena) verweist insbesondere die vorausgesetzte Struktur der

Kirchen auf die nachpaulinische Entstehung: Gegenüber der Vielfalt der Dienste zur paulinischen Zeit stehen in diesen Schriften einige wenige im Vordergrund. Zudem tauchen neue Fragen und „Stände“ auf (vgl. z.B. die Ausführungen über den Witwenstand 1 Tim 5,3-16). Es zeigt sich jedoch auch, dass die genaue Zuordnung bzw. Unterordnung von Episkopen, Presbytern und Diakonen noch nicht geklärt ist (vgl. dazu die Ämterspiegel 1 Tim 3,2-7; 3,8-13; Tit 1,6-9). Demgegenüber begegnet in den Kirchen des Ignatius (gestorben um 117 n. Chr.) bereits die Struktur des monarchischen Episkopats (vgl. IgnSmyr 8,1-2). Daraus ist zu schließen, dass die Briefe eine geraume Zeit nach dem paulinischen Wirken, nicht aber nach dem Tod des Ignatius geschrieben wurden. Da die Pastoralbriefe manche Verwandtschaft mit den Briefen des Ignatius und des Polykarp (gestorben um 155/156 oder 168/169 n. Chr.) aufweisen, ist an eine Zeit um 100 n. Chr. zu denken.

Hebr: Das Dokument hat seinen Namen aufgrund des Inhalts erhalten: Der Text ist an Judenchristinnen und -christen gerichtet und versucht, auf der Grundlage des jüdischen Opferkultes die Person Jesu Christi als endzeitlichen Hohepriester sowie die christliche Gemeinschaft als das neue Gottesvolk auf der Wanderung darzustellen. Da der Hebr zwar kein Präskript, wohl aber ein Postskript aufweist, kann er als eine predigthafte Belehrung an eine bestimmte Adressatinnen- und Adressatengruppe bezeichnet werden. Bezüglich der Verfasserschaft können nur Vermutungen angestellt werden. Die Schreiberin oder der Schreiber verfügt über gute Griechischkenntnisse und muss aus dem jüdischen Milieu stammen. Paulinisches Denken wird unter Umständen vorausgesetzt, jedoch überschritten. Aufgrund von Hebr 2,1-4 ist anzunehmen, dass die Verfasserin oder der Verfasser einer späteren Generation angehörte. Die Entstehungszeit des Schreibens kann annähernd bestimmt werden. Der um 95 n. Chr. entstandene 1. Klemensbrief lässt deutlich eine Benützung von Hebr erkennen. Die Ankündigung kommender Leiden und Prüfungen (10,19–12,29) könnte sich auf die Verfolgung unter Domitian beziehen. Zwischen Hebr und den Paulinen muss außerdem eine gewisse Zeitspanne angenommen werden. So wäre auf die Zeit zwischen 80 und 90 n. Chr. zu schließen. Der Zeitpunkt der Tempelzerstörung spricht nicht gegen diese Datierung, da im Hebr nicht auf der Grundlage des jüdischen Tempelkultes, sondern auf der Grundlage des Kult- und Opferverständnisses der Jüdischen Bibel argumentiert wird.

2.4.2 Die „katholischen“ Briefe

Unter diesem Titel sind verschiedenartige Schriften des Neuen Testaments zusammengefasst. Eusebius von Cäsarea gab diesen Texten erstmals den Beinamen „katholisch“, weil sie für eine weitere Allgemeinheit bestimmt sind (vgl. Hist. Eccl. II 23,25). „Katholisch“ wird hier in der ursprünglichen Wortbedeutung verwendet: allumfassend. Die Nennung der Adressatinnen und Adressaten der einzelnen Schriften ist in diesem Zusammenhang aufschlussreich:

Jak 1,1:	„... an die zwölf Stämme, die in der Zerstreuung leben“.
1 Petr 1,1:	„... an die Auserwählten, die als Fremde in ... in der Zerstreuung leben“.
2 Petr 1,1:	„... an alle, die durch die Gerechtigkeit unseres Gottes und Retters Jesus Christus den gleichen kostbaren Glauben erlangt haben wie wir“.
Jud 1:	„... an die Berufenen ...“

Jak: Das Schreiben könnte auf eine unbekannte Verfasserpersönlichkeit dieses Namens zurückgehen. Der „Herrenbruder“ Jakobus scheidet dafür wegen seines frühen Todes (um 62 n. Chr.) ebenso aus wie der Apostel (hingerichtet um 44 n. Chr: vgl. Apg 12,2). So ist auch eine pseudepigrafische Verfasserangabe nicht ausgeschlossen. Die Verfasserin oder der Verfasser verfügt über gute Griechischkenntnisse und einen jüdisch-theologischen Hintergrund. Vermutlich ist der Text an Christen in Syrien und Palästina gerichtet. Manche Anklänge an die synoptische Überlieferung, vor allem an die Bergpredigt, lassen an eine Entstehung zwischen 70 bis 90 n. Chr. denken.

Ein Vergleich kann die Verbindungslinien zu Mt 5–7 par zeigen:

Jakobusbrief	Matthäusevangelium	vgl. Lukasevangelium
1,5	7,7	
1,17	7,11	
1,22-23	7,24.26	
2,13	5,7	

3,12	7,16	
3,18	5,9	
5,12	5,33-37	
5,9	5,22	
4,9		6,25
5,1		6,24
4,10	23,12	14,11; 18,14
4,10		12,47
5,9	13,29	
5,13.15	6,13	

Das Anliegen der Schrift ist es, eine tatkräftige Verwirklichung des Glaubens an Jesus Christus anzumahnen und dazu zu ermutigen. In diesem Sinne wird der von Paulus auf die Notwendigkeit des Glaubens gesetzte Akzent nicht korrigiert, sondern es wird einem einseitigen Verständnis entgegengewirkt (vgl. bes. Jak 2,14-26, dazu auch Gal 5,6).

1 Petr: Der Brief ist zur Zeit der Verfolgung (vermutlich des Domitian) geschrieben (vgl. 1 Petr 4,12-19). In 5,13 wird der erst nach 70 gebräuchliche Begriff „Babylon" für Rom verwendet: Damit scheidet eine Abfassung durch Petrus aus. Der 1 Petr 1,1 genannte Kreis der Adressatinnen und Adressaten weist eher in paulinisches als in petrinisches Verkündigungsgebiet. Das Schreiben ist wohl zwischen 80 bis 90 n. Chr. entstanden. Polykarp, Phil (geschrieben um 110/111), zitiert das Schreiben bereits öfters.

Das Grundanliegen des Schreibens ist die Stärkung und Ermahnung der Kirchen in der Bedrängnis der Verfolgung. Dafür wird den Christinnen und Christen ihre Würde und ihre Zugehörigkeit zu Christus in Erinnerung gerufen. Die Verfasserin bzw. der Verfasser verbindet damit Mahnungen für das christlich geprägte Leben der einzelnen Stände (Sklaven, Männer, Frauen, vgl. 2,18-25; 3,1-7) und ermutigt sie zur Vermeidung von Spaltungen und zur Beharrlichkeit in ihrem Bekennen des Glaubens und in der Erduldung von Leiden.

2 Petr: Das stark pseudepigrapfisch gestaltete Schreiben (vgl. 1,1.13-18; 3,1.15) ist vermutlich das jüngste Dokument des Neuen Testaments, entstanden um 120 n. Chr. Die Verfasserin oder der Verfasser greift auf mehrere andere neutestamentliche Schriften zurück. Die synoptische

Verklärungserzählung ist bekannt (1,16-18), der Judasbrief wird benutzt (2,4-22), eine Sammlung von Paulusbriefen ist bereits vorausgesetzt (3,15-16) und 1 Petr ist bereits geschrieben (3,1). Gegenüber dem sehr umfassend benannten Kreis der Adressatinnen und Adressaten setzt sich die Schreiberin oder der Schreiber mit Irrlehren auseinander, die eine Zügellosigkeit im Lebensstil propagieren (Libertinismus, vgl. 2,18-19; 3,2-4); ebenso thematisiert sie oder er ungeregelte Vorgangsweisen in der Schriftauslegung (vgl. 2,20-21; 3,16). Die Glaubenden sollen sich vielmehr auf die Parusie einstimmen, die – wenngleich verzögert – ohne Zweifel kommt (3,1-16). Die Grundlage dafür kann ein Festhalten an der apostolischen Überlieferung sein – wohl ein entscheidender Grund für die pseudepigrafische Nennung des Petrus als Verfasser der Schrift. Auf diese Weise wird mit Nachdruck die Kontinuität der Überlieferung von der ersten Generation der Apostel bis in die nachapostolische Zeit hervorgehoben.

Jud: Die Verfasserschaft des Jud ist nicht eindeutig zu klären. Dafür kommt entweder ein „Herrenbruder“ Judas (vgl. Jud 1, auch Mk 6,3) oder ein Judenchrist dieses Namens in Frage; andernfalls müsste mit Pseudonymität der Verfasserpersönlichkeit gerechnet werden. Die Verfasserin oder der Verfasser spricht gut griechisch und schreibt an eine nicht näher bezeichnete Gruppe von Heidenchristinnen und -christen. Das Anliegen des Schreibens ist es, die Glaubenden vor Irrlehre und Verführung zu warnen. Dabei sind offensichtlich Kreise im Blick, die in ihrer Propaganda ethischer Zügellosigkeit leicht Sympathisanten finden (vgl. Jud 4.8.19.22). Dieser Anfechtung ist mit Treue zur apostolischen Tradition auch nach dem Tod der Apostel (vgl. Jud 17) und durch Sorge um die verführten Glaubenden (vgl. Jud 3.20-25) zu begegnen.

Das Schreiben ist gegen 90 n. Chr. entstanden. Jud 7.9.14 werden apokryphe Schriften der Jüdischen Bibel zitiert (vgl. äthHen 6,7; 10,4-6 bzw. 1,9; AscMos). Dies lässt darauf schließen, dass die um 90–95 erfolgte Abgrenzung des jüdischen Kanons noch nicht stattgefunden hat.

1, 2, 3 Joh: Die Verfasserfrage ist in Zusammenhang mit der Entstehung des vierten Evangeliums zu sehen. 1 Joh hat keine Briefform, nennt also auch keine Absenderin bzw. keinen Absender. Stilistische und gedankliche Übereinstimmungen lassen jedoch mit großer Wahrscheinlichkeit vermuten, dass sein Verfasser mit jenem des JohEv identisch ist. 2 Joh und 3 Joh nennen einen namentlich nicht bezeichneten „Ältesten“ als Absender. Dieser ist kaum näher zu identifizieren. Beide Briefe weisen starke stilistische und gedankliche Ähnlichkeiten zu 1 Joh auf, sodass eine Identität des Verfassers angenommen werden kann. Eine nähere Präzisierung hängt von der Bestimmung der Autorschaft des JohEv ab.

1 Joh hat ermahnend-belehrenden Charakter. Der Verfasser wendet sich gegen eine Aushöhlung der Christologie, wenn sowohl die Menschwerdung als auch die Gottessohnschaft Jesu nicht ernst genommen werden (vgl. 1 Joh 2,22-23; 4,2.15; 5,5.10). Der Gefahr des mit solchen Irrlehren auftretenden Antichristen ist mit einem überzeugten christlichen Leben in Liebe zu begegnen. Die Denkweise schließt an das JohEv an; die Schrift ist relativ bald nach dem vierten Evangelium entstanden.

2 Joh wendet sich als kurzes Mahnschreiben an eine Kirche, die metaphorisch als „Herrin und ihre Kinder“ bezeichnet wird (2 Joh 1). Die Warnung richtet sich gegen Irrlehrer, die als Antichrist die Menschwerdung Jesu leugnen (2 Joh 7-8). Solche Irrlehrer sind abzuweisen. Nur wer in der wahren Lehre verharrt, hat Gemeinschaft mit Gott.

3 Joh ist an einen sonst nicht bekannten Gaius adressiert. Das Schreiben enthält eine Empfehlung für jene, die das Evangelium verkündigen, und den Tadel für das Gemeindemitglied Diotrephes. 2 und 3 Joh sind wahrscheinlich im Anschluss an 1 Joh, also um 100 n.Chr., entstanden.

2.4.3 Die Offenbarung des Johannes

Die Offb hat ihre literarischen Vorbilder in der apokalyptischen Literatur der Jüdischen Bibel und des Judentums (*apokálypsis*: Offenbarung, Enthüllung). Diese Schriftgattung entstand besonders in Zeiten der Bedrängnis und der Not. Sie befasst sich mit der Frage nach dem Ende der Notzeit, stets in Verbindung mit dem Gedanken an ein göttliches Gericht, das dem Leiden ein Ende machen und nach der Bestrafung der Schuldigen einen neuen Anfang setzen wird. (Vgl. als Beispiele aus der Jüdischen Bibel Jes 24,1–27,13; Dan 7–12; unter den jüdischen Schriften wären zu nennen: die Apokalypse des Abraham, des Baruch, des Elischa, des Mose, des Zefanja usw.).

Die Offb ist an die sieben Gemeinden in Kleinasien (vgl. Offb 2,1-3,22) in einer Zeit der Verfolgung gerichtet (vgl. Offb 2,13; 6,9-11; 17,6).

Auch hier ist an die Zeit des Kaisers Domitian zu denken. Dies lässt auf die Entstehung der Schrift um 90 n. Chr. schließen.

Als Verfasser ist Offb 1,1.4.9; 22,8 ein Mann namens Johannes genannt, der dem Stand der Propheten angehört (vgl. Offb 1,4.7.10; 10,8-11; 22,6). Sowohl sprachliche als auch theologische Unterschiede verbieten es, diese Person mit dem Verfasser des JohEv zu identifizieren: Die Gegner des Christentums sind nach dem JohEv „die Juden"; in Offb hingegen sind die Heiden Träger der Verfolgung. Die Eschatologie wird im JohEv präsentisch verstanden (vgl. bes. Joh 3,14-21), in der Offb wird sie futurisch gedacht. Die Konzeption Jesu Christi als des vom Vater aus Liebe gesandten Sohnes (JohEv) ist nur schwer mit dem Bild des mit Vollmacht ausgestatteten Weltenrichters und mit jenem vom endzeitlichen Lamm (Offb) zu verbinden.

Der Verfasser verfolgt mit seiner Schrift die Absicht, die kleinasiatischen Gemeinden für die Verfolgung zu stärken. Er betont, dass der endzeitliche Sieg und die Herrschaft nicht bei den Feinden Gottes, sondern bei Gott und bei der Herrschaft seines Sohnes liegen wird. Nach der Verfolgung bricht die endzeitliche Vollendung in einer Neuschöpfung an. Die anschauliche, mitunter gewaltige Bildersprache ist auf die Gattung des Textes zurückzuführen. Der Text ist als eine Schrift der Hoffnung und Zuversicht in schwerer Bedrängnis zu verstehen.

Verständnis- und Wiederholungsfragen zu Kapitel 2.4

- Erläutern Sie die Entstehung der nachpaulinischen Schriften; achten Sie besonders auf die Entstehungsumstände sowie auf die inhaltlichen Schwerpunkte.
- Erklären Sie die Bezeichnung einer Gruppe von Spätschriften als „katholisch".
- Erläutern Sie die Entstehung der katholischen Briefe; achten Sie besonders auf die inhaltlichen Schwerpunkte.
- Was versteht man unter einer „apokalyptischen" Schrift?
- Wer ist der Verfasser, wer sind die Adressatinnen und Adressaten der Offb? Wann ist sie entstanden?
- Welche Absicht verfolgt der Verfasser mit dieser Schrift?

2.5 Die Entstehung der neutestamentlichen Schriften im Überblick

Aufgaben

- Tragen Sie in die unten stehende Zeittafel die einzelnen neutestamentlichen Schriften gemäß ihrer Entstehungszeit und ihrer literarischen Gattung ein.
- Kommentieren Sie das Ergebnis.
- In welcher Epoche summiert sich die Entstehung der Schriften? Können Sie Ihre Beobachtungen begründen?

Die Entstehung der neutestamentlichen Schriften im Überblick

Wer – Was/Wie – Wann – Wo – an Wen – Warum

	Brief	**Evangelium**	**Apostelgeschichte**	**Offenbarungsschrift**
30 bis 40				
40 bis 50 um 50 Apostelkonzil				
50 bis 60				
60 bis 70 um 65 Tod des Petrus und Paulus 70 Zerstörung Jerusalems				

	Brief	Evangelium	Apostelgeschichte	Offenbarungsschrift
80 bis 90 um 90 Verfolgung unter Domitian				
90 bis 100				
100 bis 110				
110 bis 120				

3 Das Wirken Jesu von Nazaret

Literatur: **J. Becker**, Jesus von Nazaret, Berlin 1965; **W. Bruners**, Wie Jesus glauben lernte, Freiburg [3]1994; **M. Ebner**, Jesus von Nazaret. Was wir von ihm wissen können, Stuttgart 2007; **J. Gnilka**, Jesus von Nazaret. Botschaft und Geschichte, Freiburg 1990; **C. Heyward**, Jesus neu entwerfen. Die Macht der Liebe und der Gerechtigkeit, Luzern 2006; Jesus Christus – Retter der Welt. Themenheft: Konferenzblatt für Theologie und Seelsorge 997/Heft 2, Brixen 1997; Jesus: Welt und Umwelt der Bibel. Themenheft 10/4. Quartal 1998, Stuttgart 1998; **T. Koch**, Jesus von Nazareth, der Mensch Gottes, Tübingen 2004; **Ch. Niemand**, Jesus und sein Weg zum Kreuz, Stuttgart 2007; **H. Merklein**, Die Jesusgeschichte – synoptisch gelesen, Stuttgart 1995; **A. Nolan**, Jesus vor dem Christentum, Luzern 1993; **L. Schenke** u. a., Jesus von Nazaret – Spuren und Konturen, Stuttgart 2004; **E. Schillebeeck**, Jesus. Die Geschichte von einem Lebenden, Freiburg 1976; **R. Schnackenburg**, Die Person Jesu Christi im Spiegel der vier Evangelien, Freiburg 1993; **H. Schürmann**, Jesus – Gestalt und Geheimnis, Paderborn 1994; **E. Schweizer**, Jesus – das Gleichnis Gottes, Göttingen 1995; **Th. Söding**, Der Gottessohn aus Nazaret. Das Menschsein Jesu im Neuen Testament, Freiburg 2006; **W. Stegemann** u. a. (Hrsg.), Jesus in neuen Kontexten, Stuttgart 2002; **W. Stegemann**, Jesus und seine Zeit, Stuttgart 2010; **G. Theissen/A. Merz**, Der historische Jesus. Ein Lehrbuch, Göttingen [3]2001.

3.1 Historische Rückfrage nach Jesus von Nazaret

3.1.1 Die Quellen über Jesus von Nazaret

Das Material über die Person Jesu kann in drei Gruppen geteilt werden:

(1) Biblische Quellen

Diese umfassen das Neue Testament. Insofern das neutestamentliche Schrifttum die Darlegung des Christusgeschehens zum Thema hat, ist es in seiner Gesamtheit als Quellmaterial zur Frage nach Jesus zu verstehen. Die neutestamentlichen Schriften sind die umfangreichsten und ausführlichsten Unterlagen über Jesus. In besonderem Maße gilt dies für die vier Evangelien; in ihnen wird das Wirken Jesu dargelegt. In der neutestamentlichen Briefliteratur kommt die Person Jesu aus dem Blickwinkel seiner Wirkgeschichte zur Sprache.

Ziehen wir die neutestamentlichen Schriften, insbesondere die Evangelien, als Quelle für die Frage nach Jesus heran, müssen wir allerdings in besonderer Weise ihre literarische Eigenart sowie ihre Aussageabsicht beachten (vgl. dazu oben → 1.1).

Die Evangelien sind keine Biografien Jesu; vielmehr wollen die Verfasser über Jesus und über seine Botschaft verkündigen. So schreiben die Evangelisten auch kein „Leben Jesu", sondern eine aus ihrer Sicht möglichst überzeugende Darlegung von der Person und dem Wirken Jesu. Werden also an diese Schriften historische Rückfragen gestellt, ist dies immer mit zu bedenken. Die spezifische Eigenart der Jesusdarstellung eines Verfassers ist dabei in Rechnung zu stellen.

Biblische Texte und ihr Geschichtswert
... zur Erinnerung

- **Verkündigungsschriften**
- **Kontextualität**

➡ Spezifische Aussageabsicht

Die Evangelisten beschreiben und definieren die Person Jesu nicht. Wollen sie etwas Bestimmtes über Jesus zum Ausdruck bringen, so tun sie dies auf ihre Weise: Sie überliefern in erzählender (narrativer) Weise z. B. eine entsprechende Episode:

Um zu verdeutlichen, dass Jesus in jenen Bereichen kompromisslos war, wo es um die Gegenwärtigsetzung von Gottes Güte und Liebe ging, erzählen die Evangelisten von seiner Mahlgemeinschaft mit Zöllnern und Sündern (vgl. Mk 2,13-17 par) oder von der Heilungstätigkeit Jesu am Sabbat (vgl. Mk 3,1-6 par; Lk 13,10-17 usw.). In solchen Episoden kann ein entsprechendes Jesuswort eine entscheidende Stellung einnehmen: vgl. z. B. Mk 2,17; Mk 3,4; Lk 13,15-16. Vielfach wird das Anliegen Jesu auch durch die Weitergabe der von ihm erzählten Gleichnisse wachgehalten (vgl. z. B. Lk 15,3-7.8-10.11-32 unter dem Blickwinkel der Einleitung Lk 15,1-2).

Wollen wir also aus den neutestamentlichen Schriften etwas über die Eigenart der Person Jesu erfahren, so müssen wir die Geschichten, die Episoden und Erzählungen sowie die überlieferten Jesusworte lesen. Durch die Art ihrer Darstellung, durch Auswahl und Gruppierung der Texte wird darin die Person Jesu erschlossen.

Aufgaben

- Versuchen Sie, anhand einer genauen und einfühlsamen Lektüre des Neuen Testaments, insbesondere der Evangelien, selbst eine Charakterisierung der Person Jesu vorzunehmen. Verbinden Sie dies mit den folgenden Fragen: Wer war Jesus?
  Welche Eigenschaften hatte er?
  Wie verhielt er sich?
- Notieren Sie ihre Eindrücke: Jesus war ... Halten Sie auch die Ihrer Beschreibung zugrunde liegenden Bibeltexte fest.
- Lesen Sie aus der Konstitution *Dei verbum* Art. 19 und setzen Sie den Text zu den oben angestellten Überlegungen in Beziehung.

(2) Nichtbiblische *profane* Quellen

Literatur: **F. F. Bruce**, Außerbiblische Zeugnisse über Jesus und das frühe Christentum, Gießen 1991; **H. Conzelmann,** Geschichte des Urchristentums. (NTD Erg.bd. 5), Göttingen 1971; Neues Testament und antike Kultur. Hrsg. v. K. Erlemann u. a. 5. Texte und Urkunden, Neukirchen 2008.

Als einzige **profane Quelle aus dem jüdischen Raum**, die auf die Existenz Jesu von Nazaret verweist, ist ein Werk des **Josephus Flavius** zu nennen. Josephus lebte von ca. 37 n. Chr. bis ca. 105 n. Chr. Im jüdischen Krieg nimmt er zunächst 66 n. Chr. die Aufgabe eines Truppenführers in Galiläa ein. 67 n. Chr. läuft er zu den Truppen des römischen Kaisers Vespasian über, da er in ihm den Erfüller jüdischer Erwartungen sieht. 69 n. Chr. wird er ein Freigelassener Vespasians. Josephus bleibt am römischen Hof und nimmt den Beinamen Flavius an. Nach dem Jahre 70 n. Chr. schreibt er in Rom verschiedene Werke, darunter als seine bedeutendsten Schriften umfangreiche Abhandlungen über die „Jüdischen Altertümer“ (Antiquitates Judaicae) und über den „Jüdischen Krieg“ (De Bello Judaico).

„Ananos hielt die Gelegenheit für günstig, da Festus gestorben, Albinus noch unterwegs war. Er berief eine Gerichtssitzung (des Hohen Rates) ein und ließ ihr den Bruder Jesu, des

Festus starb 62 n. Chr; zu seiner Person vgl. Apg 24,27; 25-26. Ananos war zu dieser Zeit Hoherpriester aus der Gruppe der Sadduzäer. Offenbar war Jesus, der so genannte Christus, zu jener so genannten Gesalbten (Christus), Jakobus, und einige andere vorführen. Die Anklage lautete auf Gesetzesübertretung. Er ließ sie zur Steinigung abführen."

Josephus, Ant. XX 200

Zeit im Judentum sehr bekannt. Aus der Notiz über den Prozess geht überdies hervor, dass die Anhänger Jesu nicht zum Schweigen gebracht worden waren. Kritisch lässt sich aus dieser Passage zumindest ein untrügliches Zeugnis für die Existenz Jesu von Nazaret ableiten.

Der Vollständigkeit halber ist noch ein weiterer Text anzuführen. Der folgende Abschnitt aus der gleichen Schrift des Josephus trägt deutliche Spuren einer christlichen Überarbeitung. Wegen seines bekenntnishaften Stils wird er als **„Testimonium Flavianum"** (Zeugnis des Flavius) bezeichnet (spätere christliche Ergänzungen stehen in Klammern):

„In jener Zeit lebte Jesus, ein weiser Mensch [wenn er überhaupt Mensch genannt werden darf]. Er wirkte nämlich außerordentliche Dinge und war Lehrer derjenigen, die die Wahrheit mit Freuden aufnahmen. Er zog viele Juden an sich und auch viele Griechen. [Er war der Christus.] Nachdem ihn Pilatus, auf die Anklage unserer angesehensten Männer hin, dem Kreuzestod überantwortete, verschwanden doch die nicht, die ihn von Anfang an geliebt hatten. [Ihnen erschien er am dritten Tage, wieder lebendig geworden, wie schon die göttlichen Propheten diese und tausend wunderbare Dinge von ihm verkündet hatten.] Und noch heute hat die Schar derer, die nach ihm Christen heißen, nicht abgenommen."

(Ant. XVIII 63–64)

Als **profane Quellen aus dem römischen Raum** sind mehrere römische Schriftsteller zu nennen. Sie nehmen in ihren Werken auf Jesus von Nazaret bzw. auf die von ihm ausgelöste Bewegung der Christinnen und Christen Bezug:

„Claudius vertrieb die Juden, die unter Anstiftung des Chrestus Tumult stifteten, aus Rom."

Sueton, Vita Claudii XXV 4

Sueton lebte zwischen 75 und 150 n. Chr. Er bezieht sich auf das Judenedikt des Jahres 49/50, das hier fälschlich auf die Judenchristinnen und -christen eingeengt wird (vgl. dazu auch Apg 18,2). Ebenso wird irrtümlich der Zusammenhang mit Jesus (Christus → Chrestus) unmittelbar hergestellt. Aus dem Textabschnitt lässt sich erheben, dass die Bezeichnung „Chrestus“ als Name aus dem jüdischen/judenchristlichen Milieu in Rom bekannt war.

„Mit Todesstrafe wurde gegen die Christen vorgegangen, eine Sekte, die sich einem neuen gemeingefährlichen Aberglauben ergeben hatte.“

Sueton, Nero 16

Die Bewertung der christlichen Gemeinschaft als „gemeingefährliche“ Sekte lässt auf ihre Bekanntheit sowie auf ihre Lebendigkeit schließen. Im Blick auf die Person Jesu muss erneut das Wissen um den vom Christus-Titel abgeleiteten Namen „Christen“ beachtet werden.

„Keine menschliche Anstrengung, keine Spenden des Herrschers, keine Sühnezeremonien für die Götter verscheuchten den Verdacht, es habe auf Befehl gebrannt. Um das Gerücht aus der Welt zu schaffen, schob er [Nero] die Schuld auf andere und verhängte die ausgesuchtesten Strafen über die wegen ihrer Verbrechen Verhassten, die das Volk „Chrestianer“ nannte. Diesen Namen führen sie wegen Chrestus. Dieser war unter der Regierung des Tiberius durch den Prokurator Pontius Pilatus hingerichtet worden. Für den Augenblick wurde der verderbliche Aberglaube unterdrückt. Aber er brach wieder aus, nicht nur in Judäa, dem Ursprungsort dieses Unheils, sondern auch in Rom, wo alles Scheußliche und Schandbare von überallher zusammenströmt und Anhang findet.“ **Tacitus**, Ann. XV 44

Tacitus lebte zwischen 55 und 120 n. Chr. Die Annalen entstanden zwischen 110 und 120 n. Chr. Der zitierte Bericht bezieht sich auf die Christenverfolgung durch Nero nach dem Brand von Rom im Jahre 64 n. Chr. Neben dem Hinweis auf Chrestus als den Urheber der Christen wird Jesu gewaltsamer Tod unter Pontius Pilatus sowie das Ursprungsland der Jesusverkündigung (Judäa im weiteren Sinne) genannt. Die scharfe Verurteilung der Christen verweist auf ihre Bedeutung (und Nonkonformität) im Leben der Stadt Rom. Durch den Hinweis auf den Tod Jesu unter Pontius Pilatus liefert Tacitus das einzige historisch-biografische Datum des Lebens Jesu, das aus profanen Quellen belegt werden kann.

Aus der Korrespondenz des **Plinius d. J.** ist ein längeres entsprechendes Schreiben an Kaiser Trajan überliefert. Plinius d. J. lebte von 61 n. Chr. bis 114 n. Chr. Seit 110 n. Chr. war er Statthalter in Bithynien. 112 n. Chr. schrieb er den genannten Brief. Plinius schildert darin seine (maßvolle) Vorgangsweise gegenüber den Christen. Neben seinem Prozessverfahren erwähnt er auch die Versammlungspraxis der Christen: „regelmäßig an einem bestimmten Tag vor Tagesanbruch". Trajan drückt in seiner Antwort sein Einverständnis zur geübten Gerichtspraxis aus.

„Ich habe mir zur Regel gemacht, Herr, alles, worüber ich im Zweifel bin, Dir vorzutragen. Wer könnte denn besser mein Zaudern lenken oder meine Unwissenheit belehren? An Gerichtsverhandlungen gegen Christen habe ich noch nie teilgenommen; deshalb weiß ich nicht, was und wieweit man zu strafen oder zu untersuchen pflegt. Ich war auch ziemlich unsicher, ob das Lebensalter einen Unterschied bedingt oder ob ganz junge Menschen genauso behandelt werden wie Erwachsene, ob der Reuige Verzeihung erfährt oder ob es dem, der überhaupt einmal Christ gewesen ist, nichts hilft, wenn er es nicht mehr ist, obschon der Name ‚Christ', auch wenn keine Verbrechen vorliegen, oder nur mit dem Namen verbundene Verbrechen bestraft werden.

Vorerst habe ich bei denen, die bei mir als Christen angezeigt wurden, folgendes Verfahren angewandt. Ich habe sie gefragt, ob sie Christen seien. Wer gestand, den habe ich unter Androhung der Todesstrafe ein zweites und drittes Mal gefragt; blieb er dabei, ließ ich ihn abführen. Denn mochten sie vorbringen, was sie wollten – Eigensinn und unbeugsame Halsstarrigkeit glaubte ich auf jeden Fall bestrafen zu müssen. Andere in dem gleichen Wahn Befangene habe ich, weil sie römische Bürger waren, zur Überführung nach Rom vorgemerkt.

Als dann im Laufe der Verhandlungen, wie es zu gehen pflegt, die Anschuldigung weitere Kreise zog, ergaben sich verschieden gelagerte Fälle. Mir wurde eine anonyme Klageschrift mit zahlreichen Namen eingereicht. Diejenigen, die leugneten, Christen zu sein oder gewesen zu sein, glaubte ich freilassen zu müssen, da sie nach einer von mir vorgesprochenen Formel unsre Götter anriefen und vor Deinem Bilde, das ich zu diesem Zweck zusammen mit den Statuen der Götter hatte bringen lassen, mit Weihrauch und Wein opferten, außerdem Christus fluchten, lauter Dinge, zu denen wirkliche Christen sich angeblich nicht zwingen lassen.

Andere, die der Denunziant genannt hatte, gaben zunächst zu, Christen zu sein, widerriefen es dann aber; sie seien es zwar gewesen, hätten es dann aber aufgegeben, manche vor drei Jahren, manche vor noch längerer Zeit, hin und wieder sogar vor zwanzig Jahren. Auch diese alle bezeugten Deinem Bilde und den Götterstatuen ihre Verehrung und fluchten Christus. Sie versicherten jedoch, ihre ganze Schuld oder ihr ganzer Irrtum habe darin bestanden, dass sie sich an einem bestimmten Tage vor Sonnenaufgang zu versammeln pflegten, Christus als ihrem Gott einen Wechselgesang zu singen und sich durch Eid nicht etwa zu irgendwelchen Verbrechen zu verpflichten, sondern keinen Diebstahl, Raubüberfall oder Ehebruch zu begehen, ein gegebenes Wort nicht zu brechen, eine angemahnte Schuld nicht abzuleugnen. Hernach seien sie auseinandergegangen und dann wieder zusammengekommen, um Speise zu sich zu nehmen, jedoch gewöhnliche, harmlose Speise, aber das hätten sie nach meinem Edikt, durch das ich gemäß Deinen Instruktionen Hetärien verboten hatte, unterlassen.

Für umso notwendiger hielt ich es, von zwei Mägden, so genannten Diakonissen, unter der Folter ein Geständnis der Wahrheit zu erzwingen. Ich fand nichts anderes als einen wüsten, maßlosen Aberglauben. Somit habe ich die weitere Untersuchung vertagt, um mir bei Dir Rat zu holen. Die Sache scheint mir nämlich der Beratung zu bedürfen, vor allem wegen der großen Zahl der Angeklagten. Denn viele jeden Alters, jeden Standes, auch beiderlei Geschlechts sind jetzt und in Zukunft gefährdet. Nicht nur über die Städte, auch über Dörfer und das flache Land hat sich die Seuche dieses Aberglaubens verbreitet, aber ich glaube, man kann ihr Einhalt gebieten und Abhilfe schaffen. Jedenfalls ist es ziemlich sicher, dass die beinahe schon verödeten Tempel allmählich wieder besucht, die lange ausgesetzten feierlichen Opfer wieder aufgenommen werden und das Opferfleisch, für das sich bisher nur ganz selten ein Käufer fand, überall wieder Absatz findet. Daraus gewinnt man leicht einen Begriff, welch eine Maße von Menschen gebessert werden kann, wenn man der Reue Raum gibt.“ **Plinius**, Ep. ad Traian X 96

„Mein Secundus [C. Plinius Caecilius Secundus]! Bei der Untersuchung der Fälle derer, die bei Dir als Christen angezeigt worden sind, hast Du den rechten Weg eingeschlagen. Denn insgesamt lässt sich überhaupt nichts festlegen, was gleichsam als feste Norm dienen könnte. Nachspionieren soll man ihnen nicht; werden sie angezeigt und überführt, sind sie zu bestrafen, so jedoch, dass, wer leugnet, Christ zu sein und das durch die Tat, das heißt: durch Anrufung unsrer Götter beweist, wenn er auch für die Vergangenheit verdächtig bleibt, auf Grund seiner Reue Verzeihung erhält.

Anonym eingereichte Klageschriften dürfen bei keiner Straftat Berücksichtigung finden, denn das wäre ein schlimmes Beispiel und passt nicht in unsre Zeit."
Plinius, Ep. ad Traian X 97

Ein späterer Text des Kirchenschriftstellers **Eusebius von Cäsarea** kann wie ein Kommentar zu den angeführten Texten gelesen werden. Der Verfasser nimmt dabei Bezug auf ein Werk des Dio Cassius (155 bis ca. 235 n. Chr.). Eusebius war Bischof von Cäsarea; er starb 339 n. Chr. Seine umfangreiche Kirchengeschichte (Historia ecclesiastica, HE) enthält unter anderem wertvolle Zitate und Hinweise zum Leben der Kirche in den ersten Jahrhunderten:

„Zu der erwähnten Zeit [Domitians] strahlte unsere Glaubenslehre bereits so weit aus, dass sogar Schriftsteller, die unserer Sache fernstanden, ohne Bedenken in ihren Geschichtswerken über die Verfolgung und die Martyrien darin berichteten. Sie geben auch das genaue Datum an; sie berichten nämlich, dass im fünfzehnten Regierungsjahr Domitians [95 n. Chr.] neben vielen anderen auch Flavia Domitilla, eine Tochter der Schwester des Flavius Clemens, der damals einer der römischen Konsuln war, wegen ihres Bekenntnisses zu Christus auf die Insel Pontia verbannt wurde."

Eusebius, HE III 18,4; vgl. dazu **Dio Cassius**, HistRom [Historiae Romanae] LXVII 14,1

Ein **Rückblick** auf die genannten nichtbiblischen profanen Quellen lässt folgende Aussagen über Jesus von Nazaret erschließen:

- Die historische Existenz Jesu ist als gesichert anzusehen.
- Jesus ist eines gewaltsamen Todes unter römischer Anordnung gestorben.
- Seine Tätigkeit begann in Judäa. Nach seinem Tod verbreiteten sich seine Anhängerinnen und Anhänger von dort bis nach Rom.
- Nach dem Tod Jesu blieb eine religiöse Gemeinschaft bestehen; diese wurde als lebendig beschrieben und als Sekte eingestuft.

  Zu beachten und zu bedenken bleibt angesichts der Texte auch, was nicht ausgesagt wird: Wir erhalten keine Hinweise auf Einzelheiten aus dem Leben Jesu. Ebenso fehlen Angaben über Jesu Lehre und Wirken sowie auch inhaltliche Aussagen über Leben und Verkündigung der frühen Kirchen am Ort. In diesen Bereichen sind wir vornehmlich auf die neutestamentlichen Schriften als Quellen angewiesen.

(3) Nichtbiblische *religiöse* Quellen

LITERATUR: Neutestamentliche Apokryphen I und II. Hrsg. v. E. Hennecke/W. Schneemelcher, Tübingen 1987 und 1989; **H. J. Klauck**, Die Apokryphen 2 Bände, Stuttgart 2002 und 2005; **ders.**, Die apokryphe Bibel. Ein anderer Zugang zum frühen Christentum, Tübingen 2008; **W. Rebell**, Neutestamentliche Apokryphen und Apostolische Väter, München 1992.

In diesem Zusammenhang sind die christlichen **apokryphen Schriften** zu nennen. Unter dieser Sammelbezeichnung werden alle christlichen religiösen Schriften der Frühzeit des Christentums zusammengefasst, die sich mit dem Christusgeschehen und dem Wirken der ersten (apostolischen) Generationen der Kirche beschäftigen und die nicht in den Kanon aufgenommen wurden. [Eine genauere zeitliche Begrenzung fällt schwer, da die Datierung dieser Schriften sehr unterschiedlich erfolgt.]

Die Bezeichnung dieser Schriften als „apokryphe" Schriften (wörtlich *apokryphon*: verborgen) bezieht sich auf ihre unklare Entstehung und ihren Inhalt. Die Bezeichnung wird erstmals um 200 n. Chr. gebraucht und ist aus dieser Zeit zweifach belegt:

„... Noch dazu bringen sie eine riesige Menge von apokryphen und gefälschten Schriften daher, die sie selbst fabriziert haben, um Eindruck zu machen auf die Unverständigen und auf die, die die Schriften der Wahrheit nicht kennen. Mit derselben Absicht ziehen sie gefälschte Geschichten heran ..." **Irenäus**, Adv. haer. (180 bis 190 n. Chr.) I,20,1

„... Trotzdem würde ich dir recht geben, wenn jene Schrift ‚der Pastor' [des Hermas], die allein den Ehebrechern günstig gesinnt ist, unter die göttlichen Urkunden gesetzt zu werden verdiente, wenn sie nicht vielmehr von jeder Kirchenversammlung, auch der eurigen, für apokryph und falsch erklärt worden wäre. Sie ist selber ehebrecherisch und darum eine Beschützerin ihrer Genossen ..."

Tertullian, De Puditia [nach 203 n. Chr.] 10,12

Die Apokryphen können nur in beschränktem Maße als Quellen herangezogen werden. Kennzeichnend für diese Texte ist die Liebe zum mirakulösen Detail sowie die Tendenz, einzelne Personen in übertriebener Weise in den Vordergrund der Erzählung zu rücken. Gerade dadurch unterscheiden sie sich von den Schriften des Neuen Testaments. Denn die neutestamentlichen Verfasserinnen und Verfasser schreiben in erster Linie ja nicht über Apostel und andere Verkündigerinnen und Verkündiger, sondern über die Verkündigung Jesu und/oder die Verkündigung über ihn. Diesem Anliegen sind alle anderen Interessen zugeordnet. Da die Apokryphen des Öfteren ältere Texte nachahmen, ist ihr Wert als eigenständige historische Quelle gering. Dies gilt insbesondere auch dort, wo sie eigentümliche Ausschmückungen und wundersame Episoden überliefern. Ihr Wert für die historische Rückfrage kann jedoch darin liegen, dass sie die Dichte, Verzweigtheit und Bedeutung einer biblischen Tradition aufzeigen bzw. belegen können. In solchen Fällen kann aus den apokryphen Schriften ein zusätzliches Argument abgeleitet werden.

Zwei **Beispiele** können die Eigenart der apokryphen Schriften verdeutlichen:

„Dies tat unser Herr Jesus Christus, der von Josef und von Maria, seiner Mutter, dahin gegeben wurde, wo er die Schrift lernen sollte. Und der, welcher ihn lehrte, sagte zu ihm, während er ihn lehrte: Sag: Alpha! Er antwortete und sagte zu ihm: Sage du mir zuerst, was Beta ist! Und ... wahr ... eine wirkliche Tat, die getan wurde.“

Epistula Apostolorum [Mitte 2. Jh.], 4

Kursiv:	Wörtliche Übernahme aus der biblischen Texteinheit des Lukas.
fett:	Wörtliche Übernahme aus einem anderen Kontext oder einer anderen Texteinheit des Lukas.
fett kursiv:	Wörtliche Übernahme von einem anderen biblischen Verfasser.

Lk 1,26-38	**Protoevangelium des Jakobus 11 [2. Hälfte 2. Jh.]**	**Parallelstellen**
„[26]Im sechsten Monat wurde der Engel Gabriel von Gott in eine Stadt in Galiläa namens Nazaret [27]zu einer Jungfrau gesandt. Sie war mit einem Mann namens Josef verlobt, der aus dem Haus David stammte. Der Name der Jungfrau war Maria. [28]Der Engel trat bei ihr ein und sagte:	Und *Maria* nahm den Krug und ging hinaus, um Wasser zu schöpfen, und siehe, eine Stimme sprach:	
Sei gegrüßt, du Begnadete, der Herr ist mit dir.	*Sei gegrüßt, du Begnadete, der Herr ist mit dir,*	

	du gesegnete unter den Frauen.	Lk 1,42
29 Sie erschrak über die Anrede und überlegte, was dieser Gruß zu bedeuten habe.	Und sie schaute sich nach rechts und nach links um, woher diese Stimme komme. Und sie erbebte, ging in ihr Haus, stellte den Krug ab, nahm den Purpur, setzte sich [damit] auf ihren Stuhl und spann ihn aus.	
30 Da sagte der Engel zu ihr: Fürchte dich nicht, Maria; denn du hast bei Gott Gnade gefunden. 31 Du wirst ein Kind empfangen, einen Sohn wirst du gebären: dem sollst du den Namen Jesus geben. 32 Er wird groß sein und Sohn des Höchsten genannt werden. Gott, der Herr, wird ihm den Thron seines Vaters David geben. 33 Er wird über das Haus Jakob in Ewigkeit herrschen,	Und siehe, ein Engel des Herrn stand plötzlich vor ihr und sprach: Fürchte dich nicht, Maria; denn du hast Gnade gefunden vor ***dem Allmächtigen*** und wirst aus seinem Wort empfangen.	Vgl. Lk 1,11 Gen 17,1 u. ö. in der Jüdischen Bibel
und seine Herrschaft wird kein Ende haben. 34 Maria sagte zu dem Engel: Wie soll das geschehen, da ich keinen Mann erkenne?	Als sie das hörte, zweifelte sie bei sich selbst und sprach: Ich sollte empfangen vom Herrn, dem lebendigen Gott, und gebären, wie jede Frau gebiert?	
35 Der Engel antwortete ihr: Der Heilige Geist wird über dich kommen, und die Kraft des	Und der Engel des Herrn sprach: Nicht so,	
Höchsten wird dich überschatten. Deshalb wird auch das Kind heilig und Sohn Gottes genannt werden.	darum wird auch das, was aus dir geboren wird, heilig, Sohn des Höchsten, genannt werden.	Lk 1,35 Lk 1,31
36 Auch Elisabet, deine Verwandte, hat noch in ihrem Alter einen Sohn empfangen; obwohl sie als unfruchtbar galt, ist sie jetzt schon im sechsten Monat. 37 Denn für Gott ist nichts unmöglich.	**Und du sollst seinen Namen Jesus heißen;** ***denn er wird sein Volk von seinen Sünden retten.***	Mt 1,21
38 Und Maria sprach: Ich bin die Magd des Herrn; mir geschehe, wie du es gesagt hast. Danach verließ sie der Engel."	*Und Maria sprach: Siehe, ich bin die Magd des Herrn vor ihm: Mir geschehe nach deinem Wort."*	

Aufgaben

- Überlegen Sie, was mit dieser Episode über Jesus ausgesagt werden soll. Welches Jesusbild wird in diesem Text vermittelt?
- Können Sie eine (assoziative) Beziehung der erzählten Episode zu einem Abschnitt aus den Evangelien herstellen?
- Vergleichen Sie den Text aus dem ProtoEv des Jakobus und aus Lk 1: Welche Unterschiede und Besonderheiten des apokryphen Textes fallen Ihnen auf?
  Charakterisieren Sie den Schreibstil des Verfassers des Protoevangeliums.
- Schlagen Sie die in der 3. Spalte angegebenen Schriftstellen nach. In welchem Textzusammenhang stehen sie? Vergleichen Sie damit die apokryphe Texteinheit. Wie geht der Verfasser mit diesen Bibelzitaten um?

Daraus folgt: Eine Durchsicht des Quellenmaterials im Überblick zeigt, dass wir uns bei der Rückfrage nach Person und Wirken Jesu vornehmlich an die Schriften des Neuen Testaments halten müssen.

3.1.2 Evangelienschreibung und historischer Bericht

In diesem Abschnitt setzen wir uns nochmals (siehe dazu schon oben → 1.1.2) mit der Frage der (historischen) Wahrheit der Bibel auseinander. Aufgrund des Themas dieses Kapitels geht es dabei um die Wahrheit der Evangelien. Anhand der Vorgeschichten im MtEv und im LkEv sowie anhand der Überlieferung über die Taufe Jesu (Mk 1,9-11 par) kann aufgezeigt werden, worin die Eigenart der Evangelien als Verkündigungstexte besteht.

- **Die Vorgeschichten Mt 1–2/Lk 1–2**

Schon ein erster, nur oberflächlicher Überblick über den Anfang des MtEv sowie jenen des LkEv zeigt deutlich, dass zwar beide Evangelisten über den Ursprung Jesu von Nazaret schreiben, dies aber auf unterschiedliche Weise tun. Sie gehen inhaltlich dabei nicht auf die Kindheit

Jesu ein, sondern beschäftigen sich vornehmlich mit den Hintergründen seiner Geburt bzw. mit der Zeit davor und unmittelbar danach. Aus diesem Grund ist auch die zusammenfassende Bezeichnung „Kindheitsgeschichten" für diese Abschnitte unzutreffend. In Entsprechung zum Inhalt wie auch zur Absicht der Verfasser wären diese Texte eher als „Vorgeschichten" zu bezeichnen. Allenfalls Lk 2,41-52 hat eine Episode aus der so genannten Kindheit im Blick. Genau besehen, ist jedoch auch dies unzutreffend. Deshalb ist diese Texteinheit hinsichtlich ihrer Funktion und ihrer Stellung auch gesondert zu bedenken.

Unser Ziel kann an dieser Stelle keine genaue Auslegung der mt und der lk Vorgeschichten sein. Es geht vielmehr um ein Bedenken der literarischen Eigenart und der Aussageabsicht, die mit diesen Textabschnitten verbunden ist. Um diese schon im Überblick zu erkennen, muss das Augenmerk sowohl dem Aufbau wie auch der Abfolge der einzelnen Erzähleinheiten gelten.

Aufgaben

- Schlagen Sie, bevor Sie weiterlesen, das Neue Testament bei Mt 1,1 auf. Notieren Sie auf einem Blatt die Abfolge der Texteinheiten (etwa mit Betitelung und Abgrenzung nach der Einheitsübersetzung) bis Mt 2,23 und verbinden Sie damit jeweils eine eigene kurze Charakterisierung des Textinhalts.
- Überlegen Sie, welche Absicht der Verfasser mit der Auswahl und mit der vorliegenden Reihung der Textabschnitte beabsichtigt hat.
- Finden Sie in den einzelnen Einheiten Hinweise, die Ihre Überlegungen zur Verfasserabsicht bestärken oder belegen können? Notieren Sie auch diese oder unterstreichen Sie die entsprechenden Sätze/ Satzteile im Bibeltext.

Die Vorgeschichten des MtEv: Mt 1,1–2,23

- Mt 1,1-17 Der Stammbaum Jesu

Mt 1,1 ist als Überschrift gestaltet, die entweder auf die gesamte Schrift oder auf den folgenden Stammbaum bezogen werden kann. Die ersten Worte des Evangeliums können als „Buch der Geschichte" oder als

„Stammbaum" Jesu Christi übertragen werden. In beiden Fällen wird die Person Jesus Christus in zweifacher Weise eingeordnet: Seine Herkunft ist rückgebunden an David und an Abraham. Demnach beginnt der Stammbaum bei Abraham, und auf die Verbindung zum Hause Davids wird besonderer Wert gelegt. Die Erläuterung in Mt 1,17 zeigt, dass der Verfasser dies besonders im Blick hatte. Auch der Hinweis auf die vierzehn Generationen, der in diesem Vers dreimal begegnet, verweist letztlich in besonderer Intensität auf David.

14 = 2x7	D.h.: zweimal die Zahl der Vollkommenheit
3x14 = dreifach 2x7	D.h.: die Zahl der Vollkommenheit in besonderer Fülle

Weiters ist zu beachten, dass im Hebräischen die Konsonanten auch Zahlenwert haben und dass die Zahlensymbolik im Judentum eine besondere Rolle spielte. Die Zahl 14 verweist unter diesem Blickwinkel auf den Namen David:

ד ו ד   d ᵃ v ⁱ d
4 6 4   → 14

Im Stammbaum fällt die Erwähnung von vier Frauen auf: Tamar (Mt 1,3); Rahab (Mt 1,5); Rut (Mt 1,5); die Frau des Urija (Mt 1,6). Sie alle haben in der Überlieferung der Jüdischen Bibel einen besonderen Stellenwert; zugleich ist ihnen gemeinsam, dass sie durch ihre Herkunft oder ihr Verhalten aus dem Rahmen des Üblichen heraustreten: Rahab und Rut waren Frauen aus den Völkern; Tamar und die Frau des Urija galten als Sünderinnen.

- Mt 1,18-25 Über die Geburt Jesu

Der Textabschnitt sagt über das Geburtsgeschehen sehr wenig. Vielmehr beschäftigt er sich mit der Zeit davor. Damit nimmt die Erzählung Bezug auf die Unregelmäßigkeit des Stammbaumes, in dem die Herkunft Jesu nicht auf den Vater, sondern auf die Mutter zurückgeführt wird (vgl. Mt 1,16). Der gesamte Abschnitt dient der Erklärung dieses außergewöhnlichen Umstands. Durch die Engelserscheinung und durch den

Hinweis auf die Jüdische Bibel (**Jes 7,14**) ist angedeutet, dass Gott selbst hier eingreift – wie es in der Botschaft an Josef auch zum Ausdruck kommt. Josef begegnet uns als jener, der in Entsprechung zum göttlichen Auftrag seine eigenen Absichten zurückstellt (vgl. Mt 1,19 mit Mt 1,24) und zugunsten der Mutter (und des Kindes) handelt. Über Zeit, Ort und Begleitumstände der Geburt wird nicht gesprochen. Mt 1,25 ist bloß das Faktum der Geburt erwähnt: Was der Engel angekündigt hat, ist eingetreten.

- Mt 2,1-12 Die Huldigung der Magier

Erst in dieser Erzählung erfahren wir den Geburtsort Jesu: Betlehem. Zu beachten ist, dass ihn der Verfasser im einleitenden Nebensatz erwähnt, also kaum Gewicht darauf legt. Die Aussage dient ihm zur Weiterführung der Erzählung sowie als Hintergrund für einen weiteren, in der Erzählung zentralen Hinweis auf die Schrift (**Mi 5,1.3**), die sich nun erfüllt. Inhaltlich wird in der Erzählung hervorgehoben, dass nicht der jüdische König und das jüdische Volk, sondern Fremdlinge das Wesen des Kindes und seine königliche Würde begriffen haben. (Der königliche Charakter der Geschenke der Magier will nicht auf die Überbringer verweisen, sondern das Kind als ein königliches Kind charakterisieren.)

- Mt 2,13-15 Die Flucht nach Ägypten

Die den Magiern gegebene und noch nicht näher begründete Weisung des geänderten Rückweges (Mt 2,12) wird in einer neuerlichen Botschaft von Gott durch den Engel begründet (Mt 2,13). Wiederum begegnet Josef als einer, der sogleich dem Auftrag Gottes nachkommt (Mt 2,13), und erneut wird die Erzählung aus dem Blickwinkel eines Prophetenwortes (**Hos 11,1**) gedeutet.

- Mt 2,16-18 Der Kindermord

Was Mt 2,12 anklingt und Mt 2,13 angekündigt wird, tritt tatsächlich ein. So ist erkennbar, dass Gott zum Schutz des Kindes gehandelt hat. Überdies zeigt der Abschnitt die tödliche Abneigung des jüdischen Königs gegenüber einem möglichen messianischen Thronanwärter (vgl. Mt 2,3). Der Evangelist setzt den dadurch ausgelösten Schrecken zu der Klage über den Untergang des Nordreiches Israel (**Jer 31,15**) in Beziehung.

- Mt 2,19-23 Die Rückkehr aus Ägypten

Die Erzählung ist zunächst eine notwendige Konsequenz nach 2,13-15. Erneut bestimmt Gott das Geschehen, und Josef führt Gottes Weisung gehorsam aus. Im (vielleicht nicht ganz gelungenen) Hinweis auf **Jes 11,1** wird dies gleichsam bestätigt. Damit ist zugleich der Grund für die weitere Erzählung eines Wirkens Jesu in Galiläa (vgl. Mt 3,13 und Mt 4,12ff.) gelegt.

Aus dieser kursorischen Durchsicht können verschiedene Schlüsse auf die **Absicht des Evangelisten** gezogen werden:

- Die einzelnen Erzählungen sind untereinander durch sachliche Erläuterungen oder inhaltliche Weiterführungen verknüpft. Teilweise sind sie auf diese Verknüpfung so sehr angewiesen, dass sie ohne die vorangestellte Einheit nicht verständlich wären. (Dies gilt insbesondere für die Verbindung Mt 2,13-15.16-18.19-23.) Zumindest in ihrer vorliegenden literarischen Gestalt sind sie aufeinander bezogen.
  Der Beginn der Erzählung über die Geburt: „Mit der Geburt Jesu aber war es so: ...“ (Mt 1,18) klingt in dieser Formulierung wie eine Erläuterung. Dieser im Einleitungsvers angedeutete Textcharakter bleibt für die gesamte Texteinheit erhalten.
- Die Feststellung von Tatsachen und Fakten steht nicht im Vordergrund des Interesses des Verfassers.
- In der Gestalt des Engels begegnet uns Gottes Eingreifen zugunsten des Kindes. Von allem Anfang an steht es unter besonderem Schutz (vgl. Mt 1,20; 2,13.19-20; sachlich auch Mt 2,12.22).
- Die Umstände der Geburt sowie die nachfolgenden Episoden werden in Beziehung zur Verkündigung der Jüdischen Bibel gesetzt. (Schon) im Anfang Jesu erfüllt sich die Schrift.
- In der Sorge um das Kind und in Gehorsam gegenüber Gott wird uns Josef als Beispiel vorgestellt. Er ist ein Vorbild im Glauben, er handelt sogleich und in Gehorsam gegenüber dem göttlichen Auftrag.

Der Aufbau der mt Vorgeschichte vermittelt also bereits weitgehende Einsichten bezüglich der Absicht des Verfassers. Schematisch kann der Textzusammenhang in folgender Weise dargestellt werden (siehe nächste Seite):

Ausgehend vom Stammbaum, folgt eine Folge mehrerer, aufeinander bezogener Texteinheiten, die hintereinander gestellt, also *linear* angeordnet sind. Die letzten drei Einheiten sind als eine kleine Trilogie gestaltet. Das jeweilige Zitat aus der Jüdischen Bibel bildet einen inhaltlichen Kristallisationspunkt. (In Mt 2,19-23 ist der Schrifthinweis ungenau und eventuell auch nur eine beabsichtigte phonetische Assoziation.)

Die Vorgeschichten Jesu	**Mt**
Der Stammbaum Jesu	Mt 1,1-17
• **Über die Geburt Jesu** *Vgl. Jes 7,14*	Mt 1,18-25
• **Die Huldigung der Magier** *Vgl. Mi 5,1.3*	Mt 2,1-12
• **Die Flucht nach Ägypten** *Vgl. Hos 11,1*	Mt 2,13-15
Der Kindermord *Vgl. Jer 31,15*	Mt 2,16-18
Die Rückkehr aus Ägypten *Vgl. Jes 11,1 [?]*	Mt 2,19-23

Aufgaben

- Schlagen Sie, bevor Sie weiterlesen, das Neue Testament bei Lk 1,5 auf. Notieren Sie auf einem Blatt die Abfolge der Texteinheiten (etwa mit Betitelung und Abgrenzung nach der Einheitsübersetzung) bis Lk 2,40 und verbinden Sie damit jeweils eine eigene kurze Charakterisierung des Textinhalts. Überlegen Sie auch hier, welche Absicht der Verfasser mit der Auswahl und vor allem mit der vorliegenden Darstellungsweise und der Reihung der Texteinheiten beabsichtigt hat.
- Finden Sie Hinweise, die Ihre Überlegungen bestärken oder belegen können? Notieren Sie auch diese oder unterstreichen Sie die entsprechenden Sätze/Satzteile im Bibeltext.

Die Vorgeschichten des LkEv: Lk 1,5–2,40

• Lk 1,5-25 Ankündigung der Geburt des Johannes
Der Evangelist beginnt seine Erzählung mit einer Episode über die Ankündigung der Geburt des Täufers. Die Geburt eines Sohnes wird hier einem älteren, bis dahin kinderlosen Ehepaar angekündigt. Die Botschaft wird von einem Engel überbracht, sie ergeht an den Vater, der als Priester im Tempel den Opferdienst versieht. Über das Kind wird Bedeutendes ausgesagt: Es wird groß sein und dem Herrn vorangehen (vgl. Lk 1,15.17). Der Zusammenhang mit der Jesuserzählung ist zunächst noch nicht erkennbar.

Mit der Ankündigung der Geburt wird ein Gebetswunsch des Ehepaares erhört (vgl. Lk 1,13). Deshalb wird auch das zweifelnde Fragen des Zacharias als Unglaube gedeutet. Der Botschaft Gottes folgt aus diesem Grund ein Strafzeichen (vgl. Lk 1,20). Damit wird außerdem vorausgesetzt, dass Zacharias aus seiner Kenntnis der Jüdischen Bibel um die Möglichkeit göttlichen Wirkens in dieser Weise hätte wissen müssen (vgl. z. B. Gen 18,10-15; 1 Sam 1,1-20).

• Lk 1,26-38 Ankündigung der Geburt Jesu
Die Ankündigung der Geburt Jesu geschieht nicht im Tempel in Jerusalem, sondern irgendwo in Nazaret, also in einem kleinen, bis dahin nie genannten Ort in Galiläa. Die Botschaft ergeht an eine Frau, die am Beginn einer Ehe steht und daher im damaligen soziokulturellen Umfeld Jungfrau ist. Über das Kind wird Großes, ja eben: noch Größeres gesagt: Sohn des Höchsten, heilig, Sohn Gottes (vgl. Lk 1,32.35). Die Reaktion Marias ist Staunen, Frage und Zustimmung.

Die Erzählung ist eingangs (Lk 1,26) sowie in der Eigenart des Zeichens, das die Botschaft begleitet (Lk 1,36), mit der vorangegangenen Texteinheit verbunden. Für die hier angekündigte Geburt aufgrund des Wirkens Gottes finden sich in der Jüdischen Bibel keine vergleichbaren Vorbilder. Die Deutung des Engels verweist auf ein machtvolles Wirken Gottes, das am Beginn des Lebens Jesu steht.

• Lk 1,39-56 Begegnung der Mutter des Johannes und der Mutter Jesu
Diese Erzählung setzt beide vorangestellten Abschnitte voraus. In der Begegnung mit Maria erfüllt sich das Wort des Engels an Zacharias über die Geistbegabung seines Sohnes schon im Mutterschoß (vgl. Lk 1,15).

In geistbegabter Rede deutet demnach auch Elisabet in ihrem Gruß die Bedeutung des Kindes, das Maria erwartet: Es ist ihr Herr (Lk 1,43). Dadurch fällt auch Licht auf die Stellung und auf die Erwählung Marias.

Der Hymnus des Magnifikat bietet im Munde Marias und in der Sprache des Lobpreises eine zusammenfassende Reflexion von Gottes Heilswirken an den Menschen und von der Eigentümlichkeit seines Tuns. Sowohl in der literarischen Gattung als auch in konkreten Formulierungen erinnert der Hymnus an die Gebetsform der Psalmen.

Es ist auffällig, dass Maria – gemäß der Darstellung des Lukas – bereits vor der Geburt des Johannes ihre Verwandte verlässt: Erst nach dem Hinweis auf ihre Heimkehr (Lk 1,56) folgt die Geburtserzählung des Täufers.

• Lk 1,57-79 Geburt des Johannes

Die Geburtserzählung ist in ihrem ersten Teil (Lk 1,57-63) von der Namensgebung des Kindes bestimmt. In Übereinstimmung zum Engelwort (Lk 1,13) gibt der Vater den Namen; ebenso in Zusammenhang mit der Botschaft des Engels wird die Stummheit von ihm genommen (vgl. Lk 1,20 mit 1,64). Die Feststellung der Aufhebung des Strafzeichens leitet über zum zweiten Teil der Erzählung, in deren Mittelpunkt das Staunen über das Kind und der Lobpreis des Zacharias stehen: In seinem eigenen Sohn erkennt Zacharias den Beginn der endzeitlichen und machtvollen Erlösung durch Gott (vgl. Lk 1,68-79). Auch dieser, Gottes Handeln an den Menschen bedenkende Hymnus wird als geistgewirkte Rede charakterisiert (vgl. Lk 1,67).

• Lk 1,80 Das Heranwachsen des Knaben

Mit einem sehr allgemein formulierten Vers schließt der Evangelist die Johanneserzählung der Vorgeschichten ab (vgl. ähnliche Aussagen Gen 17,20 zu Ismael; Gen 21,8.20 zu Isaak und Ismael; Gen 25,27 zu Jakob und Esau; Ri 13,24 zu Simson). Zugleich leitet der Verfasser durch den Hinweis auf das Auftreten in der Wüste zur Darstellung des Täuferwirkens über (siehe dann Lk 3,1-20).

• Lk 2,1-39 Erzählungen um die Geburt Jesu

Schon durch den Umfang der Erzählungen um die Geburt Jesu ist erkennbar, dass sie für den Evangelisten von besonderer Bedeutung sind. Zunächst wird die Darstellung ausführlich eingeleitet (Lk 2,1-3.4-5).

Die genannte Volkszählung hat vermutlich erst 6 n. Chr. stattgefunden (vgl. dazu auch Josephus, Ant. XVII 13.5). Für Lukas steht weniger die genaue Datierung im Vordergrund als die Platzierung des Geschehens im Kontext der großen Weltgeschichte (vgl. dazu auch Lk 3,1-2 und zur grundsätzlichen Bedeutung solcher Angaben Apg 26,26: „Das alles hat sich nicht in irgendeinem Winkel zugetragen"). In sehr knapper und zurückhaltender Weise spricht der Verfasser von der Geburt Jesu (Lk 2,6-7). Die ausdrückliche Benennung als Erstgeborener (Lk 2,7) gibt keinen Aufschluss über die Familienverhältnisse. In Anlehnung an Ex 13,12; 34,19 wird damit an die besondere Stellung des Kindes erinnert: Als erstgeborener Sohn ist er gottgeweiht. Der Verfasser spricht weder über den Zeitpunkt der Geburt noch über die Umgebung des Kindes. Erst eine spätere Auslegung von Weish 18,14-15a und Jes 1,3 im Blick auf das Geburtsgeschehen haben auf die mitternächtliche Stunde und auf das Umfeld von Ochs und Esel schließen lassen. Den Platzmangel in der Herberge formuliert Lukas wohl aus grundsätzlichen Überlegungen (vgl. dazu Lk 9,58 par Mt 8,20 sowie mit einer vergleichbaren Aussageabsicht Mt 2,3; Joh 1,11).

Um dieses an sich noch nicht als außergewöhnlich dargestellte Geburtsgeschehen entsprechend einzuordnen, schildert der Verfasser in der Folge die Verkündigung an die Hirten (Lk 2,8-14). In der Botschaft des Engels wird die Geburt als die des Messias und Retters gedeutet (Lk 2,11). Der Lobpreis der Engel zeigt, dass Gott in der Geburt Jesu am Menschen gnadenvoll gewirkt hat und ihm so Frieden – das bedeutet im biblischen Sinne: ungetrübte Gottesgemeinschaft – schenkt. In starkem Gegensatz zur Deutung des Geschehens steht das dafür gegebene Zeichen (Lk 2,12): Ein Säugling in der Krippe soll Gottes entscheidendes Handeln am Menschen verdeutlichen.

Der Weg der Hirten zur Krippe (Lk 2,15-20) lässt uns episodenhaft miterleben, dass die von den Engeln gegebene Botschaft und das Zeichen tatsächlich zutreffen (vgl. bes. Lk 2,16). Ein eigentümliches Licht fällt (insbesondere nach der vorangegangenen Erzählung über die Ankündigung der Geburt Lk 1,26-38) auf jene, die bei der Krippe sind, einschließlich Maria (und Josef): Die Hirten deuten ihnen das Geschehen aufgrund des Zeichens (vgl. Lk 2,17-18); demgemäß wird auch Maria nicht als Wissende, sondern als Glaubende dargestellt (vgl. Lk 2,19). Die Hirten haben die Verkündigung der Engel fortgesetzt: Sie, denen selbst die Botschaft durch Engel erschlossen wurde, treten ein in die Verkündigung. Wie zuvor die Engel (Lk 2,13-14), preisen nun die Hirten Gott für das Geschehen.

In nur einem Vers werden Beschneidung und Namensgebung Jesu erzählt (Lk 2,21). Dabei verbindet der Evangelist das Geschehen ausdrücklich mit der Ankündigung und mit dem Auftrag des Engels (vgl. Lk 1,31) und deutet so an, dass die von Gott kommende Botschaft sich nun tatsächlich erfüllt.

Zwei die Geburtserzählungen abschließende, das Geschehen deutende Episoden verknüpft der Evangelist mit dem Hinweis auf die Reinigung der Mutter Jesu (Lk 2,22-24.39; dann Lk 2,25-35.36-38). Nach dem kurzen Vermerk der Beschneidung ist damit erneut darauf verwiesen, dass sich das Geburtsgeschehen sowie der weitere Lebensverlauf Jesu im Kontext einer vom jüdischen Glauben geprägten Umgebung und Familie ereignet. In der Erzählung über die Begegnung des Kindes mit Simeon spricht der Verfasser die Messianität Jesu an (vgl. Lk 2,26 mit Lk 2,30). In prophetischer Sicht deutet Simeon den Weg und die Bedeutung des Kindes sowie das Schicksal der Mutter. Das Zeugnis und die Verkündigung der Hanna (Lk 2,38) wird durch ihre Benennung als „Prophetin" (Lk 2,36) aufgewertet. Die Rückkehr nach Nazaret (Lk 2,39) entspricht jenen Angaben, die der Evangelist eingangs der Jesuserzählung (Lk 1,26) gemacht hatte. Zugleich wird eine Beziehung zwischen den Anfängen Jesu und dem Beginn seines öffentlichen Wirkens hergestellt (vgl. Lk 4,16-30, bes. 4,16).

- Lk 2,40 Das Heranwachsen des Knaben

Der Evangelist schließt die Jesuserzählung in ähnlicher Weise ab wie die Darstellung über das Werden des Johannes. Ein Textvergleich zeigt die vollständige Übereinstimmung der jeweils ersten Vershälfte von Lk 1,80a und Lk 2,40a. Die Weiterführung der allgemeinen Notiz über das Heranwachsen ist differenziert: Jesu Weisheit kommt unmittelbar im folgenden Text zur Sprache (vgl. Lk 2,41-52, bes. 2,47); seine Begnadung wird bei seinem Auftreten in Nazaret gerühmt werden (vgl. Lk 4,22). Über die Geistbegabung, die hier (anders als bei Johannes) nicht angesprochen ist, wird der Evangelist in einer eigenen Erzählung sprechen (vgl. Lk 3,21-22; weiters Lk 4,18).

Der summarische Vers über das Heranwachsen Jesu gibt den Texteinheiten über die Vorgeschichte eine offene Perspektive. Mit dieser Notiz blickt der Verfasser über die Anfänge hinaus und weiter zum Wirken

Jesu. Zugleich markieren diese Sätze eine Zäsur: Es wird nicht mehr in Einzelepisoden über den Anfang Jesu erzählt, sondern gleichsam abschließend eine bestimmte Blickrichtung für den weiteren Text des Evangeliums angedeutet.

Entgegen herkömmlichen Abgrenzungen sowie auch entgegen dem üblichen Verständnis wird die Episode über den zwölfjährigen Jesus im Tempel (Lk 2,41-52) nicht in den Überblick über die lk Vorgeschichten miteinbezogen. Dies geschieht aus folgenden bibelwissenschaftlichen Gründen:

- Inhaltlich fällt auf, dass diese Texteinheit erstmals nicht um das Geburtsgeschehen kreist. Es wird ein sehr langer Zeitraum für diese Erzählung übersprungen. Der Verfasser erzählt von der Tempelwallfahrt eines zwölfjährigen Knaben, d. h.: Jesus ist zu diesem Zeitpunkt nach jüdischer Auffassung kein Kind mehr, sondern er steht an der Schwelle zum Erwachsensein. (Man dürfte also selbst hier nicht von „Kindheitsgeschichten" sprechen.)
- Anhand der Erzählabfolge in Lk 1,5–2,40 fällt eine starke Parallelisierung auf. Lk 1,80 sowie Lk 2,40 sind offensichtlich als Abschlussnotizen der Johannes- und der Jesuserzählung zu lesen. Die Absicht der Parallelisierung ist nicht übersehbar; zur Erzählung über den zwölfjährigen Jesus im Tempel fehlt bei der Darstellung des Werdens des Johannes jedoch jede Entsprechung.
- Die Erzählung lässt sich daher als ein Resümee zu den lk Vorgeschichten verstehen. Das Moment des einzigartig Großartigen, das in den Erzählungen über den Anfang Jesu so deutlich hervortritt, wird hier zum Gegenstand einer eigenständigen Erzählung gemacht. Damit ist der Text ein Verbindungsstück zur weiteren Darlegung des Wirkens Jesu. Er greift Elemente aus den Vorgeschichten auf (vgl. bes. Lk 2,40 mit Lk 2,52 sowie Lk 2,39 mit 2,51a), zeichnet aber bereits Konturen der Verkündigungstätigkeit Jesu.

Aus der kursorischen Durchsicht der Texteinheiten Lk 1,5–2,40 können auch hier Anhaltspunkte über die **Absicht des Evangelisten** gewonnen werden:

- Die Erzählungen über das Werden Jesu und über das Werden des Johannes stehen zueinander in einer engen Beziehung. Bei der Geburt beider Kinder geschieht Außergewöhnliches und Unerwartetes. Der

Evangelist lässt aber keinen Zweifel daran, dass beim Werden Jesu Gott in einzigartiger Weise wirksam wird.

- Um dies zu unterstreichen, sind die Erzählungen jeweils in paralleler Abfolge angeordnet, wobei die Jesuserzählung jene des Johannes überbietet.
- Die Johannes- und die Jesuserzählungen bleiben in sich selbstständig. Nach den Geburtsankündigungen werden sie in der Erzählung über die Begegnung der zwei Mütter einmal miteinander verknüpft. Hier bietet der Evangelist in der Deutung Jesu durch Elisabet sowie im Lobgesang Marias ein Zwischenresümee über das bisher Erzählte: Bevor in den Geburtserzählungen das Geschehen weitergeführt wird, soll über die Tragweite des bisher Gesagten reflektiert werden.
- Daraus ergibt sich ein wichtiges Gestaltungsmerkmal: Die Erzählungen sind eingeordnet in den schematischen Ablauf einer Verheißung (Lk 1,5.25.26-38), die in Erfüllung geht (1,57-79; 2,1-39).
- Die Vorgeschichten haben die Funktion einer Einführung und Vorbereitung auf die folgende Darlegung des Wirkens Jesu. Sie erläutern zunächst die Aufgabe des späteren Täufers und stellen seine Person in die richtige Beziehung zu Jesus. Sodann wird der Leserin bzw. dem Leser der Botschaft bereits hier Entscheidendes über Wesen und Person Jesu gesagt, wenn die Texte mit allem Nachdruck betonen: Jesus hat in einzigartiger und radikalster Weise seinen Ursprung in Gott.

Die Vorgeschichten Jesu Lk

A Ankündigung der Geburt **des Johannes** *Lk 1,5-25*	A' Ankündigung der Geburt **Jesu** *Lk 1,26-38*
X Begegnung der Mütter, **Lobpreis** *Lk 1,39-41.42-45.46-55.56*	
B Geschichten um die Geburt **des Johannes, Beschneidung/Namensgebung** **Lobpreis** *Lk 1,57-66.67-79*	B' Geschichten um die Geburt **Jesu, Beschneidung/Namensgebung** **Ereignisse im Tempel (mehrfacher) Lobpreis** *Lk 2,1-7.8-20.21.22-28.29-32.33-39*
C Summarium **Das Heranwachsen des Knaben** *Lk 1,80*	C' Summarium **Das Heranwachsen des Knaben** *Lk 2,40*

- Der Evangelist rückt in seiner Darstellung Maria als jene in den Vordergrund, die in innerer Bereitschaft und in glaubendem Vertrauen das Werden Jesu entscheidend mitbestimmt. In den Erzählungen ist sie das Vorbild im Glauben; ihr wird Zacharias als Antitypus gegenübergestellt.

Die Erzählungen von der Taufe Jesu Mk 1,9-11 par

In den Evangelien des Mt, Mk und Lk wird die Taufe Jesu als ein Geschehen erzählt, das dem öffentlichen Auftreten Jesu unmittelbar vorangeht. Schon durch ihre Stellung erhält diese Texteinheit also eine besondere Bedeutung. Die Evangelisten blicken auf den Anfang der Verkündigungstätigkeit Jesu zurück und setzen dabei bestimmte Schwerpunkte. Ein Vergleich zeigt die unterschiedlichen Aussageschwerpunkte der Verfasser.

Mt 3,13-17	**Mk 1,9-11**	**Lk 3,21-22**
[13]Dann begibt sich Jesus von Galiläa an den Jordan zu Johannes, um getauft zu werden von ihm.	[9]Und es geschah in jenen Tagen: Jesus kam von Nazaret in Galiläa	[21]Es geschah aber:
[14]Johannes aber hinderte ihn, sagend: Ich habe nötig, von dir getauft zu werden, und du kommst zu mir?		
[15]Jesus aber antwortete und sprach zu ihm: Lass jetzt, denn so geziemt es sich für uns, alle Gerechtigkeit zu erfüllen. Da ließ er ihn.		Als das ganze Volk getauft wurde
[16]Als Jesus getauft war,	und er wurde getauft in den Jordan von Johannes.	und während Jesus getauft wurde und betete,
stieg er sofort herauf vom Wasser.	[10]Und sofort heraufsteigend vom Wasser,	
Und siehe: Auftaten sich [ihm] die Himmel	sah er sich spalten die Himmel	auftat sich der Himmel,

Mt 3,13-17	Mk 1,9-11	Lk 3,21-22
und er sah den Geist Gottes herabsteigen wie eine Taube und kommen auf ihn.	und den Geist wie eine Taube herabsteigen in ihn.	[22]und herabstieg der Heilige Geist in leiblicher Gestalt wie eine Taube auf ihn,
[17]Und siehe: eine Stimme aus den Himmeln, sagend:	[11]Und eine Stimme geschah aus den Himmeln:	und eine Stimme aus dem Himmel geschah:
Dies ist mein Sohn, der geliebte,	Du bist mein Sohn, der geliebte,	Du bist mein Sohn, der geliebte,
an dem ich Wohlgefallen habe.	an dir habe ich Wohlgefallen.	an dir habe ich Wohlgefallen.

Aufgaben

- Lesen Sie die Tauferzählungen des Mt, des Mk und des Lk nacheinander durch. Beachten (und notieren Sie), was erzählt wird, sodann auch, was die einzelnen Evangelisten (im Vergleich zu den anderen) nicht erwähnen.
- Versuchen Sie, die Erzählungen zu gliedern, und halten Sie fest, in wie viele (und welche) Abschnitte jede Textfassung aufzugliedern ist.

Eine **Durchsicht** und ein **Vergleich** der drei verschiedenen Fassungen der Erzählung über die Taufe Jesu führt uns nochmals zu der Frage nach der Eigenart der Evangelien als Verkündigungstexte zurück:

- Mk bietet einen zweiteiligen Text. Er vermerkt zunächst die Taufe Jesu, ohne darin ein Problem zu erblicken (Mk 1,9). Sodann erzählt er vom damit verbundenen Offenbarungsgeschehen (Mk 1,10-11), in dem er wiederum zwei Gesichtspunkte hervorhebt: die Herabkunft des Geistes und die Himmelsstimme, die Jesus seine Sohnschaft zusagt.
- Mt erzählt in einer dem mk Text sehr ähnlichen Abfolge, aber er erweitert den ersten Teil der Texteinheit in einem entscheidenden Punkt: Der Absicht Jesu (vgl. die Formulierung Mt 3,13: „... um getauft zu werden von ihm“) steht der Einwand des Täufers gegenüber, der theologisch nur allzu gut verständlich ist. Darin spiegelt sich ein Problem, das die Kirche des Mt mit dieser Erzählung gehabt haben könnte. So ergänzt der Verfasser diesen Dialog, der auf das gewich-

tige Jesuswort (Mt 3,15) hinausläuft: „Alle Gerechtigkeit", d.h., der Wille Gottes in Fülle, muss geschehen – auch wenn dies im ersten Augenblick nicht ganz verständlich erscheint. (Vgl. zu diesem mt Schwerpunkt auch Mt 5,20; 7,21.)

In Mt 3,16-17 wird, erneut mit dem Akzent auf zwei Aussagen, das mit der Taufe verbundene Offenbarungsgeschehen dargelegt. Der Evangelist spricht jedoch nicht von einer Zusage („Du bist ..."), sondern von einer Proklamation: „Dieser ist ...". So erhält der Text im Blick auf eine Deutung der Person Jesu besonderes Gewicht.

- Lk zieht das gesamte erzählte Geschehen zu einer Einheit zusammen. Die Taufe Jesu wird (nur) einleitend im Nebensatz (Lk 3,21) erwähnt, die Erzählung zielt deutlich auf das Offenbarungsgeschehen, in dem die Geistbegabung einen zentralen Platz einnimmt. Für den Evangelisten geht es also in der vorliegenden Erzählung weniger um die Taufe Jesu; für ihn ist die Geistbegabung Jesu am Beginn seiner öffentlichen Tätigkeit die entscheidende Aussage dieser Texteinheit (vgl. dazu die eigentümliche Formulierung von Lk 2,40; weiters bes. Lk 4,1.14, sodann Lk 4,18 mit 4,21).

Die verschiedenen Gestaltungsformen der Tauferzählung lassen Schlüsse auf die **Aussageabsicht der Verfasser** zu:

- Durch das Taufgeschehen stellt sich Jesus in die Reihe der Sünderinnen und Sünder; er solidarisiert sich mit allen Menschen (so besonders: Mt). Die Himmelsstimme verweist auf Gott als den hier Handelnden. In der Darstellung knüpfen die Evangelisten dabei an Vorbilder aus der Jüdischen Bibel an (vgl. Gen 22,11; weiters Ex 3,4). Jesus empfängt in der Taufe den Geist Gottes. Dies ist Zeichen seiner besonderen Erwählung, und es deutet überdies (besonders bei Lk) auf die Erfüllung biblischer Prophetie an (vgl. Jes 11,2; 61,1). Im zusagenden Wort aus dem Himmel (also einem Wort von Gott her) wird – erneut in Anspielung an die Botschaft der Propheten: vgl. Jes 42,1 – die Geistbegabung Jesu als die Gemeinschaft des Sohnes mit dem Vater verstanden. Dies geschieht hinweisend-proklamatorisch (so Mt) bzw. dialogisch-zusagend (so Mk, Lk). Es ist zu beachten, dass dieser Akzent auf die intensive Gemeinschaft des Sohnes mit dem Vater nochmals in der Erzählung über die Verklärung Jesu aufgegriffen wird (vgl. Mk 9,2-10 par Mt 17,1-9; Lk 9,28-36).

- Im JohEv wird die Taufe Jesu nicht erzählt. Hier steht in Joh 1,29-34 das Zeugnis des Täufers über die Geistbegabung Jesu im Vordergrund (Joh 1,32-33). Diese motiviert und befähigt ihn zur Proklamation „Dieser ist der Sohn Gottes“ (Joh 1,34). Mit dem Fehlen der Taufe nimmt der Evangelist jenen Einwand ernst, der in Mt 3,14 erzählerisch aufgearbeitet wird: Eine Taufe durch Johannes, der „selbst nicht das Licht“ ist, sondern „Zeugnis geben soll vom Licht“ (so Joh 1,8), ist in seiner Darstellung der Jesusgeschichte theologisch nicht möglich.

Aufgaben

- Lesen Sie die Erzählung über die Verklärung Jesu. Vergleichen Sie die Stimme aus der Wolke mit der Himmelsstimme in der Tauferzählung des jeweiligen Evangelisten: Was fällt Ihnen auf? Können Sie eine Erklärung für die Unterschiede finden?
- Die (gewichtige) Aussage der Himmelsstimme steht mit der Tauferzählung am Beginn des Wirkens Jesu, also an bedeutsamer Stelle. Überprüfen Sie den Textzusammenhang der Verklärungserzählung und deren Stellung im Gesamtevangelium. Welche Gründe lassen sich dafür nennen, dass die Evangelisten in dieser Erzählung erneut die bedeutende Aussage über die Sohnschaft Jesu überliefern?

• Folgerungen

Die hier dargelegten Beispiele zeigen die Darstellungsweise der Evangelisten: Ein im Kern historischer Vorgang wird Ausgangspunkt und Anlass für eine theologisch deutende Erzählung. Die Schilderung ist knapp, es fehlen Ausschmückungen und Details. Das Geschehen ist zielgerichtet dargestellt, aber es ist nicht als Protokoll zu verstehen. In anschaulicher Weise wird das überlieferte Geschehen im Blick auf die Adressatinnen und Adressaten interpretiert.

Bezüglich der Historizität der Evangelien und im Hinblick auf ihren Umgang mit den geschichtlichen Fakten des Lebens und Wirkens Jesu kann nach der erfolgten Durchsicht einzelner, verschiedener Textabschnitte festgehalten werden:

- Die Evangelisten sind nicht an einer vollständigen Biografie Jesu von Nazaret interessiert. Sie erzählen einzelne Episoden aus dem Leben und Wirken Jesu mit der Absicht der Erläuterung und der Deutung seiner Person. Dabei ist ihnen immer schon bewusst, dass dieser Jesus von Nazaret als der auferstandene und erhöhte Herr verkündet und (auch von ihnen) geglaubt wird. Die Evangelien können deshalb als verkündigend-theologisierende Erzählungen um Geschichte verstanden werden.
- Im Zentrum des Interesses der Verfasser stehen dabei Person und Wirken Jesu. Um diesem Anliegen gerecht zu werden, bringen die Evangelisten nicht spekulative Argumente vor, sondern sie erzählen einzelne Episoden. Das Christusgeschehen wird also erzählend, nicht argumentativ gedeutet und verkündet.

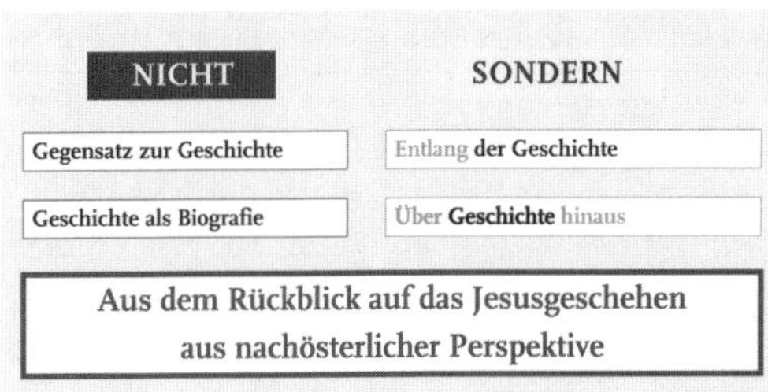

Versetzen wir uns dazu in eine fiktive Situation: Wenn wir einen Evangelisten fragen könnten: Wer war Jesus, wie war er? usw.: Die Antwort wäre nicht eine definierende Beschreibung: Jesus war so und so ... Der Evangelist würde eher sagen: Ich erzähle dir eine Begebenheit: Jesus sah einmal in einer Synagoge eine gekrümmte Frau; er rief sie zu sich und heilte sie. Jene, die ihn deswegen kritisierten, wies er scharf zurecht ... (vgl. Lk 13,10-17). Jetzt erkennst du selbst, wer er war und wie er war.

- Auf diese narrativ deutende Weise entsteht in den Evangelien ein Bild Jesu. Jedes dieser „Gemälde im Wort“ enthält auch die persönlichen Züge des Verfassers. Aus seiner gläubigen und umfassenden Kenntnis des gesamten Wirkens Jesu wird dessen Person dargestellt.
- Hinsichtlich einer betont historischen Fragestellung bedeutet dies zweierlei:

(1) Wir müssen uns der Relativität dieser Fragestellung angesichts der Absicht des Evangelisten bewusst bleiben.
(2) Wir müssen bei der historischen Frage nach dem Detail jeweils überprüfen, ob und inwieweit mit der Darstellungsart ein theologisierend-

deutendes Interesse der Verfasserin oder des Verfassers verbunden sein kann. Aus diesem Grund bedarf es einer vertieften Kenntnis der jeweiligen Hauptanliegen der einzelnen schreibenden Personen.

Zu unterscheiden

• ***In*-formation** *Einblick* **geben**	• ***Per*-formation** *Durchblick* **geben**
• ***Erzählte* Welt** *berichten*	• ***Besprochene* Welt** *kommentieren, deuten*

Anregungen zur begleitenden Lektüre des Neuen Testaments

- Lesen Sie die angesprochenen Abschnitte: Mt 1–2; Lk 1–2; Mk 1,9-11 par. Beachten Sie die Darstellungsweise und fragen Sie dabei nach den Kernpunkten der *besprochenen* Welt bzw. nach *performativen Momenten des Textes.*
- Lesen Sie Mk 1,2-8 und vergleichen Sie diesen Abschnitt mit Lk 3,1-20; überlegen Sie, was der Unterschied beider Textabschnitte für die hier behandelte Fragestellung bedeutet.

3.1.3 Jesus vor dem Hintergrund seiner Zeit

Literatur: Neben der oben (siehe → 1.1) genannten Einleitungsliteratur bes.: **W. Bösen**, Galiläa als Lebensraum und Wirkungsfeld Jesu, Freiburg ^{3}1998; **ders.**, Mehr als eine freundliche Gesprächspartnerin. Zur Bedeutung der Archäologie für die neutestamentliche Exegese. (NTOA 59), Fribourg 2006,161–195 [zu Galiläa, insbes. zu Kafarnaum und Nazaret]; **M. Ebner**, Jesus von Nazaret. Was wir von ihm wissen können, Stuttgart 2007, hier 28–79; **R. Hoppe**, Galiläa – Geschichte, Kultur, Religion; **L. Schenke u. a.**, Jesus von Nazaret – Spuren und Konturen, Stuttgart 2004, 42–58; **P. Pilhofer**, Das Neue Tes-

tament und seine Welt. (UTB 3363), Tübingen 2010; **ders.**, Die jüdischen Religionsparteien: ebd. 59--83; Judäa und Jerusalem. Leben in römischer Zeit. Hrsg. v. J. Schefzyk/ W. Zwickel, Stuttgart 2010; **E. Lohse,** Umwelt des Neuen Testaments. (NTD Erg.reihe 1), Göttingen ^{6}1983; Neues Testament und Antike Literatur, Band 1 bis 5, Neukirchen 2004, 2005, 2005, 2006, 2008; **B. Reicke**, Neutestamentliche Zeitgeschichte, Berlin ^{2}1968; **E. W. Stegemann/W. Stegemann**, Urchristliche Sozialgeschichte, Stuttgart ^{2}1997; **W. Stegemann,** Jesus und seine Zeit, Stuttgart 2010, hier 73–262; **G. Theissen/A. Merz**, Der historische Jesus. Ein Lehrbuch, Göttingen ^{3}2001, 125–174.
Zu einzelnen Fragestellungen: **Biblische Lexika**, z.B.:
Bibel-Lexikon. Hrsg. v. H. Haag, Einsiedeln ^{2}1968; Neues Bibel-Lexikon. Hrsg. v. M. Görg/B. Lang. 1 bis 3, Zürich 1991, 1995, 2001; Biblisch-historisches Handwörterbuch. Hrsg. v. B. Reicke/L. Rost, 1 bis 4, Göttingen 1962, 1964, 1966, 1979.

Dieser Abschnitt will einen Überblick über den geschichtlich-politischen Hintergrund sowie über die soziale und religiöse Situation zur Zeit des Wirkens Jesu vermitteln. Das Leben und Wirken Jesu von Nazaret geschah zu einem bestimmten geschichtlichen Zeitpunkt an einem konkreten „Ort" in dieser Welt. Das Wirken Jesu ist nicht aus der Bezogenheit zu Raum und Zeit herausgelöst, im Gegenteil: Seine Botschaft richtet sich an die Menschen in Galiläa und Judäa, die in diesen Gebieten in der ersten Hälfte des 1. Jhs. n.Chr. gelebt haben. Daher ist es wichtig, ein Bild von ihrer Lebenssituation zu haben. Drei Bereiche, die das Leben dieser Menschen besonders beeinflusst haben, werden herausgegriffen.

- **Geschichtlich-politische Entwicklung**

– 333 v.Chr. wird der Perserkönig Darius III. von **Alexander d. Gr.** bei Issus besiegt. Da sich Juda freiwillig dem neuen Herrscher unterwirft, bleibt das Recht auf die eigenständige Ausübung der Religion erhalten. Der mit Alexander gegebene Einfluss aus dem griechischen Raum führt zur Entwicklung des Hellenismus und bringt wichtige kulturelle und geistige Veränderungen mit sich. Das philosophisch reflektierte Welt- und Menschenbild der Griechen vermengt sich mit der biblisch geprägten Denkweise des Judentums. In dieser Epoche erweist sich die Tora als die wesentliche Richtschnur für die Bewahrung der religiösen und der kulturellen Eigenständigkeit des jüdischen Volkes. Nach dem Tod Alexanders (323 v.Chr.) wird Juda den **Ptolemäern** zugeteilt. Das Land wird vom Hohenpriester weitgehend autonom verwaltet. (Siehe dazu auch oben → 2.3.1)

Der aufgrund der hohen Steuerlasten herbeigesehnte Herrschaftswechsel erfolgt 198 v. Chr.: Antiochus III. von **Syrien** besetzt Palästina und vertreibt die Ptolemäer. Juda erhält sich die relative Eigenständigkeit. Auf religiösem Gebiet mehren sich die Zerfallserscheinungen. Dies ist nicht zuletzt auf den Einfluss des Hellenismus (siehe dazu auch oben 2.3.1) zurückzuführen. 175 v. Chr. wird in Jerusalem sogar ein Gymnasium errichtet. Jerusalem entwickelt sich zu einer (auch) hellenistisch geprägten Stadt.

- Antiochus IV. nimmt innere Unruhen zum Anlass, um 169 v. Chr. den Tempel in Jerusalem zu plündern und dabei zu entweihen. In der Folge beginnt eine schwere religiöse Verfolgung unter dem Deckmantel der Hellenisierung.
  Durch die Ermordung eines abgefallenen Juden sowie eines syrischen Beamten durch den Priester Mattatias in Modein bei Lydda kommt es zum bewaffneten Widerstand. Zur gleichen Zeit bildet sich unter den Jahwetreuen die Gruppe der *chasidim* (d. i.: Fromme), die sich nachdrücklich dem von Antiochus IV. ausgesprochenen Religionsverbot (vgl. 1 Makk 1,44-59) widersetzt. Der Kampf gegen die Syrer wird von Judas, einem Sohn des Mattatias, geführt. Dieser erhält den Beinamen *makkaba* (Hammer → der Hammerartige); daraus entsteht der Name **Makkabäer.**
- 164 v. Chr. wird mit den Syrern ein Kompromiss geschlossen: Den Juden wird Kultfreiheit gewährt, der Tempel wird wieder eingeweiht; die syrische Oberhoheit bleibt bestehen. In neuerlichen Kämpfen gegen die Syrer fällt Judas 160. v. Chr. Die weitere Führung des Widerstandes leitet Jonathan, ein Bruder des Judas. Nach dessen Ermordung (143 v. Chr.) wird dessen Bruder Simon der Führer des Volkes; er übernimmt zugleich die Würde des Hohenpriesters. 140 v. Chr. wird ihm dieses Amt erblich bestätigt. Damit ist der Grundstein für die **Dynastie der Hasmonäer** gelegt. Da 142 v. Chr. die Steuerfreiheit von den Syrern erreicht wurde, herrschen die Hasmonäer jetzt unabhängig über Palästina. („Hasmonäer“ ist also eine zusammenfassende Bezeichnung für die Nachfolger des Judas *makkaba*. Das daraus entstehende Herrschergeschlecht geht auf den Priester Mattatias und auf seine Söhne Judas, Jonathan und Simon zurück.) 134 v. Chr. wird auch Simon ermordet. Die Herrschaft übernimmt sein Sohn Hyrkan.

Da die Regierungszeit der Hasmonäer eine zunehmende **Angleichung an die hellenistische Kultur** mit sich bringt, wachsen die Widerstände in orthodoxen jüdischen Kreisen. In diese Epoche fällt daher auch der Ursprung der Pharisäer, der Qumran-Essener sowie der Sadduzäer (siehe unten). Diese Zeit ist auch von kriegerischen Auseinandersetzungen, innerer Unzufriedenheit und Machtkämpfen in der Herrscherfamilie geprägt. Als sich 67 v. Chr. Aristobul II. und Hyrkan II. (beides Söhne des 76 v. Chr. gestorbenen Jannäus und dessen Frau Alexandra, die von 76–67 v. Chr. die Herrschaft innehatte) nicht über die Nachfolge einigen können, treten unter dem Einfluss des Antipater, des Sohnes eines Beamten des Jannäus, **die Römer** als Ordnungsmacht auf.

Fremdherrschaften über das jüdische Volk in biblischer Zeit

ab 725	Assyrische Herrschaft im Norden (Salmanassar V.)	
ab 587	Neubabylonische Herrschaft (Nebukadnezzar)	
ab 539	Persische Herrschaft (Cyrus)	
ab 333	Mazedonische Herrschaft (Alexander)	
ab 323	Ägyptische Herrschaft (Ptolemäer)	
ab 198	Syrische Herrschaft (Antiochus III.)	
	ab 169	Makkabäeraufstände [Jüdische] Herrschaft der Hasmonäer
ab 63	Römische Herrschaft (Pompeius)	

– Pompeius besetzt 63 v. Chr. das jüdische Gebiet, das ganz Palästina umfasste, und errichtet die **römische Provinz Syrien.** Antipater regiert in Palästina, ab 55 v. Chr. als Statthalter. Nach seinem Tod (43 v. Chr.) wird sein Sohn **Herodes** (d. Gr.) 40 v. Chr. durch Senatsbeschluss als König der Juden eingesetzt. Seine Herrschaft ist gekennzeichnet durch besondere Strenge und Grausamkeit. Herodes versucht, zwischen dem orthodoxen Judentum und dem Hellenismus auszugleichen. Er erweitert einerseits den Tempel und schützt die Diasporagemeinden. Andererseits errichtet er Theater, Gymnasien und Bäder. Aus Eifersucht auf seine Herrschaft lässt er seine Gattin Mariamne und deren Söhne töten.

- Herodes stirbt 4 v. Chr. Palästina wird nach dem Tod Herodes' d. Gr. in Übereinstimmung mit seinem Testament unter seinen restlichen Söhnen aufgeteilt: **Philippus** regiert über das Ostjordanland im Norden (4 v. Chr. bis 34 n. Chr.). **Herodes Antipas** herrscht über Galiläa und Peräa (4 v. Chr. bis 39 n. Chr. Die Herkunft Jesu aus Galiläa ist Anlass für ein Zusammentreffen Jesu mit diesem Herrscher: vgl. Lk 23,6-12). **Archelaus** regiert über Judäa, Samaria, Idumäa (4 v. Chr. bis 6 n. Chr.). Wegen seiner Grausamkeit (vgl. in diesem Sinne auch Mt 2,22) wird Archelaus von den Römern abgesetzt und verbannt. An seiner Stelle übernimmt ein **römischer Statthalter** mit Residenz in Cäsarea die Herrschaft über dieses Gebiet.
- Nach Coponius, Ambibulus, Rufus und Valerius Gratus wird **Pontius Pilatus 26–36 n. Chr.** römischer Prokurator über Judäa-Samaria. Zur Zeit der Errichtung der römischen Prokuratur durch Kaiser Augustus 6. n. Chr. ist Publius Sulpicius Quirinius römischer Legat in Syrien (6–11 n. Chr.; vgl. dazu Lk 2,1-2, dazu auch Josephus, Ant. XVII 13.5.; XVIII 1.1-5).
- Von 41–44 n. Chr. kann Agrippa I. (der Sohn des mit seiner Mutter Mariamne hingerichteten Aristobul; Apg 25–26 wird er auch Herodes Agrippa genannt) **das gesamte jüdische Gebiet** nochmals unter einer Herrschaft vereinen. 44 n. Chr. unterstellt Kaiser Claudius Palästina

aus: Die Bibel. Kommentiert von H. Halbfass, Düsseldorf 2001 (© A. u. J. Schelbert) der unmittelbaren römischen Verwaltung. Diese so genannte zweite römische Prokuratur dauert bis 67 n. Chr. Im Blick auf ihre Bedeutung im Neuen Testament sind unter den Statthaltern dieser Epoche Antonius Felix (52–60 n. Chr., vgl. Apg 24) sowie Porcius Festus (60–62 n. Chr., vgl. Apg 24–26) zu erwähnen.

- Bei Ausbruch des **jüdischen Krieges** wird Palästina 67 n. Chr. dem Militärkommando Vespasians unterstellt. Als Vespasian 69 n. Chr. römischer Kaiser wird, überträgt er seinem Sohn Titus die Führung des römischen Heeres. 70 n. Chr. wird Jerusalem belagert, die Stadt wird teilweise, der Tempel zur Gänze zerstört. Palästina wird im gleichen Jahr zur **kaiserlichen Provinz** unter der Regierung des Generals der X. Legion, der in Cäsaräa seinen Sitz hat. Der Hoherat verliert als politisch-religiöse Behörde seinen Bestand; die Pharisäer ziehen sich nach Jamnia (Jabne) zurück. Da ein Kult im Tempel fortan nicht mehr möglich ist, leiten die Pharisäer eine Neubesinnung auf die Heilige Schrift als Grundlage der jüdischen Religion ein und sichern damit den weiteren Bestand des Judentums.

- **Die soziale Situation**

Einer kleinen, finanziell und politisch einflussreichen Oberschicht steht der Großteil der Bevölkerung gegenüber, der in mittelständischen und kleinbürgerlichen Verhältnissen lebt. Tagelöhner und Bettler bilden – insbesondere in den Städten – eine zahlenmäßig bedeutsame Unterschicht.

- Die **Oberschicht** dominiert insbesondere in den Städten, hier vor allem in Jerusalem. Sie besteht aus den Beamten und Günstlingen des Königs, die sich um den Hof scharen und dort verschiedene Ämter ausüben. Zu dieser Gruppe gehören auch die Hohenpriester sowie die Adelsfamilien und Großgrundbesitzer. Sie beziehen regelmäßige Einkünfte aus ihren Besitzungen, in schlechten Zeiten auf Kosten der ärmeren Bevölkerung. Zu den wohlhabenden Schichten sind auch die Steuerpächter zu zählen, die aufgrund des herrschenden Zollsystems nach eigenem Ermessen ihre Gebühren festsetzen konnten.

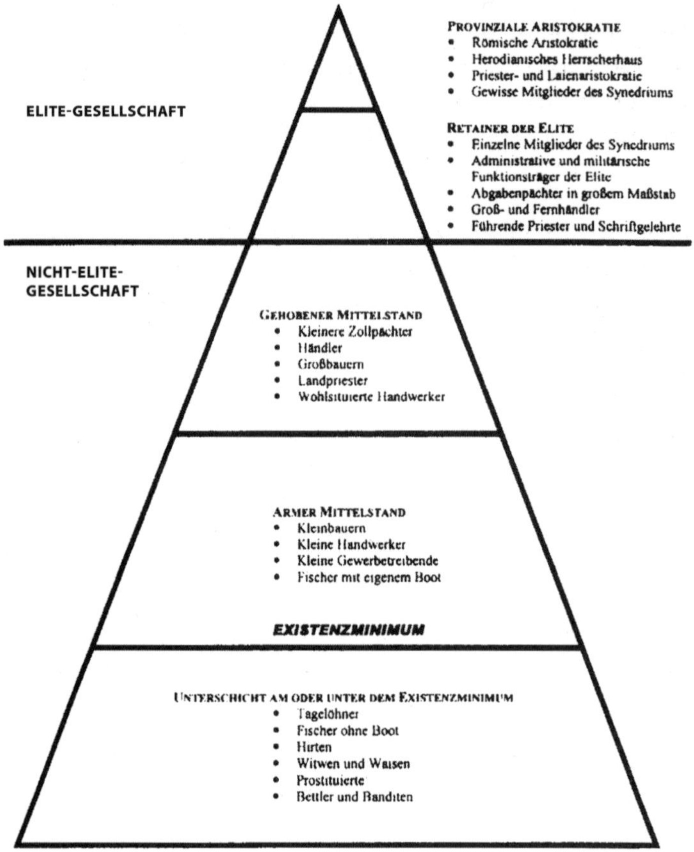

Sozialstruktur zur Zeit Jesu: Tiwald. Wanderradikalismus. (ÖBS), © Peter Lang, Frankfurt a. M. 2002, Anhang 1

– Die **Mittelschicht** der Bevölkerung wird von den Handwerkern, den Händlern und dem niedrigen Priesterstand gebildet. Auch die Betreiber von Herbergen und Schenken gehören in diese Gruppe. Die Angehörigen der Mittelschicht konnten aufgrund ihrer Arbeit und ihres kleineren Grundbesitzes einen regelmäßigen Erwerb erzielen, der zwar für die Deckung der täglichen Bedürnisse ausreichte, jedoch eine Vorsorge für Notzeiten nicht mehr zuließ. Da sie in schlechten Zeiten nicht nur dem allgemeinen Mangel, sondern auch der wirtschaftlichen Spekulation der Reichen ausgesetzt waren, war ihr Leben sehr risikoreich.

- Eine große Bevölkerungsgruppe war auf die Arbeit als **Taglöhner** angewiesen, um sich zu ernähren. In diesem Bereich war die Grenze zu den sehr zahlreichen Bettlern fließend. Der Tageslohn (in der Regel ein Denar) reichte nur für das Notwendigste, nicht aber für die Versorgung einer Familie.

Beim Wegfall der an sich schon unsicheren Hilfsarbeit des Taglöhners blieb nur mehr die Verwiesenheit auf die Güte anderer Menschen oder der Weg in die totale Abhängigkeit der (Schuld-)Sklaverei.

- **Jüdische Sklaven** mussten spätestens in jedem Sabbatjahr freigelassen werden (vgl. Ex 21,2); es ist jedoch fraglich, ob diese Bestimmung tatsächlich eingehalten wurde. Sie sind sozial ebenso verachtet wie jene Menschengruppen, die aufgrund ihres Berufes oder durch leibliche oder geistige Gebrechen als levitisch unrein gelten (z. B.: Zöllner, Hirten; Aussätzige, Besessene, Invalide; Menschen, die wegen ihres Lebenswandels als „Sünderinnen“ oder „Sünder“ gelten).

Zwar gab es im Judentum eine in jeder Gemeinde organisierte Armenvorsorge. Dennoch lebte der größte Teil der Bevölkerung, insbesondere in ländlichen Gebieten, in kärglichen Verhältnissen.

Von 100 erwirtschafteten Denaren ergibt sich die folgende Steuerpflicht:

Tempelsteuer	2 D
Erster Zehent	9 D
Zweiter Zehent	10 D
Priesterhebe	2 D
Römische Steuern	12 D
Kopfsteuer	1 D

36 Denare

- **Die religiöse Situation**

- Das religiöse Leben wird (zumindest in Jerusalem) durch den **Tempelkult** bestimmt. Dieser wird unter der Verantwortung des Hohenpriesters vollzogen. Der **Hohepriester** steht an der Spitze des Hohenrates (Synedrium), der sowohl jurisdiktionelle als auch administrative Aufgaben im religiösen und im profanen Bereich ausübt. Der Hohe Rat gliedert sich in drei Abteilungen: Die so genannten „Hohenpriester" (amtierender Hohepriester, dessen Stellvertreter, der Tempeloberst, einige weitere hochrangige Priester), die Ältesten (Mitglieder des Priesteradels sowie Großgrundbesitzer), die Schriftgelehrten.
- Das religiöse Leben ist durch **Aberglauben** stark überwuchert. Zeugnis dafür geben die in der zwischentestamentlichen Literatur sowie in der rabbinischen Tradition überlieferten religiösen Anschauungen und Bräuche. Angesichts der politischen Instabilität und Unterdrückung ist die Erwartung einer messianischen Rettungsgestalt lebendig. Mit ihr sind sehr unterschiedliche Vorstellungen verbunden. Volksglaube und theologische Reflexion gehen erheblich auseinander.
- Seit der Hasmonäerzeit stehen dieser Entwicklung die ernsten **Bemühungen tief religiöser Kreise** gegenüber, eine Besinnung auf die wesentlichen Momente des Jahweglaubens und des Judentums voranzutreiben:

Für die ***Essener*** war ihre Ablehnung der hasmonäischen Hohenpriester möglicherweise der letzte entscheidende Grund für ihren Rückzug in die Wüste. Um 140/130 v. Chr. begann diese Gruppe vermutlich mit dem Bau ihrer Siedlung in Qumran, einem Ort, der schon im 8. Jh. v. Chr. besiedelt gewesen war. Qumran wurde 31 v. Chr. durch ein Erdbeben zerstört und um die Zeitenwende wiederaufgebaut. Im Juni 68 n. Chr. wurde die Siedlung von den Römern unter Vespasian endgültig vernichtet. Die genaue Identität der Bewohner Qumrans, insbesondere ihre Gleichsetzung mit den bei Josephus erwähnten Essenern (vgl. De Bello II 119–160), ist bis heute nicht endgültig geklärt.

Es ist anzunehmen, dass die Schriften der Qumran-Gemeinde unmittelbar vor der Eroberung in Tonkrügen verschlossen und in Höhlen am Toten Meer versteckt wurden. 1947 entdeckten Beduinen durch Zufall die erste Höhle; 1951 begannen in Qumran die Ausgrabungen. Seither wurden die Ruinen der Gebäude weitgehend freigelegt. Insgesamt wurden bisher 11 Höhlen mit Schriftenmaterial gefunden. Bei den Handschriften handelt es sich um Abschriften aus der Jüdischen Bibel, um jüdische Bibelkommentare sowie um eigene religiöse Literatur.

Die ***Pharisäer*** lehnten die Konzentration der politischen und der religiösen Macht (Verbindung von weltlicher Herrschaft und Würde eines Hohepriesters) unter den Hasmonäern ab. Sie legten besonderen Wert auf levitische Reinheit für den würdigen Vollzug des Tempelkultes sowie auf die Einhaltung der Tora. Darunter verstanden sie sowohl die in den Schriften der Jüdischen Bibel überlieferte Satzung als auch deren Auslegung für die Gegenwart, die durch die Schriftgelehrten zu erfolgen hatte. Spätestens ab dem 1. Jh. v. Chr. waren die Pharisäer eine organisierte Gruppe („Partei") in bürgerlichen Kreisen.

Ab der Mitte des 2. Jhs. v. Chr. ist die Gruppe der ***Sadduzäer*** nachweisbar. Die Zugehörigkeit zu dieser Strömung verteilte sich auf verschiedene Bevölkerungsschichten, vornehmlich auch auf den Priesteradel. Im Gegensatz zu den Pharisäern glaubten die Sadduzäer nicht an eine Auferstehung von den Toten oder an Engel (vgl. dazu Mk 12,18-27 sowie Apg 23,6-8), denn sie hielten die in den fünf Büchern des Mose schriftlich überlieferte Tora für die einzige verbindliche Norm und konnten in diesen Schriften keine Anhaltspunkte für die genannten Glaubensaussagen finden.

Im Gegensatz zu den Pharisäern und den Sadduzäern fanden sich die ***Zeloten*** nicht mit den politischen Gegebenheiten unter römischer Herrschaft ab. Ähnlich wie die ***Sikarier***, einer in Galiläa beheimateten sozialrevolutionären Gruppe, strebten sie mit Waffengewalt nach der Verwirklichung apokalyptischer Hoffnungen, die sie auf die Opposition gegenüber der Fremdherrschaft umdeuteten. Ihr Ziel war die Errichtung eines neuen Tempels gemäß Ez 40–48. Während die Sikarier viel Zulauf aus dem einfachen Volk (Bauern, Kleinhandwerker) hatten, stammten die Zeloten aus idealistischen Schichten des Priesteradels.

Aufgrund der politischen Wirren und der über Jahrhunderte dauernden verschiedenen Fremdherrschaften seit dem Babylonischen Exil enstanden religiöse Gruppierungen, die ihre Hoffnung nicht auf ein religiös stabilisiertes Leben in dieser Welt setzten, sondern auf eine absolute Zukunft hofften. Diese ***Apokalyptiker*** erwarteten das (schreckliche)

Ende dieser Welt in einem endzeitlichen Kampf zwischen Gott und den Mächten des Bösen, dem das Gericht Gottes und die Errichtung einer neuen Schöpfung folgt. In Dan 7,12-14 wird dieses Geschehen erstmals mit der Gestalt des Menschensohnes in Beziehung gebracht. Die Haltung der Apokalyptiker ist in mehreren Schriften bezeugt. Zur Zeit Jesu ist sie äußerst lebendig. (Vgl. dazu z.B. Mt 25,31-46; des Weiteren die Schrift der Offb, insbes. Offb 18–21.)

Mit Ausnahme der Pharisäer werden alle genannten Gruppen durch den Jüdischen Krieg zerstreut und aufgelöst. Durch ihre starke Konzentration auf die Tora gelingt es den Pharisäern, unabhängig von der Bindung an einen bestimmten (kultischen) Ort auch nach dem Jahre 70 n. Chr. den Fortbestand des Judentums zu sichern.

Aufgaben

- Studieren Sie die Landkarte von Palästina zur Zeit Jesu. Prägen Sie sich die Aufteilung dieses Gebietes in verschiedene Herrschaftsbereiche zur Zeit Jesu an.
- Schlagen Sie in den einzelnen Evangelien die Passionserzählungen auf (Mt 26–27; Mk 14–15; Lk 22–23; Joh 18–19). Welche Gruppierungen werden als Gegner Jesu genannt? Notieren Sie Ihre diesbezüglichen Beobachtungen. Was fällt Ihnen dabei auf?
- Lesen Sie das LkEv im Überblick: Welchen sozialen Schichten gehören die Menschen an, mit denen Jesus zusammentrifft, spricht oder sie heilt? Fassen Sie Ihre Beobachtungen zusammen.
- Tragen Sie in den nebenstehenden Raster in die jeweiligen Felder die dazugehörenden Informationen ein, die Sie haben. Versuchen Sie, wo es möglich ist, Verbindungen herzustellen.

Anregungen zur begleitenden Lektüre des Neuen Testaments

- Lesen Sie Mk 7,1-23 und achten Sie auf die kultursozialen Informationen, die der Verfasser seinen Leserinnen und Lesern gibt.
- Lesen Sie als Hintergrund zur politischen Entwicklung in Palästina 1 und 2 Makk.

Zeittafel zum Leben Jesu in seinem Umfeld

Zeit	Jesus von Nazaret	Palästina	Röm. Kaiser/ Rom	Griech. Welt
10 v. Chr. bis Zeiten-wende				
1 n. Chr. bis 10 n. Chr.				
11 n. Chr. bis 20 n. Chr.				
21 n. Chr. bis 30 n. Chr.				
31 n. Chr. bis 40 n. Chr.				

3.2 Das Wirken Jesu als Verkündigung der Königsherrschaft Gottes

LITERATUR: **M. Ebner**, Jesus von Nazaret. Was wir von ihm wissen können, Stuttgart 2007, bes. 104–142; **J. Gnilka**, Jesus von Nazaret. Botschaft und Geschichte. (HThKNT. S 3), Freiburg 1990, 87–165; **H. Merklein**, Jesu Botschaft von der Gottesherrschaft. (SBS 111), Stuttgart ²1984; **H. Schürmann**, Jesus. Gestalt und Geheimnis, Paderborn 1994; **G. Theissen/A. Merz**, Der historische Jesus, Göttingen ³2001; 226–228; **L. Schenke**, Die Botschaft vom kommenden „Reich Gottes": **Ders. u. a.**, Jesus von Nazaret – Spuren und Konturen, Stuttgart 2004, 106–147 [**Literatur**]; **G. Vanoni/B. Heininger,** Das Reich Gottes, Würzburg 2002; **K. Wengst,** Der Jesus der Evangelien als Ausleger der Tora: BiKi 65 (2010) 28–32; **E. Zenger**, Art. „Herrschaft Gottes": TRE 15, Berlin 1986, 176-189; **ders.,** Jesus von Nazaret und die messianischen Hoffnungen des alttestamentlichen Israel: Studien zum Messiasbild im Alten Testament. Hrsg. v. U. Struppe. (SBAB 6), Stuttgart 1989, 23–66; Themenheft „Gottes Reich": BiKi 62, Heft 2 (2007); **W. Kirchschläger**, Aktuelle Fragen an die „Vier Evangelisten", Klagenfurt ²2006, 74–85.

Ein Überblick über die Verkündigung der synoptischen Evangelien zeigt, dass sehr häufig der Begriff „Gottesherrschaft" (oder „Reich Gottes"/ „Himmelreich") vorkommt. So kann vermutet werden, dass dieser Begriff (und die damit umschriebene Wirklichkeit) für die Verkündigung Jesu von besonderer Bedeutung ist. Um sich mit dem Wirken Jesu zu beschäftigen, müssen wir also bei der Frage nach der Bedeutung von „Königsherrschaft Gottes" in der Verkündigung Jesu ansetzen.

Die entsprechende griechische Wortverbindung *basileia tou theou* wird sehr verschieden übersetzt. In diesem einen Fall sollte – um der Klarheit und der Eindeutigkeit der Aussage willen – wenn möglich der griechische Begriff beibehalten werden.

3.2.1 Herleitung des *basileia*-Begriffs

- Das *basileia*-Verständnis Jesu geht auf die Verwendung dieses **Begriffs in der Jüdischen Bibel** zurück. *Basileia* ist das griechische Äquivalent zum hebräischen *malkut*. Dies bedeutet Königtum, Königswürde, Königsherrschaft. Damit wird die erstmals von Saul in dieser Form ausgeübte politische Herrschaft über Israel umschrieben. Der Wunsch des Volkes nach einem König stößt beim Richter Samuel auf Widerstand, denn damit bleibt nicht mehr klar erkenntlich, wer in Israel die Königswürde innehat.

„[6]Samuel missfiel es, dass sie sagten: Gib uns einen König, der uns regieren soll. Samuel betete deshalb zum Herrn, [7]und der Herr sagte zu Samuel:
Hör auf die Stimme des Volkes in allem, was sie dir sagen. Denn nicht dich haben sie verworfen, sondern mich haben sie verworfen. Ich soll nicht mehr ihr König sein.
[8]Das entspricht ganz ihren Taten, die sie (immer wieder) getan haben, seitdem ich sie aus Ägypten herausgeführt habe, bis zum heutigen Tag; sie haben mich verlassen und anderen Göttern gedient. So machen sie es nun auch mit dir.“ (1 Sam 8,6-8)

Dieser Text zeigt, dass die Königswürde im vollen Sinn des Wortes einzig und allein Jahwe zusteht: Im Unterschied zu allen umliegenden Völkern und Stämmen hat Israel nicht (irgend)einen Menschen zum König, sondern seinen Gott. Diese Königswürde Gottes ist ein entscheidender Leitgedanke der theologischen Reflexion in der Epoche der Jüdischen Bibel. Vor allem in den so genannten Königspsalmen wird Gott wegen dieser seiner Würde gepriesen (vgl. Ps 47; 93–100). Der irdische König hat die Aufgabe der Stellvertretung, er ist gleichsam ein Vasall Gottes.

- Nach dem Zerfall der politischen Königsherrschaft über Israel (722 v. Chr.) und Juda (586 v. Chr.) gerät das Denken über die Königsherrschaft Jahwes in eine Krise. Den Propheten dieser Epochen gelingt es, auf der Grundlage des **Bundesgedankens**, der Schöpfungstheologie sowie durch die Rückbesinnung auf entsprechende ältere Texte (vgl. bes. 2 Sam 7,12-16) eine Neuorientierung an der Königsherrschaft Jahwes herbeizuführen: Jahwe wird seine Herrschaft wieder aufrichten, sie wird ewig Bestand haben.

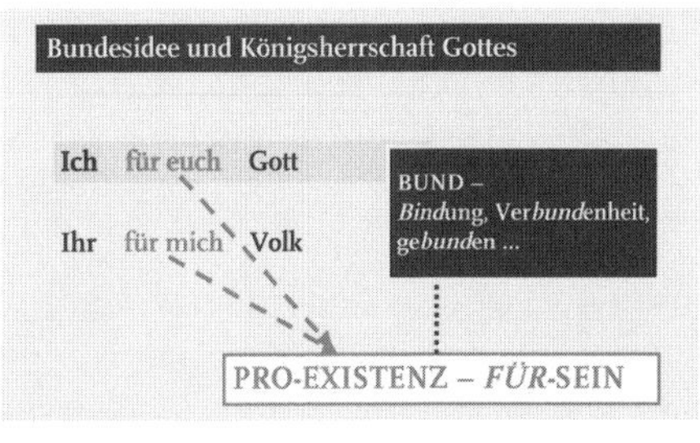

Die Wirkgeschichte dieser Neuorientierung lässt sich bis in die Zeit Jesu aufzeigen (vgl. z. B. 1 Chron 17,11-14; in einem Fragment aus der 4. Höhle von Qumran heißt es: „... Ich werde ihm Vater sein, und er wird mir

Sohn sein. Das ist der Spross Davids, der mit dem Erforscher des Gesetzes auftreten wird ...“: 4Q flor I 11). Vor diesem Hintergrund kann die Bedeutung des Titels „Sohn Davids“ für Jesus ermessen werden (vgl. z. B. Mt 1,16-17; Lk 2,4; Mk 10,47.48 par; Röm 1,3 und öfters).

Die Idee von der neu errichteten Königsherrschaft Gottes ist von der Erfahrung der Treue Gottes und von seiner Zuwendung, seiner **Pro-existenz** begleitet (vgl. dazu z. B. Jer 23,5; Zeph 3,15). Die Erfahrung der bisherigen Gottesgeschichte begründet die positive Neubesinnung auf eine Zukunft, die über diese Weltzeit hinausreicht/hinausreichen kann (siehe so Jes 52,7; 60–62; Ob 21).

- Mit der **Hoffnung auf die Neuerrichtung** der Königsherrschaft Gottes wurden auch zur Zeit Jesu verschiedene Erwartungen verbunden. Dies ist angesichts der schwierigen politischen Situation (siehe oben → 3.1.3) nicht verwunderlich. Entscheidend ist dabei der Grundgedanke, dass Jahwe in endgültiger Weise neuerlich an seinem Volk rettend handeln wird. Dieser Erwartung liegt ein sehr dynamisches Verständnis von Gottes Eigenart zugrunde: Gott wirkt immer wieder neu, er ist – auch als König – ein stets Handelnder. Diese innere Dynamik ist (aufgrund der bisherigen Gotteserfahrung und -reflexion) durch positive Werte bestimmt.

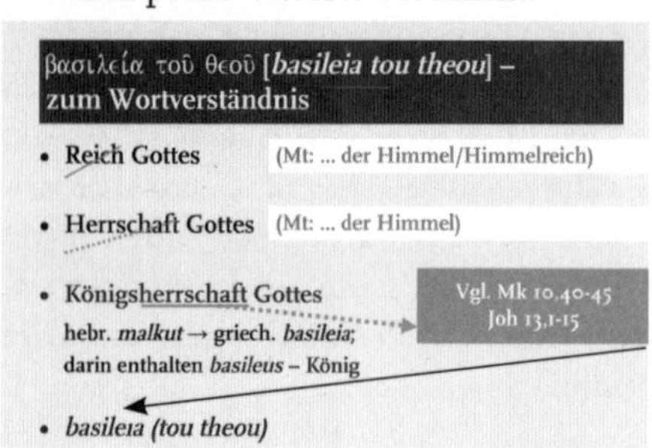

Diesem Gesichtspunkt der Dynamik oder Lebendigkeit Gottes muss Rechnung getragen werden: Wenn daher eine **Übersetzung von *basileia*** nicht zu vermeiden ist, sollte von der **Königsherrschaft Gottes** (und weniger vom „Reich“ Gottes) gesprochen werden. So kommt ein wichtiges Moment der Begriffsbedeutung zum Ausdruck: Gott wird gekennzeichnet in seinem immer neuen, stets machtvollen Handeln, in dem er sich als der Herr (und König) erweist.

Der heute vielfach gehörte Vorbehalt gegen den Königstitel und gegen die Rede von einer *Herr*schaft wird durch das biblische Zeugnis über das Auftreten Jesu entkräftigt: Er übt seine Herrschaft und Vollmacht nach dem Prinzip des Dienstes aus (vgl. Mk 10,42-45 par; Joh 13,1-17). Seine Königswürde kommt in der ohnmächtigen Situation der Kreuzigung zum Ausdruck. Das Sprechen von der Königsherrschaft Gottes stellt in paradoxer Form diesbezügliche irdisch menschliche Vorstellungen auf den Kopf und betont gerade deren Gegenteil.

- In den neutestamentlichen Schriften findet sich **keine Definition** von *basileia*. Allerdings zeigen verschiedene Textabschnitte, was darunter verstanden werden kann: Im Sinne einer negativen Abgrenzung können wir jene Texte verstehen, in denen eine klare Missdeutung von *basileia* vorliegt (vgl. z. B. Mk 10,35-40, bes. V. 37; Apg 1,6): *basileia* hat nichts mit äußerer Machtfülle und ebenso wenig mit politischen Ansprüchen zu tun. Viele Texte sprechen vom Anbruch der *basileia* mit dem Kommen Jesu (vgl. z. B. Mk 1,15; Lk 17,21); dem stehen jene Aussagen gegenüber, die stärker in eine absolute Zukunft blicken (vgl. Mk 14,25; Joh 18,36; Mt 6,10). Paulus umschreibt die Wirklichkeit der *basileia* mit den Begriffen „Gerechtigkeit, Friede und Freude im Heiligen Geist" (Röm 14,17) und entfaltet dies an anderer Stelle durch die Benennung mehrerer Tugenden (so Gal 5,22-23; vgl. dazu aus der Paulusschule Kol 3,12-17).
- *Basileia* Gottes ist im neutestamentlichen Verständnis von **positiven Werten** bestimmt. Im Sprechen von *basileia* halten die neutestamentlichen Verfasserinnen und Verfasser die Spannung zwischen dem anfanghaften Sich-Ereignen und der noch erwarteten Vollendung dieser Wirklichkeit aufrecht. Dies ist von besonderer Bedeutung. Die Spannung des *Schon* und des *Noch-Nicht* (also: des schon Angebrochenseins, aber der noch nicht erfolgten Vollendung) kennzeichnet das gesamte Wirken Jesu. Seine Verkündigung der *basileia* erweist sich so als eine **dynamisch fortschreitende Botschaft**. Ihre besondere Eigenart wird anhand von Textbeispielen dargelegt.

3.2.2 Entfaltung von *basileia*

Mk 1,14-15

- Nach dem Verständnis des Mk-Ev eröffnet Jesus sein öffentliches Wirken mit einem **programmatischen Spruch**, der einer Zusammenfassung seiner Botschaft entspricht:

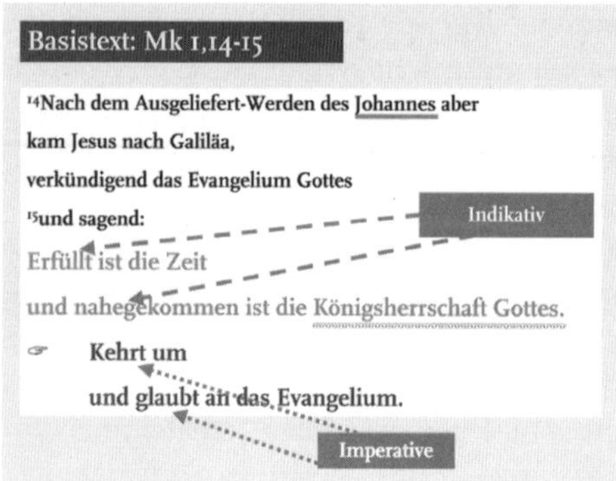

Für das Verständnis ist zunächst die Wertung sowie der Aufbau des Spruches zu beachten: Das Wort Jesu wird vom Verfasser als „Evangelium Gottes“ bezeichnet. Damit ist angedeutet: Es handelt sich nicht um eine beliebige, sondern um eine äußerst bedeutungsvolle Aussage Jesu, um ein *eu-angelion*, also um eine gute Botschaft (siehe dazu oben → 2.1.1). Schon eingangs seiner Schrift hat der Verfasser seine Verkündigung als das „Evangelium von Jesus Christus – Sohn Gottes“ (Mk 1,1) umschrieben. Damit sind Absicht und Bedeutung der Niederschrift umrissen. Dieses Evangelium von Jesus Christus wird nun Mk 1,14 als eine Botschaft bezeichnet, die auf Gott zurückzuführen ist. Das bedeutet: Mit dieser Botschaft hat Gott selbst etwas zu tun, hier ist er entscheidend beteiligt, in diesem von Jesus verkündigten Evangelium wirkt Gott selbst. Unter diesem Gesichtspunkt ist sodann die Aussage von Mk 1,15 zu lesen.

- Das Wort Jesu hat eine klare **Struktur**: Zunächst werden zwei Feststellungen (in indikativischer Form) ausgesprochen und aneinandergereiht. Daran schließen sich als Konsequenz zwei Imperative. Die konstatierenden Aussagen Jesu leiten also zu konkreten Forderungen an die Hörerinnen und Hörer bzw. an die Leserinnen und Leser über.

Die erste Aussage spricht davon, dass eine „Zeit“, eine gewisse Epoche also, zur Fülle gekommen ist. In der Person und im Wirken Jesu erfüllt sich die Bundestreue Gottes, die in den Schriften der Jüdischen Bibel in vielfältiger Weise bezeugt wird. Gott erweist sich in Jesus tatsächlich als ein „Gott mit uns“ (Mt 1,23), als ein Gott, der auch als Vater anzusprechen ist (vgl. Mt 6,9, sodann bes. Röm 8,15 und Gal 4,6). In der Botschaft der Propheten wurde Gott als ein Gott verkündet, der für uns Menschen und mit uns Menschen da sein will. In diesem Sinne ist auch der Jahwe-Name zu deuten (vgl. Ex 3,14). Dieses Mit-Sein Gottes wird vielfach und immer wieder dem Menschen zugesagt (vgl. Hebr 1,1-2).

Die Epoche des Mit-Seins Gottes in seinem Wort ist nun vollendet, sie ist zu einer Fülle gelangt: Etwas Neues bricht an.

In der Person Jesu ereignet sich eine neue Phase des Mit-Seins Gottes: Gott sagt nicht sein Wort zu, sondern er personifiziert diese zusagende Botschaft. Jesus bezeugt nicht nur Gottes Nähe und Zuwendung, sondern er setzt sie selbst in seiner Person gegenwärtig. In seinem Wirken ist dieses Mit-Sein Gottes lebendig, wird es personifiziert. So erweist es sich als endgültig, als unüberbietbar konkret und wirkmächtig. Deshalb ist auch von der Nähe der *basileia* die Rede. In Jesu Wirken wird Gottes Heilswille neue, erfahrbare Wirklichkeit.

Aufgrund dieser Aussagen Jesu ergibt sich als erste Konsequenz der Ruf zur Umkehr. Damit greift Jesus den Verkündigungsinhalt Johannes' des Täufers auf (vgl. Mk 1,4 par). Mit *Um*kehr ist in erster Linie eine *Ab*kehr vom Bösen gemeint, zugleich aber wird damit eine *Um*-Wendung, eine *Zu*-Wendung der eigenen Person auf Gott hin gefordert. *Um*-kehr geschieht also in *Ab*-kehr und *Zu*-kehr. Sie besteht in einer grundsätzlichen Ausrichtung und Bestimmung der eigenen Existenz, nicht mehr das zu denken und zu tun, „was Menschen wollen", sondern das, „was Gott will" (Mk 8,33b).

Diese Grundhaltung ist Voraussetzung für Glauben. Im vorliegenden Text ist damit die vertrauensvolle Annahme der Botschaft und in der Folge davon die personale Hinkehr zu Jesus von Nazaret gemeint. Es geht um das Ernstnehmen eben dieser Personifizierung der Liebe Gottes in Jesus von Nazaret. Diese Grundhaltung ist – wie sich noch zeigen wird – eine unabdingbare Voraussetzung, die der Mensch gegenüber dem Wirken Jesu aufbringen muss (vgl. dazu z. B. Mk 6,5-6a).

Es darf nicht übersehen werden, dass nach dem Zeugnis des MtEv dieser Grundinhalt der Botschaft Jesu mit dem Verkündigungswort des Täufers übereinstimmt:

Diese Sichtweise entspricht mit größter Wahrscheinlichkeit auch der ursprünglichen Entwicklung. Jesus ist in den Anfängen seines Wirkens im Umfeld des Täufers anzutreffen. Nach dessen Verhaftung (siehe Mk 1,14) führt er wohl zunächst die Täuferbewegung und die Verkündigung des Täufers fort. Allmählich setzt er jedoch in der Ankündigung der Königsherrschaft Gottes eigene Akzente und entwickelt die entsprechende Botschaft vor allem im Blick auf die Handlungsmotivation entscheidend weiter.

Der Anfang der *basileia*-Verkündigung

Mt 3,1-2:	Mt 4,17:
„¹In jenen Tagen trat Johannes der Täufer auf und verkündete in der Wüste von Judäa: ²Kehrt um, denn die Herrschaft der Himmel ist nahe."	„Von da an begann Jesus zu verkünden: Kehrt um, denn die Herrschaft der Himmel ist nahe."

⇒ **daraus folgt**

- Anfänge des Wirkens Jesu im Täuferkreis
- Übernahme der Täufertätigkeit nach der Verhaftung des Johannes
- Inhaltliche Weiterentwicklung der Botschaft

Täuferverkündigung:	Jesusverkündigung:
Königsherrschaft Gottes, Androhung des Gerichts	Königsherrschaft Gottes, Ankündigung der Liebe Gottes
→ daher Umkehr	→ daher Umkehr

- In Mk 1,14-15 ist in zusammengefasster Form das Programm des Wirkens Jesu enthalten. Zugleich zeigt dieser Spruch den Blickwinkel, unter dem der Verfasser des MkEv die Verkündigung Jesu darstellen wird. Im MtEv und im LkEv finden wir – mit gewissen Änderungen – den gleichen Entwurf (vgl. Mt 4,12-17; Lk 4,14-15.16-30). Lediglich der Verfasser des JohEv kleidet die Botschaft Jesu in eine andere Begrifflichkeit. Ein Vergleich zwischen Mk 1,14-15 und seiner Leitformulierung in Joh 3,16-17 (siehe dazu → 1 sowie Exkurs B nach 2.1.5) erschließt ein wichtiges Grundmoment von *basileia*: *Basileia* ereignet sich also dort, wo Gott mit seiner Liebe zum Menschen ernst macht. In einzigartiger Weise (gleichsam in einer Hoch-Form) ist dies in der Person Jesu der Fall; hier verschmelzen Inhalt und Träger der Botschaft, Gottes Liebe wird personifiziert: Jesus ist selbst das Evangelium, das er verkündet.

Mk 1,35-38.39

Im Anschluss an die Darstellung des Wirkens Jesu an einem Tag in Kafarnaum überliefert Mk die folgende Abschlussnotiz:

> „35Und früh morgens, (noch) ganz nachts sich erhebend,
> ging er hinaus und ging er weg an einsamen Ort;
> und dort **betete** er.
> 36Und es suchten ihn Simon und die mit ihm.
> 37Und sie fanden ihn, und sie sagten ihm: Alle suchen dich.
> 38Und er sagte ihnen: Ziehen wir anderswohin in die umliegenden Dörfer,

damit ich auch dort verkündige.
Denn dazu bin ich ausgegangen.
39Und er ging,
verkündigend in ihren Synagogen in ganz Galiläa
und die Dämonen **austreibend**." (Mk 1,35-39; Hervorhebungen WK)

Bedeutsam ist der Hinweis auf **das Beten** Jesu, das in seinen äußeren Begleitumständen sehr ausführlich umschrieben ist (Mk 1,35). Die Episode des Suchens und Findens (Mk 1,36-37) ergibt sich aus dem Textzusammenhang (vgl. Mk 1,32-34: Viele Menschen werden geheilt). Zugleich ermöglicht diese Erzählabfolge ein grundsätzliches Wort Jesu, in dem er seine Sendung deutet. Mk 1,39 erzählt zusammenfassend die Durchführung des Sendungsauftrags Jesu in umfassender Weise („... in *ganz* Galiläa ...").

Aus Mk 1,38 ist zu erkennen: Jesus versteht seine Sendung als einen **Auftrag zur Verkündigung**, also zur bezeugenden Weitergabe seiner Botschaft. Im Rückblick auf Mk 1,14 („... verkündigend das Evangelium Gottes ...") und sodann Mk 1,15 ist im Umriss erneut der Inhalt dieser Verkündigungstätigkeit erkennbar: Es ist die Botschaft von der *basileia*. Was dies genau inhaltlich bedeutet, erfahren wir (noch) nicht; allerdings verweist Mk 1,39 auf die Eigenheit dieser Verkündigung, wenn in diesem Zusammenhang von Verkündigen und von Dämonenaustreiben die Rede ist. Für die Bedeutung des Wortes Jesu (Mk 1,38) ist nochmals der Textzusammenhang zu beachten. Dieses Wort wird gesprochen, nachdem sich Jesus zum Gebet zurückgezogen hatte: Aus der Verbundenheit mit Gott, seinem Vater (vgl. Mk 1,11), formuliert und deutet Jesus seinen Auftrag.

Lk 11,14-20

Im Zusammenhang mit der *basileia* war bereits vom **Glauben** die Rede (vgl. Mk 1,15). Die Auseinandersetzung über die Bedeutung der Dämonenaustreibungen Jesu zeigt, dass sein Wirken eine Entscheidung über die Tragweite seiner Botschaft (und damit auch über seine Person) herausfordert:

„[14]Und er war hinauswerfend einen Dämon [und der war] stumm; es geschah aber: Als der Dämon herausging, redete der Stumme, und [es] staunten die Volksmengen.
[15]Einige aber von ihnen sprachen: In Beelzebul, dem Herrscher der Dämonen, wirft er hinaus Dämonen;
[16]andere aber, [ihn] versuchend,
verlangten ein Zeichen aus [dem] Himmel von ihm.
[17]Er aber, erkennend ihre Absichten, sprach zu ihnen: Jedes Königtum, in sich selbst zerteilt, wird verwüstet, und Haus fällt auf Haus.
[18]Wenn aber auch der Satan in sich selbst zerteilt wurde, wie wird bestehen sein Königtum? Denn ihr sagt, dass ich in Beelzebul hinauswerfe die Dämonen.
[19]Wenn ich in Beelzebul hinauswerfe die Dämonen, eure Töchter und Söhne – in wem werfen sie [sie] hinaus? Deshalb werden sie eure Richter sein.
[20]Wenn [ich] aber mit [dem] Finger Gottes hinauswerfe die Dämonen, so kam zu euch [bereits] die Königsherrschaft Gottes.“ (Lk 11,14-20)

Die Auseinandersetzung Jesu mit seinen Gegnern macht eine Meinungsbildung und damit letztlich ein **Bekenntnis** unerlässlich. Entweder Jesus handelt im Namen Gottes oder er tritt im Namen des Teufels auf. Eine Mittelposition dazwischen gibt es nicht. Das aber bedeutet: Das Wirken Jesu zwingt die Menschen dazu, Stellung zu seiner Person zu beziehen. Wer ist er eigentlich und in wessen Namen handelt er? Von der Antwort hängt der persönliche Zugang zu Jesus von Nazaret und zu seiner Botschaft ab. Es geht also um **Glauben und Unglauben**, und es geht um die Frage der Verwirklichung der Königsherrschaft Gottes.

Das Textbeispiel zeigt: Das Wirken Jesu und seine Verkündigung der Königsherrschaft Gottes provoziert die Menschen dazu, sich zu **entscheiden**. Mittelwege gibt es nicht:

Wirken Jesu
– im Namen Beelzebuls → Königsherrschaft Satans (vgl. Mt 4,8-9 par)
– im Namen Gottes → Königsherrschaft Gottes

Lk 6,17-19

Nach der Auswahl der zwölf Jünger (Lk 6,12-16) erzählt der Verfasser – überleitend zur Rede am Fuße des Berges (Lk 6,20-49) – von dem Ortswechsel, den Jesus vornimmt. Diese Notiz eines bloßen Bewegungsvorgangs gibt einen wichtigen Anhaltspunkt, um die Art und Weise der Verkündigung Jesu zu verstehen:

Lk 6,17-18 skizziert der Verfasser die einzelnen Gruppen um Jesus: Jesus selbst, die Zwölf, viele Jüngerinnen und Jünger, die Volksmenge. Der weite Rahmen wird durch weiträumige geografische Angaben (Judäa, Jerusalem, das Gebiet von Tyros und Sidon) noch verstärkt. Die Kranken und die Besessenen werden durch Jesu „Kraft" geheilt (Lk 6,18b.19).

Verkündigung der *basileia*

„17 Und herabsteigend mit ihnen [mit den 12 Aposteln],
blieb er stehen auf ebenem Ort,
und eine große Schar seiner Jüngerinnen und Jünger,
und eine große Menge des Volkes
von ganz Judäa und Jerusalem
und dem Küstengebiet von Tyros und Sidon.
18 Sie kamen, um ihn zu hören
und um geheilt zu werden **von ihren Krankheiten.**
Und die von unreinen Geistern Geplagten wurden geheilt.
19 Und das ganze Volk suchte ihn zu berühren,
denn eine Kraft ging von ihm aus und heilte alle."

Verkündigung in Wort **und** Tat
(vgl. so auch Lk 24,19)

Lk 6,18 wird in Verbindung mit dem Hinweis auf das Kommen all dieser Menschen auch in zweifacher Weise ihr Grundmotiv ausgedrückt: um Jesus zu hören und um geheilt zu werden. In dieser zweifachen Erwartungshaltung der Menschen wird zugleich das Wirken Jesu charakterisiert. Seine Verkündigung besteht in der Gabe des Wortes sowie in der Gabe des von ihm gewirkten Heils (also: der von ihm ausgehenden Kraft des Heilens, vgl. Lk 6,19, ähnlich auch Lk 5,15). In dieser zweifachen Weise der Verkündigung Jesu ereignet sich *basileia*: Sie geschieht in seinem Wort, da es sich als ein wirkmächtiges Wort erweist; *und* sie bricht an in seinem heilenden Tun (vgl. dazu auch Lk 24,19; Apg 10,38).

Für das Verständnis der Evangelien ist es wichtig, diese **Zusammengehörigkeit** zu sehen: Wort und Tat Jesu bilden in der Verkündigung der *basileia* eine Einheit, sie ergänzen einander und sind daher nicht voneinander zu trennen.

„Die Offenbarung ereignet sich in Tat und Wort, die innerlich miteinander verknüpft sind:
die Werke nämlich, die Gott im Verlauf der Heilsgeschichte wirkt, offenbaren und bekräftigen die Lehre und die durch die Worte bezeichneten Wirklichkeiten;
die Worte verkündigen die Werke
und lassen das Geheimnis, das sie enthalten, ans Licht treten."

II. Vatikanisches Konzil, Dogmatische Konstitution über die göttliche Offenbarung *Dei verbum*, Art. 2

Die Wendung „in Tat und Wort" wird in *Dei verbum* Art. 4, 17 und 19 auf das Wirken Jesu hin entfaltet.

Für die Darlegung der Botschaft Jesu in menschlicher Sprache ist allerdings jenes **Nacheinander** der Darstellung notwendig, wie wir es in den Evangelien finden. Dabei ist aber die **Einheit von Wort und Tat** im Wirken Jesu und im Blick auf die *basileia* nicht zu übersehen. Ebenso darf die **normative Bedeutung des Handelns Jesu** neben der entsprechenden Dimension seines Wortes nicht vernachlässigt werden. Fallweise stellen die Evangelisten diese zwei Aspekte des einen Wirkens Jesu blockweise dar. Vgl. z. B. Mt 5–7 (Bergpredigt); Mt 8–9,34 (Zusammenstellung von Erzählungen über das heilende Wirken Jesu).

Diese Zusammengehörigkeit und diese zugleich in der Darstellung notwendige Entflechtung von Wort und Tun Jesu liegt auch der Weiterführung in den nächsten Abschnitten zugrunde. Zuerst wird über die Wortverkündigung Jesu (Abschnitt 3.3), sodann wird über seine Verkündigung im Tun (Abschnitt 3.4) nachgedacht. Dabei muss bewusst bleiben, dass beide Bereiche Teile der einen *basileia*-Verkündigung Jesu sind.

Aufgaben

Lesen Sie Mk 1,16–3,5. Was sagen Ihnen die einzelnen Erzählungen hinsichtlich der in Mk 1,14-15 zusammengefassten Botschaft Jesu von der *basileia*?

Begriffe und Namen, die Sie im Zusammenhang mit der historischen Rückfrage nach Jesus von Nazaret erklären können:

Testimonium Flavianum, Sueton, Tacitus, Plinius d. J., Apokryphe Schriften, Vorgeschichten Jesu, Information und Performation, Erzählte Welt und besprochene Welt, Ptolemäer, Makkabäer, Hasmonäer, (römischer) Statthalter, Jamnia (Jabne), Zollpacht.

Begriffe, die Sie im Zusammenhang mit dem Wirken Jesu als Verkündigung der Königsherrschaft Gottes erklären können:

basileia, Bund, Proexistenz, Königsherrschaft der Himmel.

Verständnis- und Wiederholungsfragen zu Kapitel 3.1 und 3.2

Zu 3.1 Historische Rückfrage nach Jesus von Nazaret

- Charakterisieren Sie den Geschichtswert der biblischen Quellen im Blick auf die Person Jesu.
- Nennen Sie nichtbiblische profane Quellen über Jesus von Nazaret. Was kann aus diesen Quellen historisch gesichert über Jesus von Nazaret gesagt werden?
- Welche Bedeutung haben die neutestamentlichen Apokryphen für die historische Rückfrage nach Jesus von Nazaret?
- Fassen Sie den Aufbau der matthäischen Vorgeschichten zusammen.
- Welche inhaltlichen Schwerpunkte setzt der Verfasser des MtEv in den Vorgeschichten?
- Fassen Sie den Aufbau der lukanischen Vorgeschichten zusammen.
- Welche inhaltlichen Schwerpunkte setzt Lukas in den Vorgeschichten?
- Welche Folgerungen sind bezüglich der Historizität und der Eigenart der Evangelien aus den angeführten Textbeispielen (Mt 1–2; Lk 1–2; Mk 1,9-11 par usw.) zu ziehen?
- Nennen Sie die wichtigsten Stationen der politischen Entwicklung in Palästina seit 333 v. Chr.
- Wie wurde das Königreich des Herodes nach dessen Tod aufgeteilt? Seit wann und wieso gab es in Judäa römische Statthalter? Ordnen Sie die Person des Pontius Pilatus in die politische Entwicklung ein.

- Charakterisieren Sie die soziale Situation in Palästina zur Zeit Jesu von Nazaret.
- Nennen und charakterisieren Sie die wichtigsten religiösen Gruppierungen des Judentums zur Zeit Jesu. Welche dieser Gruppen überlebte den jüdischen Krieg? Warum?

Zu 3.2 Das Wirken Jesu als Verkündigung der Gottesherrschaft

- Was heißt *basileia* vor dem Hintergrund der Hoffnung und der Überlieferung der Jüdischen Bibel?
- Wie können Sie den Begriff und die Wirklichkeit von *basileia* auf der Grundlage von Mk 1,14-15 umschreiben?
- Welche Umschreibung der zentralen Verkündigungswirklichkeit bietet das JohEv an?
- Begründen Sie die Verknüpfung von Tat und Wort in der Verkündigung Jesu.

3.3 Die Wortverkündigung Jesu und ihre Überlieferungsformen

Eine Durchsicht der Evangelien zeigt, dass die Überlieferung der Worte Jesu nicht in einer dem Umfang oder auch der Gestalt nach einheitlichen Weise geschieht. Aus diesem Grund müssen die Verschiedenheiten der überlieferten Jesusworte auch hinsichtlich ihres Inhalts sowie hinsichtlich der Überlieferungsform genauer beachtet und bedacht werden.

3.3.1 Zur (historischen) Einordnung der Worte Jesu

LITERATUR: **G. Theissen/A. Merz,** Der historische Jesus, Göttingen ^{3}2001, 22–31 [als methodischer Hintergrund aus der Leben-Jesu-Forschung]; **W. Kirchschläger**, Die Worte Jesu in den Evangelien: Ders., Schriftverständnis leicht gemacht, Klosterneuburg 1981, 167–170.

Neben der Beachtung der **literarischen Eigenart** der neutestamentlichen Schriften – hier insbesondere der Evangelien – als Verkündigungsschriften (siehe dazu oben → 1.1.4) verbieten sowohl **inhaltliche als auch formale Gegebenheiten** eine vorschnelle, unkritische Einordnung aller überlieferten Jesusworte als historische, also zitatartige Wiedergabe aus dem Munde Jesu.

Ein Vergleich der überlieferten Jesusworte zeigt gewichtige **theologische Unterschiede**, die nur schwer mit der Annahme der Identität ein- und desselben Sprechenden in Einklang zu bringen sind. Neben solchen inhaltlichen Unterschieden zeigt sich überdies, dass den Jesusworten verschiedene **formal-sprachliche Ausdrucksmuster** zugrunde liegen, die einmal einen aramäischen Sprachhintergrund vermuten lassen, ein anderes Mal von der griechischen Grammatik und von rhetorischen Grundsätzen (mit)geprägt sind.

Problemstellung

➢ Jesusworte *inhaltlich* verschieden überliefert.

➢ Jesusworte *sprachlich* verschieden überliefert.

⇒ **Zur Erinnerung:**
– *Verkündigungs*charakter der Evangelienschriften
– *Nachösterliche Perspektive*

Aufgaben

– Schlagen Sie, bevor Sie weiterlesen, folgende Texte im Neuen Testament nach und vergleichen Sie die Aussagen miteinander:
Mt 10,5-8 mit Mt 28,18-20;
Mk 13,30-32 mit Mt 24,34-36 und Lk 21,32-33;
Mk 10,11-12 mit Mt 19,9;
Mk 14,22 mit Joh 6,55-57.
– Formulieren Sie die Unterschiede, die Sie jeweils feststellen können.

Die Überprüfung der sprachlichen Unterschiede bedingt eine genaue Analyse der entsprechenden Textabschnitte. Es fällt dabei auf, dass nach der Darstellung der Evangelien zwischen der Sprechweise Jesu nach Mt, Mk und Lk und jener nach Joh ein beträchtlicher Unterschied besteht.

Aufgaben

– Vergleichen Sie unter diesem Gesichtspunkt verschiedene Ausssagen:
Lk 17,20-21 mit Joh 3,14-21;
Mk 14,22 mit Joh 6,55-57;
Mk 15,34 und Lk 23,46 mit Joh 19,30.
– Benennen Sie die Unterschiede in der Aussage und in der Ausdrucksweise.

- **Grundsätzliche Überlegungen**

Aufgrund der Textanalyse müssen wir annehmen, dass die Evangelisten die **Worte Jesu nicht immer im ursprünglichen Wortlaut**, also als „Zitate", überliefert haben. Die Evangelisten haben die ihnen bekannten Jesusworte teilweise neu oder erweitert formuliert bzw. sie haben auf der Grundlage der ursprünglichen Worte Jesu und deren Aussageabsicht im Blick auf ihre Kirchen vor Ort neue Jesusworte hinzugefügt. Für diese Vorgangsweise müssen zwei Gesichtspunkte als entscheidend angesehen werden:

- Die Evangelisten verkündeten in ihren Schriften über das irdische Wirken jenes Jesus von Nazaret, den sie – weitgehend aufgrund des Ostergeschehens – bereits als den erhöhten und auferstandenen Herrn bekannten und glaubten. Auch wenn sie über das vorösterliche Wirken Jesu schrieben, so konnten sie diese entscheidende österliche „Optik" nicht beiseitelassen: Wer hier sprach, war immer schon der gekreuzigte und auferstandene Herr. Das Osterereignis hat demnach das Denken und Schreiben der Evangelisten entscheidend beeinflusst. Sie verfassen ihre Schriften „unter dem Lichte der Auferstehung" (*sub luce resurrectionis*), also aus (nach-)österlicher Perspektive (vgl. dazu oben → 1.1.5; 3.1.2).
- Der auferstandene Herr hat seiner Nachfolgegemeinschaft seine bleibende Gemeinschaft und Führung in der Kraft des Geistes zugesagt. Die nachösterliche Glaubensgemeinschaft weiß sich nicht allein. Das gilt auch für die Evangelisten. Was ihnen als Beistand des Geistes verheißen ist (vgl. Lk 24,49; Apg 1,8a; Joh 16,13), wird als solcher auch erfahren (vgl. Apg 2; Joh 20,22). Die Verkündigung und sodann die Niederschrift der Botschaft im Blick auf die verschiedenen Kirchen vor Ort (und die vielfach neu nach Ostern gegebenen Voraussetzungen) geschieht in der Kraft dieses göttlichen Geistes, der die Verfasser zu einem „volleren Verständnis" (*pleniora intelligentia*) des Christusgeschehens führt.

„Die Apostel haben nach der Auffahrt des Herrn das, was er selbst gesagt und getan hatte,
ihren [Hörerinnen und] Hörern mit jenem volleren Verständnis überliefert,

das ihnen aus der Erfahrung der Verherrlichung Christi und aus dem Licht des Geistes der Wahrheit zufloss."

Vgl. dazu II. Vatikanisches Konzil, Dogmatische Konstitution über die göttliche Offenbarung *Dei verbum*, Art. 19

Bei einer historisch-orientierten Analyse der Jesusworte in den Evangelien können also zwei Gruppen unterschieden werden:

(1) In der ***ipsissima vox*** **(ureigenes Wort)** Jesu finden wir eine Aussage Jesu, die – abgesehen von der Übertragung in eine andere Sprache – in der ursprünglichen, von Jesus verwendeten Sprachgestalt erhalten geblieben ist.

(2) Im ***Herrenwort*** begegnet uns eine Formulierung, die der Evangelist unter Einfluss des Ostergeschehens in der Kraft des Geistes im Blick auf die neue nachösterliche Verkündigungssituation im Sinne Jesu komponiert. Dieses Wort wurde in der vorliegenden Form nicht selbst von Jesus gesprochen, entspricht jedoch seiner Grundabsicht und dem Grundtenor seiner Verkündigung.

Die **Einordnung dieser Unterscheidung**, die sich in der Exegese als richtiger Zugang zur Frage nach den Jesusworten durchgesetzt hat, sowie vor allem die entsprechende theologische Bewertung sollte verschiedene Gesichtspunkte nicht außer Acht lassen:

- Die Evangelien sind keine Zitatensammlung von Jesusworten, sondern **Verkündigung über Jesus von Nazaret**. Diesen Texten liegt eine andere Geschichtsauffassung zugrunde als jene, der wir uns heute verpflichtet fühlen. Dies gilt auch hinsichtlich des Verständnisses der wortgetreuen Wiedergabe einer Aussage, also eines Zitats. Vergleiche mit der antiken Literatur zeigen, dass in dieser Hinsicht ein sehr ungenauer Umgang mit dem überlieferten Wort geschehen konnte, ohne deshalb von einer „Fälschung" zu sprechen.
- Die frühe Kirche ging mit der Botschaft Jesu keineswegs leichtfertig um (vgl. z.B. Gal 2,2). Die biblischen Schriften zeigen jedoch, dass sich die Verfasserinnen bzw. die Verfasser zu diesem Vorgehen der Ergänzung der Botschaft Jesu legitimiert fühlten.
- Eine Überbewertung der Unterscheidung entspricht nicht dem katholischen Verständnis der Heiligen Schrift. Denn das entscheidende Kriterium ist nicht die Historizität eines Jesuswortes, sondern das

Verständnis der Gesamtheit der Schrift als Gottes Wort in Menschenwort.

All dies bedeutet: Die Unterscheidung von ureigenem Wort Jesu und Herrenwort ist für die Interpretation der entsprechenden Textabschnitte zu beachten, um Missverständnisse und einseitige, falsche Erklärungen zu vermeiden. Sie darf jedoch für das Gesamtverständnis der Jesusworte, vor allem für deren Gewichtung, nicht überbetont und nicht als ein Wertungskriterium herangezogen werden.

• **Ipsissima vox/intentio, ureigenes Jesuswort**	• **Herrenwort**
⇒ **VORösterliche, ursprünglich von Jesus formulierte Worte**	⇒ **NACHösterliche Formulierung der ursprünglichen Absicht Jesu**
Frage der Übersetzung?	– im Lichte der Auferstehung Jesu – in der Kraft des Geistes

Für den gesamten Zusammenhang bleibt zu berücksichtigen, dass das *gesprochene* Wort Jesu schon durch die Niederschrift seine ursprüngliche Situierung (als ein wesentliches Merkmal) verliert. Die Übertragung in andere Sprachen, überdies noch in andere Sprachfamilien zu verschiedenen Epochen, führt zu einer weiteren Relativierung der Ausdrucksintensität. Es wäre also einseitig, wollte man das historische Kriterium überbewerten und die anderen Schwierigkeiten hinsichtlich der Rückfrage nach dem Wort Jesu übersehen.

- **Unterscheidungskriterien**

Nur in allgemeiner Weise kann die exegetische Wissenschaft für die entsprechenden Unterscheidungen Leitlinien aufstellen. Wir sprechen in diesem Zusammenhang von so genannten „weichen“ Kriterien. Diese Lösungsansätze müssen sodann von Fall zu Fall anhand des Einzeltextes kritisch angewendet und überprüft werden:

In „**Kriterien**“ können diese Überlegungen wie folgt zusammengefasst werden:

... Lösungsansätze

1 Divergenzkriterium

Abweichung von der Praxis des Lebensumfeldes Jesu.

Überlegung: Innovation eher bei Jesus von Nazaret als bei der frühen Kirche anzunehmen.

z. B.: „Was Gott verbunden hat, soll der Mensch nicht trennen." (Mk 10,9)

... Lösungsansätze

2 Differenzkriterium

Abweichung vom Verständnis und von der Praxis der nachösterlichen Kirchen.

Überlegung: Überlieferung einer von der urkirchlichen Praxis abweichenden Jesusrede nur wahrscheinlich, wenn tatsächlich die Autorität *Jesu* dahintersteht.

z. B.: „Geht nicht zu den Heiden und betretet keine Stadt der Samariter." (Mt 10,5)

Aramäische Sprachfragmente (Mk 5,41; 7,34; 14,36)

... Lösungsansätze

3 Kriterium der vielfachen Bezeugung

Mehrfache Bezeugung eines Jesuswortes in verschiedenen Traditionen und/oder Gattungen kann auf Ursprünglichkeit schließen lassen.

Überlegung: Traditionsdichte verstärkt Wahrscheinlichkeit des hohen Alters.

z. B.: - Die Worte Jesu zur Ehescheidung (Mt 5,27-32; Mk 10,11-12 par; Lk 16,18);
– Rede Jesu vom guten himmlischen Vater (Mt 5,45-48; 6,25-33; [Vaterunser-Anrede Mt 6,9; Lk 11,2]; Lk 15)

... Lösungsansätze

4 Kriterium der Entwicklungstendenz

Radikalere Fassung eines Jesuswortes ist die ältere/ ist eher die ursprüngliche.

Überlegung: Jesuswort wird in der Überlieferung eher entschärft als radikalisiert.

z. B.: „Jenen Tag und jene Stunde kennt niemand, auch nicht die Engel im Himmel, nicht einmal der Sohn, nur der Vater." (Mk 13,32, diff Mt 24,36; fehlt Lk 21,33)

... Lösungsansätze

5 Kohärenzkriterium

Aus der Bündigkeit eines Jesuswortes mit dem jesuanischen Handeln kann auf den historischen Jesus rückgeschlossen werden.

[nur anwendbar, wo thematische Zusammenhänge zwischen Wort und Handeln Jesu evident sind]

Überlegung: Übereinstimmung zwischen Wort und Handeln im Wirken Jesu

z. B.: „Ich sah den Satan vom Himmel fallen" (Lk 10,18) → bündig mit Exorzismen.

Aufgaben

- Bedenken Sie nochmals die oben als Beispiele für die Problemstellung angeführten Bibeltexte.
- Versuchen Sie unter Anwendung der genannten Kriterien eine Einordnung der Aussagen Jesu.

- **Ipsissima vox** ist demnach dort erkennbar, wo im Vergleich zur zeitgenössischen Sprech- und Denkweise Unterschiede feststellbar sind. Sie zeigt sich des Weiteren in aramäischen Sprachresten, die (in unserem Sinn) zitatmäßig in den Text eingestreut wurden (so z. B. Mk 5,41; 7,34; 14,36). Schließlich kann ein ureigenes Wort Jesu dann angenommen werden, wenn sich die Aussage inhaltlich grundlegend von der praktischen oder theologischen Situation nach Ostern unterscheidet (vgl. z. B. Mt 10,5).

- **Herrenworte** sind durch (inhaltliche) Elemente gekennzeichnet, für die zur Zeit und in der Umwelt Jesu die Voraussetzungen fehlten (vgl. z. B. Mk 10,12). Das Herrenwort lässt den Einfluss späterer Ereignisse oder schon gegebener urkirchlicher Praxis erkennen (so z. B. Mt 28,18-20; Lk 21,20-24). Es ist geprägt von fortgeschrittener theologischer Reflexion (z. B. Joh 6,22-59; Joh 17).

Das unten angefügte, oftmals ebenfalls genannte Kriterium bildet nur *scheinbar* eine Entscheidungshilfe. Denn es ist durchaus möglich, dass jüngere Schriften näher an die historischen Grundlagen heranreichen, als ältere Schriften dies tun. Es kann ja auch angenommen werden, dass sehr alte Überlieferungen über das Wirken Jesu erst später als andere in den Bereich der Verschriftlichung der Botschaft gelangt sind.

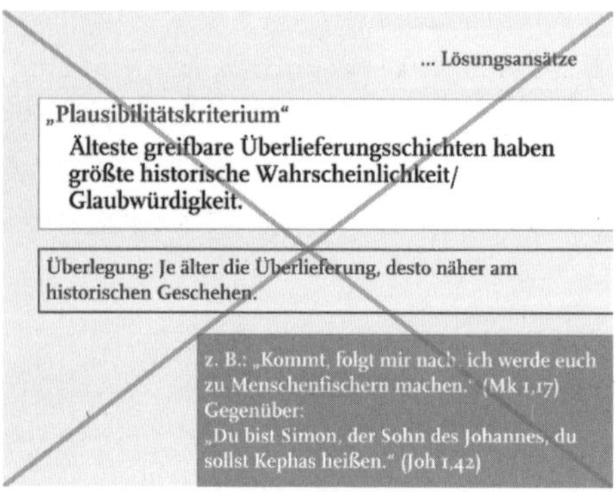

Oder im Bild gesprochen: Eine Quelle entspringt nicht erst dort, wo sie an die Erdoberfläche dringt. Sie kann sehr lange unterirdisch geflossen sein und daher einen längeren Wasserlauf bilden als ein an der Oberfläche erkennbarer Fluss.

Exkurs: Die Worte Jesu zur Ehescheidung – ein Beispiel

Literatur: **D. Instone-Brewer,** Divorce and Remarriage in the Bible: The Social and Literary Context, Grand Rapids 2002; **A. Meinhold,** Scheidungsrecht bei Frauen im Kontext der jüdischen Militärkolonie von Elephantine im 5. Jh. v. Chr.: „Sieben Augen auf einem Stein" (Sach 3,9). Hrsg. v. F. Hartenstein u. a., Neukirchen 2007, 247–259; **W. Kirchschläger,** Ehe und Ehescheidung im Neuen Testament, Wien 1987; **ders.,** Art. Ehescheidung: Neues Bibel-Lexikon I, Zürich 1991, 483–485.

Die vorgestellte Unterscheidung der Jesusworte nach ihrer Entstehung sowie aus einem entsprechenden Befund zu ziehende Schlüsse können am Beispiel der in den ersten drei Evangelien überlieferten Worte Jesu über die Scheidung dargestellt werden. Ein Vergleich der entsprechenden Textabschnitte zeigt, dass die Aussagen nicht gänzlich übereinstimmen. Sie können teilweise nur als einander ergänzend bzw. weiterführend verstanden werden. Die Zusammensicht der entsprechenden Jesusworte bietet die Voraussetzung für die anschließende Erläuterung.

Mt 5,27-32

[27]Ihr habt gehört, dass gesagt wurde: Du sollst nicht ehebrechen.
[28]Ich nun sage euch:
Jeder, der anblickt eine Frau, um sie zu begehren,
hat schon ehegebrochen [mit] ihr in seinem Herz.

[29]Wenn das rechte Auge dich verführt, reiß es aus und wirf [es] von dir;
denn es bekommt dir, dass eines deiner Glieder vernichtet wird und nicht dein ganzer Leib in die Hölle weggeht.

[30]Und wenn deine rechte Hand dich verführt, haue sie ab und wirf [sie] von dir;
denn es bekommt dir, dass eines deiner Glieder vernichtet wird und nicht dein ganzer Leib in die Hölle weggeht.

[31]Es wurde aber gesagt: Wer entlässt seine Frau, der gebe ihr den Scheidebrief.

	Lk 16,18
[32a]Ich nun sage euch:	
Jeder, der entlässt seine Frau,	[18]Jeder, der entlässt seine Frau
	und heiratet eine andere,
[32b]abgesehen aufgrund von Unzucht,	
[32c]macht, dass sie ehebricht,	bricht Ehe,
und wer immer eine Entlassene heiratet, bricht Ehe.	und der eine vom Mann Entlassene heiratet, bricht Ehe.

Mt 19,9	**Mk 10,11-12**	**Lk 16,18**
[9a]Ich sage euch aber:	[11]Und er sagt ihnen [den Jüngerinnen und Jüngern]:	
Wer immer seine Frau entlässt,	Wer immer seine Frau entlässt	[18]Jeder, der entlässt seine Frau
[9b]außer bei Unzucht,		
[9c]und eine andere heiratet,	und eine andere heiratet,	und heiratet eine andere,
bricht Ehe.	bricht Ehe gegenüber ihr.	bricht Ehe,
		und der eine vom Mann Entlassene heiratet,
	[12]Und wenn sie selbst ihren Mann entlässt und heiratet einen anderen, bricht die Ehe.	bricht Ehe.

Aufgaben

- Unterstreichen Sie mit einer ersten Farbe die Gemeinsamkeiten zwischen Mt 5 und Lk 16;
  mit einer zweiten Farbe die Übereinstimmungen zwischen Mt 19 und Mk 10;
  mit einer dritten Farbe auch die Gemeinsamkeiten zwischen Mt 5 und Mt 19.
- Überlegen Sie, welche inhaltliche Bedeutung die jeweiligen Unterschiede in der Formulierung mit sich bringen.
- Unterstreichen Sie mit einer weiteren Farbe jede Verwendung des Wortfeldes „Ehebruch"/„die Ehe brechen". Beachten Sie, welches Verhalten damit jeweils beschrieben wird.

Erste **Beobachtungen zu den Textabschnitten** können auf ihre Besonderheiten verweisen:

- In Mt 5 wird Ehescheidung zu Ehebruch in Beziehung gesetzt. Die Argumentation zeigt, dass Scheidung als eine Form von Ehebruch verstanden wird und daher als verboten gilt. Mt 5,32b ist jedoch eine Ausnahme formuliert.
- Lk 16 sowie Mk 10 und Mt 19 ist das entsprechende Verbot in ähnlicher Weise formuliert. Wir beobachten jedoch, dass in Mt 19,9b erneut eine ähnlich lautende Ausnahme vermerkt ist wie in Mt 5,32. Weiters fällt auf, dass Mk 10,12 das Verbot im Blick auf eine entsprechende Initiative der Frau ausgesprochen wird.

Hinsichtlich einer entsprechenden (historischen) Einordnung der hier überlieferten Jesusworte ergibt sich folgender **Befund**:

- Hinter der Aussage von Mk 10,11; Mt 19,9 sowie Mt 5,32 und Lk 16,18 verbirgt sich die *ipsissima vox* Jesu. Denn die Aussage unterscheidet sich deutlich von der Denkweise der Umgebung Jesu. Da sie überdies einen sehr bedeutsamen Bereich betrifft, ist es unwahrscheinlich, dass sich erst die frühe Kirche diesbezüglich von ihrer Umgebung abheben wollte.
- Die Fassung Mk 10,11 und Lk 16,18 lässt auch erkennen, dass die in den Mt-Texten zusätzlich formulierten Ausnahmen nicht in dieser ursprünglichen Weisung enthalten waren; dies wäre eine markante Abweichung gegenüber der sonstigen Spruchpraxis Jesu, die keine

Einschränkungen kannte. Ein genauer Wortlaut ist also kaum mehr rekonstruierbar; eindeutig lässt sich jedoch die **Absicht Jesu** erschließen.

- Der Verfasser des MtEv hat die Weisung Jesu mit einer weiterführenden, offensichtlich auf die Gegebenheiten (und Nöte) seiner Kirche zielenden Ergänzung versehen, die eine Ausnahme konstituiert (Mt 5,32b; 19,9b). Diese Ausnahme scheint auf den ersten Blick im Widerspruch zur Weisung Jesu zu stehen; wird sie jedoch eingeordnet in die Gesamtbotschaft über das Wirken Jesu – also auch über sein Verhalten gegenüber Menschen, die angesichts des Anspruchs Gottes in Not und Schuld geraten sind –, so ist erkennbar, dass Zuwendung und die Möglichkeit eines Neuanfangs, wie er hier angedeutet wird, der Grundabsicht Jesu entsprechen.

Für diese Ergänzung hatte der Evangelist vermutlich gute Gründe, die wohl mit seiner Kirchensituation zusammenhängen. Im Einzelnen kennen wir sie nicht mehr. Mt 16,19 und vor allem Mt 18,18 lassen erkennen, dass er sich zu einem solchen Vorgehen legitimiert erachtete.

[Der Apostel Paulus hat gegenüber der Kirche von Korinth durch die Formulierung einer Sonderregelung für religionsverschiedene Ehen ähnlich gehandelt. Er kennzeichnete diese Regelung ausdrücklich als seine Weisung, nicht als ein Gebot des Herrn, schränkte aber zugleich ihre Bedeutung in keiner Weise ein. Siehe dazu 1 Kor 7,12-16. Dieses „privilegium paulinum" wird auch heute noch im katholischen Eherecht gehandhabt (vgl. Can. 1143 CIC/Kirchenrecht 1983)].

- Für die Fragestellung in diesem Abschnitt ist vor allem von Bedeutung, dass der Evangelist das in diesem Fall formulierte Herrenwort ohne Abhebung oder Kennzeichnung nahtlos an das überlieferte ureigene Wort Jesu anschließt. Dies verweist auf das Selbstverständnis des Verfassers und auf seinen Umgang mit der Botschaft Jesu.
- Auch der Verfasser des MkEv schließt an die ursprüngliche Weisung Jesu (Mk 10,11) ein Herrenwort an, das diese Weisung in eine neue Richtung ergänzt, für die im Verkündigungsumfeld Jesu die Notwendigkeit fehlte: Während es im Judentum kaum gebräuchlich war, dass eine Frau hinsichtlich der Scheidung einer Ehe initiativ werden konnte, ist dies im hellenistisch-heidnischen Milieu möglich gewe-

sen. In Treue zur Absicht Jesu (und teilweise sogar im gleichen Wortlaut) formuliert der Evangelist daher die Weisung Jesu auch im Blick auf das Handeln einer Frau. Auch hier erkennen wir, dass ureigenes Wort Jesu und Herrenwort nahtlos als die Weisung gebende Rede Jesu aneinandergefügt sind.

Aus diesen Beobachtungen ergibt sich die **Folgerung**, dass jede Erläuterung der Worte Jesu über die Ehescheidung den **Gesamtbefund der Überlieferung** berücksichtigen muss und nicht bei der isolierten Sicht nur eines Wortes stehen bleiben darf.

3.3.2 Die Überlieferungsformen der Jesusworte

- Jesus von Nazaret hat nach der Art und Weise der Rabbinen seiner Zeit gepredigt. Er bediente sich also vielfach eines **kurzen, sentenzenhaften Redestils**, sodass seine Sprüche leicht einprägsam waren und von seinen Zuhörerinnen und Zuhörern leicht im Gedächtnis behalten werden konnten. Die Verkündigung Jesu orientierte sich also an so genannten „mnemotechnischen" Grundsätzen. Dazu gehört eine einprägsame, teilweise auch rhythmische Sprache. Um diese Sprüche als „Kernsätze" konnte sich sodann die Verkündigung (in Wort *und/oder* Tat) entfalten. Als Beispiele können genannt werden: Mk 1,15; 2,17; 2,28 usw.

Neben dieser Art der Verkündigung verwendete Jesus sehr häufig die **Gleichniserzählung** zur Verdeutlichung seiner Botschaft. Die Wortverkündigung Jesu war so gestaltet, dass die zuhörenden Menschen schon nach den ersten Worten oder Sätzen erkennen konnten, welche Art der Unterweisung sie nun erwartete.

- Als **Anlass für die Formulierung** von Sprüchen (oder: *Logien*) und für die Entwicklung von Gleichnissen dienten konkrete Situationen in der Jüngerbelehrung, in der Auseinandersetzung mit den Gegnern, oder die Verkündigung im Synagogengottesdienst.

- Die Verfasser der Evangelien haben die vielfältigen **literarischen Eigenheiten** der ihnen überlieferten Worte Jesu wohl bewahrt. Daher

Sieger Köder in: G. Lohfink, Jetzt verstehe ich die Bibel,
© Verlag Katholisches Bibelwerk GmbH, Stuttgart 1973, 63

Sieger Köder, ebd.

ist es wichtig, für das Verstehen eines Jesuswortes seine Eigenart und seinen Charakter zu berücksichtigen. Diese bleiben auch dann erhalten, wenn das Jesuswort von den Evangelisten in verschiedener Weise in ihre Evangelienschrift eingebaut und weitergegeben wurde. Bleibt diese literarische Eigenart nicht gewahrt, besteht die Gefahr der Einebnung der entsprechenden Texte und damit der Nivellierung und Falschinterpretation ihrer Aussage.

Die **Grundvarianten dieses Überlieferungsprozesses** werden im Folgenden vorgestellt.

- **Einzelüberlieferung eines Spruches**

Die Einzelüberlieferung eines Spruches ist ein sehr häufiges und zugleich sehr vielfältig abgewandeltes Vorgehen: Ein Wort Jesu wird an einer bestimmten Stelle des Evangeliums in einer ganz bestimmten Erzähl- oder Sprechsituation eingebaut.

> ➢ **Einzelsprüche**
>
> - **Geprägt von der Sprechsituation und den AdressatInnen**
> - **Eingeteilt nach Inhalt und/oder rahmender Situation**
> - **Zu verstehen als Kernaussagen [„Motto“] der Jesusrede, die jeweils kommentiert wird**
> - **Mehrfache Verwendung in der Jesusverkündigung nicht auszuschließen**
> - **In der Überlieferung des Öfteren zusammengestellt zu Spruchkompositionen**

Je nach Inhalt und rahmender Situation können die überlieferten Sprüche eingeteilt und entsprechend bezeichnet werden. Als Beispiele können genannt werden:

Weisheitsspruch	z. B.	Mk 2,17; Lk 4,23
Nachfolgespruch		Mk 8,34; Lk 14,26.27.33
Jüngerinnen- und Jüngerbelehrung		Mk 7,18-19
Steitgespräch		Mk 12,18-27
Gerichts-/Entscheidungsspruch		Mt 5,20; Lk 11,31-32
usw.		
Gleichnisse		

- **Spruchfolgen**

Die Einzelsprüche können auch zu Spruchfolgen mittelbar oder unmittelbar verbunden werden. Dabei werden mehrere Jesussprüche im Zuge der Überlieferung der Worte Jesu zu einer größeren zusammenhängenden Einheit verbunden. Dies geschieht in der Regel auf der Grundlage einer assoziativen thematischen Verknüpfung, also der Zuordnung der Einzelsprüche zu einem (übergeordneten) Thema.

Diese Spruchfolgen können **monologisch** oder **dialogisch** gestaltet sein.

monologisch

Nach *einer* Redeeinleitung werden einzelne unabhängig voneinander gesprochene Jesusworte (hier im Druck gekennzeichnet) ohne Unterbrechung aneinandergereiht, sodass der Einruck einer durchgehenden Spruchfolge („Rede“) entsteht. Die redaktionelle Verknüpfung dabei (im Beispiel: „Denn …“) ist minimal.

dialogisch

Die Abfolge einzelner (unabhängig voneinander gesprochener) Jesusworte wird szenisch als (mehrstufiger) Dialog (hier) mit verschiedenen Personen gestaltet. Dabei kann die Initiative zum Gespräch auch wechseln. Der Jesusspruch wird als die das Thema klärende Aussage dargestellt.

… z. B. monologisch

„[34]Und herbeirufend die Volksmenge mit seinen Jüngerinnen und Jüngern,
sprach er zu ihnen:
Wenn einer will hinter mir nachfolgen,
soll er sich selbst verleugnen und tragen sein Kreuz und mir nachfolgen!

[35]Denn wer immer will sein Leben retten, verlieren wird er es;
wer aber verlieren wird sein Leben wegen meiner und des Evangeliums,
retten wird er es.

[36]**Denn** was nützt es,
dass ein Mensch gewinnt die ganze Welt
und bestraft wird an seinem Leben? [37]
Denn was könnte geben ein Mensch als Gegenwert seines Lebens?

[38]**Denn** wer immer sich schämt meiner und meiner Worte
in diesem ehebrecherischen und sündigen Geschlecht,
auch der Sohn des Menschen wird sich schämen seiner,
wann er kommt in der Herrlichkeit seines Vaters mit den heiligen Engeln.“

Mk 8,34-38

… z. B. dialogisch

„[57]Und als sie gingen auf dem Weg,
sprach einer zu ihm: **Ich will dir folgen, wo immer du hingehst.**
[58]Und (es) sprach zu ihm Jesus:
Die Füchse haben Höhlen und die Vögel des Himmels Nester,
der Sohn des Menschen aber hat nicht(s), wohin er den Kopf lege.

[59]Er sprach aber zu einem anderen: **Folge mir!**
Der aber sprach: **[Herr], erlaube mir, fortgehend zuerst,**
zu begraben meinen Vater.
[60]Er sprach aber zu ihm: **Lass die Toten begraben ihre Toten,**
du aber, weggehend, zeig an die Königsherrschaft Gottes.

[61](Es) sprach aber auch ein anderer: **Folgen werde ich dir, Herr;**
zuerst aber erlaube mir, mich zu verabschieden von denen in meinem Haus.
[62](Es) sprach aber [zu ihm] Jesus:
Kein die Hand an (den) Pflug Legender und nach hinten Sehender
ist tauglich für die Königsherrschaft Gottes.“

Lk 9,57-62

Die jeweilige gestalterische („redaktionelle“) Tätigkeit kann sowohl in der vor-evangelischen Phase der Überlieferung oder auch durch den Evangelisten selbst erfolgt sein.

Als weitere Beispiele vgl.: Mt 9,14-15.16.17; Lk 14,25-27.28-30.31-32.33.34-35; usw.

Aufgaben

- Lesen Sie die genannten Spruchfolgen und fragen Sie nach dem übergeordneten Thema;
  nach dem Aussageziel jedes einzelnen Jesusspruches.
- Machen Sie sich die unterschiedliche Stoßrichtung (Aussageabsicht) der einzelnen Sprüche bewusst.

- **Redekomposition**

Die Sprüche Jesu können zu (längeren) „Reden“ komponiert werden. In diesen Redekompositionen werden Aussagen zu einem thematischen Bereich zumeist mittels Stichwortverknüpfung zusammengefügt. Wir können davon ausgehen, dass Jesus keine der uns in den Evangelien überlieferten Reden in der vorliegenden Form tatsächlich gehalten hat, sondern dass diese Reden eine spätere literarische Komposition darstellen, in der im Blick auf die (thematisch bezogene) Verkündigung Worte Jesu um einen inhaltlichen Leitfaden gruppiert wurden. Eine genauere Analyse der einzelnen Redeüberlieferungen kann zeigen, dass dieser Befund zutrifft. Denn es fällt auf, dass einzelne in den Redekompositionen enthaltene Sprüche von den Evangelisten an verschiedener Stelle und in unterschiedlichen Sprechsituationen wiedergegeben werden. Die Evangelisten haben also Jesusworte miteinander verbunden bzw. an entsprechender Stelle in ihr Evangelium eingebaut.

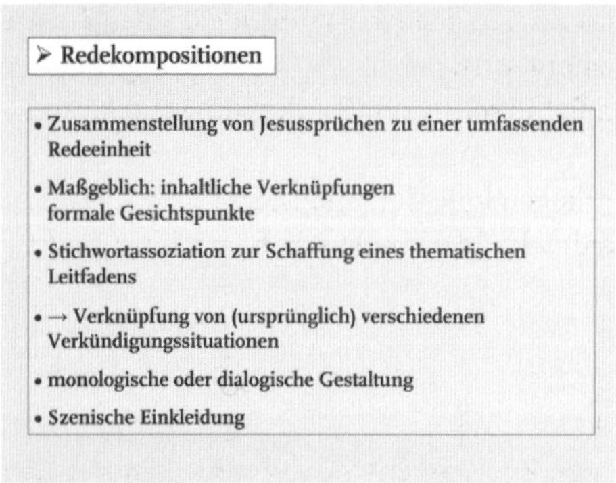

Bei diesen Redekompositionen ist insbesondere zu beachten, dass den einzelnen Sprüchen oft eine unterschiedliche Sprech- und Aussageabsicht zugrunde liegt und dass sie aus verschiedenen Überlieferungsschichten stammen können. Es ist also wichtig, eine Redekomposition nicht einfach als durchgehende „Rede“ zu lesen, sondern auch den in der Textzusammenstellung gegebenen Wechsel von Sprechgattung und Aussageabsicht zu berücksichtigen.

Exkurs: Die Bergpredigt als Redekomposition (Mt 5–7)

LITERATUR: **I. Broer**, Jesus und die Tora: **L. Schenke u. a.**, Jesus von Nazaret – Spuren und Konturen, Stuttgart 2004, 216–254; **J. Lambrecht**, Ich aber sage euch. Die Bergpredigt als programmatische Rede Jesu, Stuttgart 1984; **F. Zeilinger**, Zwischen Himmel und Erde. Ein Kommentar zur „Bergpredigt“ Mt 5–7, Stuttgart 2002.

An dieser Redekomposition können die entsprechenden Textmerkmale aufgezeigt und die sich daraus ergebenden Folgerungen für das Textverständnis gezogen werden.

Aufgaben

- Lesen Sie Mt 5–7 (oder orientieren Sie sich zumindest über diesen Bibeltext, bevor Sie hier weiterlesen).
- Zur Lektüre des folgenden Exkurses halten Sie den Bibeltext bereit.

Für die in der Bergpredigt vorliegende Redekomposition sind vor allem formale, literarische und inhaltliche Merkmale von besonderer Bedeutung:

- **Formale Eigenheiten**

Die einzelnen Sprüche und ihre Zusammenstellung weisen **besondere Eigenheiten** auf:
- Die Sprüche sind in sich abgeschlossen. Dies gilt z. B. für jede einzelne Seligpreisung (Mt 5,3-12) oder für das Bildwort vom Salz (Mt 5,13) und jenes vom Licht (Mt 5,14-16). Der Sprechkontext ist für diese Aussagen nicht unmittelbar gefordert.
- Zwischen den Sprüchen stehen keine Bindeglieder (neuerliche Redeeinleitungen; rhetorische Fragen), sondern sie sind auch literarisch nahtlos aneinandergereiht. Die Einzelsprüche werden auch nicht szenisch eingekleidet; maßgeblich bleibt die in der Einleitung (Mt 5,1-2) skizzierte (fiktive) Sprechsituation.

Formale Beobachtungen

- Sprüche in sich abgeschlossen, können auch für sich allein stehen, sind nicht abhängig von/nicht eingebunden in den unmittelbaren Kontext.
- Sprüche sind nicht durch Verknüpfungselemente miteinander verbunden; *mono*logische Abfolge.
- Sprüche sind einzeln und an verschiedenen Stellen in den Bibeltexten überliefert.
- Sprüche sind thematisch und/oder formal zusammengefasst und angeglichen; strikte Systematik in Aufbau und/oder Gedankengang.

- Die einzelnen Sprüche wurden vielfach einzeln und an verschiedener Stelle überliefert. Ein Überblick über die Spruchfolge in der Bergpredigt sowie über die entsprechenden Parallelstellen in den anderen Evangelien kann dies zeigen:

Bergpredigt Mt 5–7	**Rede am Fuße des Berges Lk 6**	**andere Parallelen im LkEv**	**Parallelen im MkEv**	**Parallelen im MtEv**
Mt 5,1-2	Lk 6,17a.20a			
Mt 5,2-12	Lk 6,20b-23			
Mt 5,13-16		Lk 14,34-35; Lk 8,16	Mk 9,49-50; Mk 4,21	
Mt 5,17-20		Lk 16,16-17		
Mt 5,21-48	Lk 6,29-30; Lk 6,27.28.32-36	Lk 12,57-59; 16,18	Mk 9,47-48.43; Mk 10,11	Mt 19,9
Mt 6,1-18		Lk 11,1-4		
Mt 6,19–7,11	Lk 6,37-42	Lk 12,33-34; 11,34-36; 16,13; 12,22-32; 11,9-13		
Mt 7,12	Lk 6,31			
Mt 7,13-14		Lk 13,23-24		
Mt 7,15-20. 21-23	Lk 6,43-45.56	Lk 13,25-27		Mt 12,33-35
Mt 7,24-27	Lk 6,47-49			
Mt 7,28-29		Lk 4,32	Mk 1,22	

Neben den Parallelen in der lukanischen Rede am Fuße des Berges begegnen einzelne Sprüche in teilweise veränderter Formulierung auch an anderen Stellen in den Evangelien. Dies ist ein wichtiger Hinweis für die auswählende und sodann die Rede komponierende Tätigkeit des Evangelisten.

– Die Sprüche sind teilweise thematisch und/oder formal zusammengefasst, und sie bieten fallweise eine strikte Systematik in Aufbau und Gedankengang. Als Beispiele dafür können die Seligpreisungen (Mt 5,3-12), die neuen Thesen (Mt 5,21-47), das Doppelbildwort (Mt 5,13.14-16) oder die Anweisungen für das Wirken im Verborgenen (Mt 6,1-18) angeführt werden.

• **Literarische Eigenheiten**

In der Verbindung der einzelnen Sprüche geschieht eine Verknüpfung **verschiedener literarischer Gattungen**. In diesem Zusammenhang ist das Prinzip der Textauslegung zu beachten, dass jeder Text entsprechend seiner ursprünglichen Absicht zu verstehen ist. Dementsprechend sind die Eigenheiten der Einzelsprüche bei der Lektüre zu beachten. Eine

Redekomposition kann daher nicht einfach „linear“ gelesen werden. Folgende wichtige Gattungen können in der Bergpredigt identifiziert werden:

Heilszusage Mt 5,3-12
[Prophetische] Gesetzesworte/Weisung Mt 5,21-47
Gleichnisse Mt 5,13.14-16; 7,24-27
Gerichtsworte (Einlasssprüche) Mt 5,18.19.20; 7,21
Sendungsworte Mt 5,17
Beispielhafte Anweisungen Mt 6,1-18
Imperative Mt 5,48; 6,19.20; 7,1; 7,6; 7,13; 7,15
Weisheitsworte Mt 7,12

Es ist einsichtig, dass eine Heilszusage einen anderen Aussagecharakter hat als ein Gerichtswort und daher auch anders zu lesen und zu verstehen ist. Mit der gewählten Ausdrucksform vermittelt der Verfasser auch eine je andere Absicht.

- **Inhaltliche Eigenheiten/Übergeordnetes Leitthema**

Die Redekomposition ist unter maßgeblicher Beachtung eines thematischen Leitfadens zusammengestellt. Um diesen Leitfaden zu erkennen, ist sowohl der Text selbst als auch sein Umfeld (der Textzusammenhang) genau zu beachten. Durch die Situierung der Komposition gibt der Verfasser Aufschluss über seine mit dieser Zusammenstellung verbundene Absicht. Ein Überblick über den weiteren und engeren Kontext der Bergpredigt sowie über die Rahmenverse kann den thematischen Leitfaden der Bergpredigt erkennen lassen (siehe Seite 219). Dieser Befund wird durch einen kursorischen Blick durch die Bergpredigt ergänzt und vervollständigt.

- Mit **Mt 4,12-25** stehen wir am Beginn der Darstellung des Wirkens Jesu. Dabei ist auffallend, dass Jesus die Tätigkeit des Täufers fortsetzt und dessen Verkündigung vom Anbruch der *basileia* – hier erstmals im Munde Jesu formuliert – aufgreift (vgl. dazu Mt 3,2).

Nach dem Wort über die *basileia* vernehmen wir nichts Inhaltliches über die Königsherrschaft Gottes. Hingegen erzählt der Evangelist eine zweiteilige Berufungserzählung, die von Bereitschaft und Nachfolge bestimmt ist (Mt 4,18-22). Durch die Stellung des Abschnittes macht der Verfasser deutlich, dass das Erzählte etwas mit *basileia* zu tun hat.

Summarisch werden die Leserin und der Leser an die Mitte des Wirkens Jesu erinnert (Mt 4,23): Es geht um die Verkündigung der *basileia*; dies geschieht durch Lehren und Heilen. Eine inhaltliche Verdeutlichung gibt der Verfasser neuerlich nicht. Das soeben allgemein formulierte Stichwort „heilen" (Mt 4,23) wird nun umfassend, aber neuerlich summarisch, entfaltet. Verkündigung der *basileia* bedeutet also (zunächst) die Gegenwärtigsetzung von Gottes Heil in den Kranken.

- In **Mt 5,1-2** ist die angedeutete Sprechmotivation zu beachten: Anlass für die Lehre Jesu sind die Volksscharen, die Jesus aufgrund der summarischen Hinweise auf Heilen und Lehren als Verkündigung der *basileia* nachgefolgt sind. Die feierliche Redeeinleitung kennzeichnet die Bedeutsamkeit der folgenden Worte im Munde Jesu.
- Schon der erste Spruch der Bergpredigt (**Mt 5,3**) gibt deutlich das Thema an. Es geht um die Frage nach der *basileia*. Dabei werden verschiedene Gesichtspunkte angesprochen: Zunächst die Zusage der *basileia* (5,3-12); sodann die Frage nach der Lebensordnung und -haltung angesichts der Verwirklichung von *basileia* (5,13-48; 6,1-18); die Priorität der *basileia* vor allen anderen Werten (6,19-34); der dringende Ernst der *basileia* (5,20; 7,21).

Es zeigt sich also: Unter dem Leitfaden der *basileia* werden verschiedene Sprüche zusammengestellt. Nachdem die Leserin und der Leser mehrfach auf diesen Schwerpunkt der Jesusverkündigung hingewiesen wurde, erfährt sie/er jetzt deren inhaltliche Dimension und Entfaltung.

- Die Abschluss- und Überleitungsverse (**Mt 7,28-29; 8,1-2**) kennzeichnen die Bedeutung der vorangehenden Aussagen. Nochmals wird ihr Charakter als eine Lehre in Vollmacht (vgl. Mt 5,2 sowie Mt 4,23) in Erinnerung gerufen. Diese Lehre macht die Volksscharen betroffen, obwohl sie den Menschen intensiv herausfordert. Dennoch wird die Botschaft angenommen: Der Evangelist zeigt die Volksscharen weiter in der Nachfolge Jesu. Nach der exemplarischen Wortverkündigung über die *basileia* wird sie nun ebenso exemplarisch im Handeln Jesu gegenwärtig gesetzt – wie die Textabfolge Mt 8,1–9,34 zeigen kann.

„4,12Da er [Jesus] aber hörte, dass Johannes ausgeliefert worden war,
zog er sich zurück nach Galiläa ...

17Von da an begann Jesus zu verkündigen und zu sagen:

Nahegekommen ist die ***basileia*** der Himmel.

… [4,20]Diese aber, sogleich verlassend ihre Netze, *folgten ihm nach* …
[22]Diese aber, sogleich verlassend das Boot und ihren Vater, *folgten ihm nach.*

[23]Und er zog umher in ganz Galiläa,
lehrend in ihren Synagogen
und verkündigend das Evangelium der ***basileia***
und heilend jede Krankheit und jedes Leiden im Volk.

[24]Und wegging sein Ruf nach ganz Syrien.
Und sie brachten zu ihm alle,
die litten an verschiedenen Krankheiten
und die behaftet waren mit Gebrechen
und Besessene
und Mondsüchtige
und Gelähmte,
und er heilte sie.
[25]Und es *folgten ihm nach* große ***Volksscharen***
von Galiläa
und der Dekapolis
und Jerusalem
und Judäa
und jenseits des Jordan.

[5,1]Da er aber die ***Volksscharen*** sah,
stieg er hinauf auf den Berg;
und da er sich setzte, traten zu ihm seine Jünger;
[2]und öffnend seinen Mund, lehrte er sie, sagend:

> [3]Selig die Armen der Geisteshaltung nach: Denn ihnen gehört die ***basileia*** der Himmel …
> [10]Selig die um der Gerechtigkeit willen Verfolgten: Denn ihnen gehört die ***basileia*** der Himmel.
>
> [20]Wenn eure Gerechtigkeit nicht überfließt mehr als die der Schriftgelehrten und der Pharisäer, werdet ihr nicht hineingehen in die ***basileia*** der Himmel. → Mt 5,21-47
>
> [6,33]Suchet zuerst die ***basileia*** Gottes und ihre Gerechtigkeit,
> und dies alles wird euch hinzugegeben werden.
>
> [7,21]Nicht jeder, der zu mir sagt: Herr, Herr,
> wird hineingehen in die ***basileia*** der Himmel,
> sondern wer den Willen meines Vaters im Himmel tut.

[7,28]Und es geschah: Als Jesus diese Worte vollendet hatte,
gerieten die Volksscharen außer sich über seine Lehre.
[29]Denn er lehrte sie wie Vollmacht habend und nicht wie ihre Schriftgelehrten.
[8,1]Da er aber herabstieg vom Berg, *folgten ihm nach* große ***Volksscharen.***
[2]Und siehe: ein Aussätziger …“

3.3.3 Die Gleichnisse in der Jesusverkündigung

LITERATUR: **P. Dschulnigg**, Rabbinische Gleichnisse und das Neue Testament. (JudCh 12), Bern 1988; **K. Erlemann**, Gleichnisauslegung. Ein Lehr- und Arbeitsbuch. (UTB für Wissenschaft 2093), Tübingen 1999; **O. Knoch**, Wer Ohren hat, der höre. Die Botschaft der Gleichnisse Jesu, Stuttgart 1983; Kompendium der Gleichnisse Jesu. Hrsg. v. R. Zimmermann u.a., Gütersloh 2007; **M. Reiser**, Sprache und literarische Formen des Neuen Testaments. (UTB für Wissenschaft 2197), Paderborn 2001, 141–148; **H. Schürmann**, Jesus. Gestalt und Geheimnis, Paderborn 994, 136–156; Themenheft Die Gleichnisse Jesu: BiKi 63 (2008), Heft 2; **W. Kirchschläger**, Die Gleichnisse in den vier Evangelien: Ebd. 81–88.

Besonders die ersten drei Evangelien enthalten im Kontext der Verkündigung Jesu zahlreiche Gleichnisse. Die Gleichnisüberlieferung bildet neben den Sprüchen einen wesentlichen Teil der Botschaft Jesu. Jesus konnte sich bei der Verkündigung in Gleichnissen zwar auf eine eingeführte Sprechgattung beziehen. Allerdings kommen Gleichnisse in keiner Schriftengruppe der jüdischen Tradition in jener Häufigkeit vor, wie wir sie in den Evangelien finden. Überdies hat Jesus dieser Verkündigungsform eigene Züge gegeben. Eine Zusammenstellung kann die große Zahl und die Vielfalt der Gleichnisse Jesu verdeutlichen:

		Mk	**Mt**	**Lk**
Alle Synoptiker	Sämann	4,3-9	13,3-9	8,5-8
	Senfkorn	4,30-32	13,31-32	13,18-19
	böse Winzer	12,1-11	21,33-44	20,9-18
	Feigenbaum	13,28-29	24,32-33	21,29-31
Nur Mk	Wachsen der Saat	4,26-39		
	Türhüter	13,34-36		
Q	Weg zum Richter		5,25-26	12,58-59
	Hausbau		7,24-27	6,47-49
	spielende Kinder		11,16-19	7,31-35
	Rückkehr der unreinen Geister		12,43-45	11,24-26
	Sauerteig		13,33	13,20-21
	verlorenes Schaf		18,12-14	15,4-7
	königliches Hochzeitsmahl		22,2-14	14,16-24
	wachsamer Hausherr		24,43-44	12,39-40
	treuer und schlechter Knecht		24,45-51	12,42-46
	Talente/Minen		25,14-30	19,12-27

		Mk	Mt	Lk
Mt-Son-	Unkraut unter dem		13,24-30	
dergut	Weizen		13,44	
	Schatz		13,45.46	
	Perle		13,47-50	
	Fischnetz		13,51-52	
	Hausvater		13,23-35	
	unbarmherziger Gläu-		20,1-16	
	biger		21,28-32	
	Arbeiter im Weinberg		25,1-13	
	ungleiche Söhne		25,31-46	
	zehn Mädchen			
	Weltgericht			
Lk-Son-	zwei Schuldner			7,41-43
dergut	barmherziger Samariter			10,30-37
	bittender Freund			11,5-8
	törichter Reicher			12,16-21
	wachende Knechte			12,35-38
	unfruchtbarer Feigen-			13,6-9
	baum			
	verschlossene Tür			13,24-30
	Bescheidenheit			14,8-11
	rechte Gäste			14,12-14
	Turmbau			14,28-30
	Kriegführen			14,31-32
	verlorene Drachme			15,8-10
	verlorene Söhne			15,11-32
	kluger Verwalter			16,1-8
	reicher Mann/armer			16,19-31
	Lazarus			
	unwürdiger Knecht			17,7-10
	gottloser Richter			18,1-8
	Pharisäer und Zöllner			18,9-14

- **Zum Verständnis der Gleichnisrede**

– Die Sprechform in Gleichnissen ist in den Versuch einzuordnen, **über Gott** nachzudenken und dies **mittels der menschlichen Sprache zu formulieren**. Dabei begegnet der Mensch der Erfahrung der Begrenztheit seiner Ausdrucksmöglichkeiten, und er sucht nach neuen, anderen Wegen, um diese Begrenztheit seiner Kommunikationsfähigkeit auszugleichen. Ein hier vielfach beschrittener Weg ist die Rede in Gleichnissen.

Es ist einsichtig, dass die menschliche Sprache, die als Kommunikationsform im zwischenmenschlichen Bereich entwickelt wurde, für ein adäquates Sprechen über Gott unzulänglich bleibt. Mit diesem Problem muss sich Theologie immer wieder auseinandersetzen, und dies gilt auch für die biblischen Verfasserinnen und Verfasser.

In der Bibel finden wir neben der Gleichnisrede auch andere Versuche, diese Schwierigkeit zu überwinden: Über Gott und über sein Handeln wird in anthropomorpher Weise gesprochen (d.h.: menschliche Kategorien werden auf Gott übertragen); Aussagen über Gott werden immer wieder – gleichsam sie einschließend – ausgedrückt (Konzentrik); vielfach begegnen wir Formulierungen im Vergleich (wie ...).

- Aus diesen Bemühungen und Überlegungen ist die grundsätzliche **Tendenz der Gleichnisrede** zu erkennen: Das Gleichnis dient der besseren Verständlichkeit der Rede über Gott. Mittels eines Vergleichs aus dem Alltags- oder dem Naturbereich, der – normalerweise – für die Hörerin und den Hörer bzw. für die Leserin und den Leser ohne Schwierigkeiten einsichtig ist, wird eine religiöse Aussage verständlich bzw. verstehensmäßig zugänglich gemacht.

Die Gleichnisse Jesu sind thematisch mit dem Lebensraum seiner Zeit verbunden. Die Bildwelt der Erzählungen entspricht der Umgebung der Zuhörerinnen und Zuhörer. So ordnen sich die Vergleiche aus dem landwirtschaftlichen Leben, aus Ackerbau und Weidebetrieb in den unmittelbaren alltäglichen Erfahrungsbereich der Menschen in Galiläa ein. Dies gilt auch für die zahlreichen Gleichnissse, die von einem Gast- oder Festmahl sprechen und damit auf den Stellenwert der Gastfreundschaft und der mit einem Mahl verbundenen Feierlichkeit anspielen. Weil es das Ziel der Gleichnisrede ist, zur Verständlichkeit schwieriger Aussagen beizutragen, ist diese Einbettung in den Alltag unumgänglich.

- **Andere Deutungen für der Gleichnisrede** entsprechen einem besonderen christologischen Interesse der Evangelisten, das sodann in ihr Gesamtverständnis der Botschaft Jesu einzuordnen ist. So wird das Sprechen über die Verstockung, Blindheit und Taubheit des Volkes

Israel (Jes 6,9-10) nach Ostern im Rückblick auf das Verhalten der Menschen gegenüber der Botschaft Jesu gedeutet und mit einer entsprechenden Absicht Jesu in Beziehung gesetzt (vgl. Mk 4,12 par Mt 13,14-17). Ähnlich verhält es sich mit dem johanneischen Verständnis: „Verhüllte Rede“ in Gleichnissen ist ein Zeichen des vorösterlichen Unverständnisses der Jüngerinnen und Jünger. Erst in der Kraft des österlichen Geistes – so deutet der Evangelist – ist es möglich, die Botschaft Jesu in vollem Sinne zu begreifen (vgl. Joh 16,25 mit Joh 16,13). Beide Interpretationsmodelle müssen im Zusammenhang der Theologie der Evangelisten gesehen werden und erhalten nur darin ihre Berechtigung. Es wäre verengend, sie als die Leitlinie der Gleichnisinterpretation heranzuziehen.

– Schon die **Jüdische Bibel** enthält da und dort **Gleichnisüberlieferungen** (vgl. z.B. Jes 5,1-6). Diese Sprechform wird sehr hoch eingeschätzt (vgl. Ps 78,2; Sir 47,17). Im zwischentestamentlichen Judentum wird das Gleichnis als eine Vermittlungsform der Weisung Gottes verstanden.

Ps 78,2
„Ich öffne meinen Mund zu einem Spruch;
ich will die Geheimnisse der Vorzeit verkünden.“

Sir 47,17:
„Durch Lied und Sinnspruch, Rätsel und Gleichnis
hast du die Völker in Staunen versetzt.“

Midrasch [Deutung] zu Ps 78,2
„Nicht nur die Worte allein,
auch die Rätsel und Gleichnisse sind tora.“

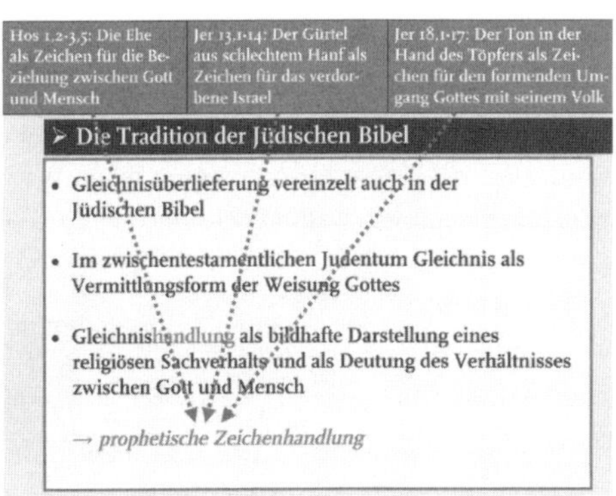

– Neben der Gleichnisrede verdient in der Jüdischen Bibel vor allem die **Gleichnishandlung** besondere Beachtung: Anhand eines alltäglichen Geschehens wird ein Sachverhalt im Verhältnis zwischen Gott und Mensch verdeutlicht. Diese Beziehung zwischen Gott und Mensch wird bildhaft dargestellt und prophetisch (d.h.: in der Kraft des Geistes, aus der Sicht Gottes) gedeutet. Daher sprechen wir in diesem Zusammenhang von „prophetischer Zeichenhandlung“.

Gleichnis*handlungen* in der Jesusverkündigung (Verkündigung in Wort *und Tat*):
- Mahlgemeinschaft Jesu, u. a. Mk 2,15-17 par
- Taufe Jesu Mk 1,9-11 par
- Schaffung des Zwölferkreises Mk 3,13-19 par
- Handauflegung als Heilungsgestus, u. a. Lk 13,13
- Schreiben Jesu im Sand Joh 8,6
- [Das letzte Mahl Jesu?]
- [Bildung einer Frauengruppe?]

Aufgaben

- Überlegen Sie, welchen Sachverhalt die angeführten Zeichenhandlungen verdeutlichen sollen.
- Können Sie weitere Beispiele finden?
- Die breite Vielfalt der Gleichnisüberlieferung sowie die Verknüpfung mit zeichenhaften Handlungen zur Deutung seiner Botschaft sprechen dafür, dass die Gleichnisverkündigung in ihrem Grundbestand auf **das Sprechen Jesu selbst** zurückgeht. (Es versteht sich, dass diese allgemeine Aussage im Einzelfall genauer zu überprüfen ist.)

- **Formale Gesichtspunkte der Gleichnisrede**

- Das Gleichnis ist in der Regel **allgemein formuliert**. Es erzählt von „irgendeinem“ Handlungsträger (Ausnahme im Neuen Testament: das Gleichnis vom armen Lazarus Lk 16,19-31). Mittels festgeprägter Einleitungsformen ist es für den Zuhörer sofort als Gleichnis erkennbar.

Siehe oben → 3.3.2

In den Evangelien begegnen vor allem folgende **Einleitungen zu den Gleichnissen:**

(Irgend)ein Mensch ...	Mk 12,1 (vgl. Mt 21,33; Lk 20,9); Lk 10,30; 12, 16; (13,16); 14,16; 15,11; 16,1; 16,19; (18,1); (18, 9); 19,12
Wie ein Mensch, der ...	Mk 13,34; Mt 25,14
Wer/welcher Mensch unter euch, der ...?	Lk 11,5; 14,28; 14,31; 15,4; 15,8; 17,7
Was meint ihr:...?	Mt 18,12; 21,28
Womit sollen wir/soll ich die *basileia* Gottes vergleichen?	Mk 4,30; Lk 13,20
Verglichen wird die *basileia* der Himmel mit ...	Mt 13,24; 18,23; 22,2; 25,1
Vergleichbar ist die *basileia* der Himmel mit ...	Mt 13,31; 13,33; 13,44; 13,45; 13,47; 20,1; (vgl. 13,52)

Angaben in (...): Kleine sprachliche oder syntaktische Variationen.

- Das Gleichnis hat (in der Regel) eine **einfache Erzählstruktur**. Die Handlung wird ohne Ausschmückung erzählt, zumeist geschieht dies in einem Handlungsgang. Die angestrebte Pointe steht meistens am Schluss der Gleichniserzählung. Durch die Stellung im Textzusammenhang kann sie freilich auch verändert werden (vgl. z. B. Lk 15,3-7 mit Mt 18,10-14). Die Gleichniserzählung kann auch „offen" bleiben und so die Hörerin und den Hörer umso nachdenklicher zurücklassen (so z. B. Lk 15,11-32).
- Fallweise werden in den Evangelien die Gleichnisse zu **Gleichnisfolgen** zusammengestellt; und zwar unter verschiedenen thematischen Gesichtspunkten und/oder durch formale Angleichung. Fallweise geben Rahmenverse das Grundthema bzw. den Verstehenshorizont für die Gleichnisse in einem konkreten Textzusammenhang an.

Beispiele für **Gleichnisfolgen**:
- Mk 4,3-9.(10-25).26-29.30-32
- Mt 13,3-9.24-30.31-32.33.(34-35.36-43).44.45-46.47-50
- Mt 24,43-44.45-51; 25,1-13.14-30.31-46
- Lk 12,39-40.42-46

- Lk 13,18-19.20-21.24-30
- Lk 14,8-11.12-14.16-24.28-30.31-32
- Lk 15,4-7.8-10.11-32; 16,1-8
- Lk 18,1-8.9-14

- Im Hinblick auf eine **literarische Klassifizierung** erweisen sich die neutestamentlichen Gleichnisse als sehr vielfältig. Großteils handelt es sich um Parabeln und Beispielerzählungen, nur selten findet sich das Gleichnis (im strengen literarischen Sinn). Neben Allegorie und Metapher begegnen (besonders im JohEv) die Bild- und Offenbarungsrede.

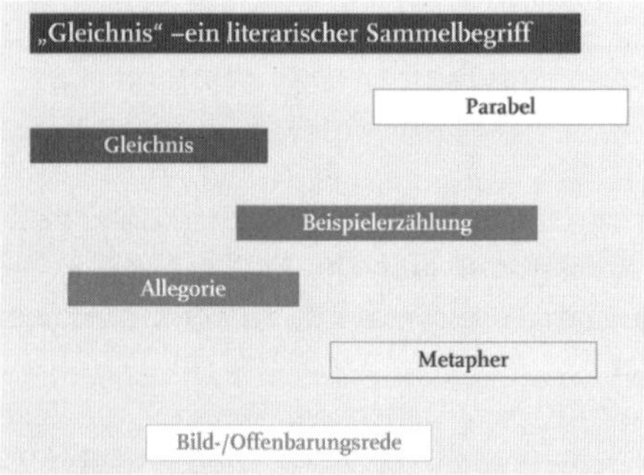

Als **Parabel** versteht man eine Geschichte, die ein einmaliges Ereignis mit einer individuellen Handlung enthält (z. B.: Lk 14,15-24).

Die **Beispielerzählung** verzichtet auf die Übertragung des Bildes. Sie zeichnet bereits einen Idealfall nach, der sodann vorbildhaft für gutes (oder schlechtes) Verhalten ist (z. B.: Lk 10,29-37).

Das **Gleichnis** im engeren Sinn geht von einem vertrauten Sachverhalt aus und bringt bekannte Vorgänge zur Sprache, um daraus Aussagen für einen anderen Bereich zu ziehen (z. B.: Lk 15,3-6; Mk 4,30-32).

Die **Allegorie** enthält mehrere Einzelaussagen mit übertragener Bedeutung, die entschlüsselt werden können (z. B.: Mt 13,24-30; 22,1-10).

Die **Metapher** ist eine (meist kurze) Aussage, in der ein Wort nicht die übliche, sondern eine übertragene Bedeutung hat (z. B.: Mt 5,13.14-16).

Die **Bild- und Offenbarungsrede** entwickelt eine bildhafte Vorstellung zur Umschreibung einer anderen Wirklichkeit (z. B.: Joh 15,1-17).

Bezüglich der literarischen Abgrenzung der genannten Gattungsbestimmungen besteht in der neutestamentlichen Forschung **keine Übereinstimmung**.

Auch in anderen Teilen des Neuen Testaments finden sich Gleichnisse bzw. gleichnishafte Formulierungen (vgl. z.B.: 1 Kor 9,24-27; Phil 3,14; des Weiteren Röm 12,4-8; 1 Kor 12,12-31; 1 Kor 3,5-17 usw.).

- **Zur inhaltlichen Dimension der Gleichnisse Jesu**

– Die Gleichnisse bilden einen **wesentlichen Teil der Wortverkündigung Jesu**. Sie thematisieren den Kernbereich der Botschaft Jesu, also die *basileia*. Dabei werden unterschiedliche Akzente gesetzt:
Die Gleichnisse können die neue Wirklichkeit der *basileia* deuten; sie können auf das im Kommen der *basileia* geforderte Verhalten verweisen; sie können das Verhältnis zwischen Gott und Mensch angesichts dieser Verkündigung vom Anbruch der *basileia* erläutern.

Aufgaben

– Versuchen Sie, Ihnen bekannte Gleichnisse gemäß deren Aussage in eine der genannten Gruppen einzuordnen.
– Formulieren Sie in eigenen Worten (und/oder Bildern) die Kernaussage dieser Gleichnisse.

– Vielfach enthalten die Jesusgleichnisse eine besondere **christologische Spitze**. Denn neben einfachen, allgemein verständlichen Gleichnissen finden sich in den Evangelien auch Erzählungen, die nur teilweise, nur in Verbindung mit der Person Jesu (d.h.: nur als Gleichnisse *Jesu*) verständlich oder akzeptabel sind: Ihre Bildhälfte entspricht nicht der alltäglichen Erfahrung des Menschen. Der erzählte Vorgang wird annehmbar, weil *Jesus* davon spricht und die Autorität seiner Person damit verbindet (als ein Beispiel vgl. das Gleichnis von den Arbeitern im Weinberg Mt 20,1-16).

Gerade diese Gleichnisse verweisen auf die tiefere Bedeutung gleichnishafter Texte im Rahmen der Verkündigung Jesu: Sie sollen das Außerordentliche, das Paradoxe der Jesusverkündigung in bildhafter Sprache nahebringen. Im Zentrum der Aussageabsicht der Gleichnisse steht also Jesus in seiner spezifischen Dimension, seine einzig- (und anders-) artige Botschaft und deren Verständnis.

… Christologische Spitze:
Gleichnisse nur verständlich als Gleichnisse *Jesu*

Beispiel 1:
Die verlorenen Söhne

Jenny Dalenoord, Den Haag

Beispiel 2:
Die Arbeiter im Weinberg

„[1]Vergleichbar ist die Königsherrschaft der Himmel mit einem Menschen, der ein Gut besaß. Dieser ging früh am Morgen hinaus, um Arbeiter für seinen Weinberg anzuwerben. [2]Er einigte sich mit den Arbeitern auf einen Denar für den Tag und schickte sie in seinen Weinberg. …

[11]Da begannen sie, über den Gutsherrn zu murren, [12]und sagten: Diese Letzten haben nur eine Stunde gearbeitet, und du hast sie uns gleichgestellt …

[15]… oder ist dein Auge böse, weil ich [zu anderen] gut bin? …" (Mt 20)

Aufgaben

- Wählen Sie ein Ihnen bekanntes Gleichnis. Überlegen Sie:
  Was sagt diese Erzählung über das Wirken Gottes?
  Was sagt diese Erzählung über Gottes Verhalten gegenüber mir/über mein Verhalten gegenüber Gott?
- Suchen Sie nach gleichnishaften Ausdrucksweisen und nach gleichnishaften Handlungen in Ihrem Alltag. Überlegen Sie: Was wollen Sie damit ausdrücken, was ist die „Botschaft", die Sie mit einem solchem Sprechen oder Handeln vermitteln möchten?

Begriffe, die Sie im Zusammenhang mit der Wortverkündigung Jesu und ihren Überlieferungsformen erklären können:

Ipsissima vox, Herrenwort, Gleichniserzählung, Einzelspruch, monologische und dialogische Spruchfolge, Redekomposition, Leitthema, Gleichnishandlung, Gleichnisfolgen, christologische Spitze [der Gleichnisse Jesu].

Verständnis- und Wiederholungsfragen zu Kapitel 3.3

- Erläutern Sie den Textbefund hinsichtlich einer historischen Einordnung der Worte Jesu. Welche Gesichtspunkte müssen für einen grundsätzlichen Zugang zu diesem Problem beachtet werden?
- Was versteht man unter „ipsissima vox"? Was unter „Herrenwort"?
- Diskutieren Sie die Verknüpfung verschiedener Arten von Jesusworten anhand der Spruchüberlieferung zum Thema Ehescheidung.
- Welche Überlieferungsformen von Jesusworten begegnen in den Evangelien?
- Welche Merkmale sind für die Bergpredigt als Redekomposition bedeutsam?

- Was ist der thematische Leitfaden der Bergpredigt? Begründen Sie Ihre Ansicht anhand des biblischen Textes.
- Welche Erkenntnisse ergeben sich aus einem Überblick über die Gleichnisse in den Evangelien?
  Welche Gesichtspunkte sind für das Verständnis der Gleichnisrede Jesu zu beachten?
- Was versteht man unter „prophetischer Zeichenhandlung“? Nennen Sie dafür Beispiele aus der Jüdischen Bibel und aus dem Neuen Testament.
- Welche formale Beobachtungen fallen bei den neutestamentlichen Gleichnissen auf?
- Was ist das Grundthema der Gleichnisse Jesu? Können Sie Beispiele nennen und erläutern?
- Worin liegt die christologische Spitze der Gleichnisse Jesu?

Anregungen zur begleitenden Lektüre des Neuen Testaments

Lesen Sie die „Gleichniskapitel“ in den Evangelien: Mk 4; Mt 13; 24; Lk 12–16; 18.

- Achten Sie dabei auf die oben angesprochenen formalen und inhaltlichen Besonderheiten der Gleichnisse.
- Beachten Sie den unterschiedlichen Grad an Verständlichkeit bzw. Einsichtigkeit und Selbstverständlichkeit der herangezogenen Beispiele und Bildwelten.
- Überlegen Sie, was Ihre diesbezüglichen Beobachtungen für die Verkündigung Jesu und für die Wahrnehmung seiner Person und seiner Botschaft bedeuten könnten.

3.4 Das Handeln Jesu als Verkündigung im Tun

LITERATUR: **W. Bruners,** Wie Jesus glauben lernte, Freiburg [3]1994, 77–95; **O. Knoch**, Dem, der glaubt, ist alles möglich. Die Botschaft der Wundererzählungen, Stuttgart 1987; **L. Schenke**, Jesus, der Wundertäter: L. Schenke u. a., Jesus von Nazaret – Spuren und Konturen, Stuttgart 2004, 148–163; Themenheft Wunder: BiLi 61 (2006) Heft 2; **W. Kirchschläger,** Wie über Wunder reden?: BiLi 51 (1978) 252–254; **ders.**, Handeln in Vollmacht. Das Wunderwirken Jesu: W. Kirchschläger/J. Schultes, Betroffen vom Wort. Ein Arbeitsbuch zur Bibel, Wien 1986, 106–113; **ders.,** Gottes Wort schafft neue Wirklichkeiten: Ders., Gott spricht verbindlich. Einüben in das Hören, Fribourg 1992, 39–57.39–57.

Aus den Worten und aus dem Handeln bzw. dem Verhalten Jesu lässt sich auf sein Verständnis der Botschaft von der anbrechenden *basileia* schließen. Besondere Beachtung verdienen dabei jene Erzählungen, die von einer konkreten Gegenwärtigsetzung dieser *basileia* im Leben einzelner Menschen sprechen. Da Jesus selbst seine Botschaft verkörperte und lebte, ist darüber hinaus sein Gesamtverhalten zu beachten.

3.4.1 Die neutestamentlichen Erzählungen über die Vollmachtstaten Jesu

- **Textinventar**

– In keiner Schrift der hellenistischen und der jüdischen Antike werden in **so großer Häufigkeit** außerordentliche Taten von einer Person erzählt wie von Jesus von Nazaret. Ein Überblick kann die große Zahl und die Vielfalt der so genannten „Wundererzählungen" im Neuen Testament deutlich machen:

	Mk	Mt	Lk	Joh
Exorzismus in	1,21-28		4,31-47	
Kafarnaum			4,38-39	
Schwiegermutter	1,29-31	8,14-15	4,40-41	
des Petrus			5,12-16	
Heilungen am	1,32-34	8,16-17	5,17-26	
Abend			6,6-11	
Aussätziger	1,40-45	8,1-4	6,17-19	
Gelähmter	2,1-12	9,1-8	8,22-25	
Mensch mit der	3,1-6	12,9-14	8,26-39	
kranken Hand			8,40-42.49-56	
Heilungen	3,7-12	12,15-21;	8,43-48	
		4,24-25	9,10-17	
Bannung des Sturmes	4,35-41	8,23-27		
Exorzismus in Gerasa	5,1-20	8,28-34		
Tochter des Jaïrus	5,21-24.35-43	9,18-19.23-26		
kranke Frau	5,25-34	9,20-22		
Speisung der 5000	6,30-44	14,13-21		6,1-15
Wandel auf dem See	6,45-52	14,22-33		6,16-21

	Mk	Mt	Lk	Joh
Heilungen in Gennesaret	6,53-56	14,34-36		
Tochter der Syrophönizierin	7,24-30	15,21-28		
Taubstummer	7,31-37			
Speisung der 4000	8,1-10	15,32-39		
Blinder bei Betsaida	8,22-26			
besessener Knabe	9,14-29	17,14-21	9,37-43a	
Bartimäus	10,46-52	20,29-34; 9,27-31	18,35-43	
stummer (und blinder) Besessener		12,22-23	11,14	
Knecht/Sohn des Hauptmanns		8,5-13	7,1-10	4,46-53
Heilung vieler Kranker		15,29-31		
Jüngling von Naïn			7,11-17	
sündige Frau			7,36-50	
gekrümmte Frau			13,10-17	
wassersüchtiger Mensch			14,1-6	
zehn Aussätzige			17,11-19	
Knecht des Hohenpriesters			22,51	
Hochzeit zu Kana				2,1-12
Lahmer am Teich Betesda				5,1-9
Blindgeborener				9,1-41
Lazarus				11,1-53

Die Zusammenstellung zeigt: Die überwiegende Mehrzahl der Vollmachtstaten Jesu ist in den **ersten drei Evangelien** überliefert. Vielfach erzählen die Evangelisten ähnliche oder vergleichbare Handlungen Jesu. Im JohEv stehen nur sieben entsprechende Erzählungen, darunter kein Exorzismus.

Sowohl die Zahl als auch die inhaltliche Vielfalt der im Neuen Testament erzählten Vollmachtstaten ist unverhältnismäßig groß. In der Jüdischen Bibel finden sich nur vereinzelt Vollmachtstaten gegenüber einzelnen Menschen; sie haben auch gegenüber den Großtaten Gottes, die das ganze Volk betreffen, untergeordnete Bedeutung. In den zwischentestamentlichen Schriften des Judentums und in entsprechenden hellenistischen Schriften werden ebenfalls wenige „Wundererzählungen" berichtet.

- Als entsprechendes **Vergleichsmaterial** können einzelne Erzählungen bei Josephus Flavius herangezogen werden. Gerne wird in diesem Zusammenhang auf die von Philostratus erstellte Lebensbeschreibung des Apollonius von Tyana (Vita Apollonii) verwiesen. Apollonius lebte zwar in der zweiten Hälfte des 1. Jhs n. Chr., die Vita ist jedoch erst anfangs des 3. Jhs. n. Chr. verfasst, sodass sie als Bezugstext ausscheidet. Auch die gerne genannten hellenistischen Zauberpapyri sind erst späteren Datums (3./4. Jh. n. Chr.). Zu beachten sind allenfalls die Heilungsdarstellungen aus Epidauros (5./4. Jh. v. Chr.), die jedoch einen anderen literarischen Charakter haben. In den Schriften von Qumran sind insgesamt nur zwei Heilungserzählungen überliefert (lQ GenAp XX 16-29; 4Q OrNab).
- Die große Anzahl von Erzählungen über Vollmachtstaten, insbesondere über Heilungen, ist also an sich nicht typisch. Eine genauere Durchsicht der Texte zeigt auch ihre **vielfältige literarische Darstellungsweise**, d. h.: Trotz Verwendung ähnlicher Motive (die vom erzählten Inhalt ja weitgehend vorgegeben sind) ist die Erzählstruktur sehr vielfältig (vgl. z. B. Mk 10,46-52 mit Lk 13,10-17). Öfters ist erkennbar, dass es dem Verfasser gar nicht um die Vollmachtstat geht, sondern damit eine andere Aussage verdeutlicht oder begründet werden soll (vgl. z. B. Lk 13,10-13 und sodann 13,14-17).

Aufgaben

- Vergleichen Sie Mk 10,46-52 und Lk 13,10-13 nach folgenden Gesichtspunkten:
  Handlungsinitiativen; Handlungsablauf.
- Was folgern Sie für die jeweilige Aussageabsicht des Evangelisten?

- Vollmachtstaten werden nicht nur in den Evangelien und nicht nur von Jesus erzählt. In der Apg sind mehrere Erzählungen über das entsprechende **Wirken der Apostel**, insbesondere des Petrus und des Paulus, überliefert:

Vollmachtstat	Apg	Handelnde Person	Apg	Handelnde Person
viele Heilungen	2,43	Apostel	14,3	Paulus, Barnabas
Gelähmter	3,1-10	Petrus	14,8-10	Paulus
Strafhandlung	5,1-11	Petrus	13,9-12	Paulus
viele Heilungen	5,12	Apostel		
	5,15	Petrus	19,11-12	Paulus
	5,16	Petrus, Apostel	28,9	Paulus
Vollmachtstat zur Befreiung	5,17-21	Apostel	16,25-34	Paulus, Silas
viele Vollmachtstaten	6,8	Stephanus		
viele Heilungen	8,6-7	Philippus		
Kranker	9,32-35	Petrus	28,7-8	Paulus
Tote(r)	9,36-42	Petrus	20,7-12	Paulus
Vollmachtstat zur Befreiung	12,3-17	Petrus		
Exorzismus			16,16-18	Paulus
Vollmachtstat in der Natur			28,3-6	Paulus
Summarium über das Wirken Jesu	10,37-38			

Der Textbefund

- In den Evangelien zahlreiche Erzählungen und Hinweise über Vollmachtstaten Jesu mit großer inhaltlicher Vielfalt.
- Im JohEv *sieben* Erzählungen; keine Exorzismen.
- In der Apg zahlreiche Erzählungen über Vollmachtstaten mit Tendenz zur Parallelisierung zwischen Petrus (Apg 2–12) und Paulus (Apg 14–28).
- In den übrigen Schriften des NT keine Erzählungen über Vollmachtstaten Jesu bzw. seiner Nachfolgegemeinschaft.

– Mit Ausnahme eines zusammenfassenden Hinweises werden in der Apg **keine Vollmachtstaten Jesu** erzählt. Es fällt auf, dass das Tun des Petrus und auch jenes des Paulus weitgehend parallelisiert werden. Die Erzählungen über Vollmachtstaten enthalten unterschiedlich deutliche Hinweise darauf, dass sich die handelnde Person auf die Vollmacht eines anderen beruft (vgl. besonders Apg 3,6: „... im Namen Jesu, des Nazoräers ...“; des Weiteren Apg 9,34. Zu beachten ist dazu Lk 9,1).

LITERATUR: **Texte zu außerbiblischen Wundererzählungen: Flavius Philostratus:** Apollonius von Tyana. Hrsg. v. E. Baltzer, Rudolfstadt 1883 (Nachdruck Darmstadt 1970); **O. Weinreich**, Antike Heilungswunder, Gießen 1909 (Nachdruck Berlin 1969).

• Historische Rückfrage

Bei einer historischen Rückfrage nach den Vollmachtstaten Jesu sind mehrere Gesichtspunkte zu beachten:

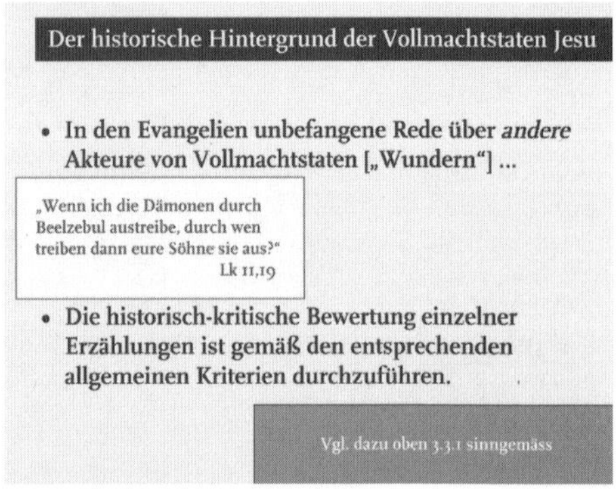

– In den Evangelien wird in unbefangener Weise davon gesprochen, dass auch **andere Personen** außergewöhnliche Taten vollbringen (vgl. Mk 9,38-41; Lk 11,19). Das bedeutet: Der Verweis auf die Vollmachtstaten Jesu allein konnte seinen christologischen Anspruch (bzw. die nachösterliche Verkündigung der Kirche über Jesus als den auferstandenen und erhöhten Herrn) nicht begründen, auch keineswegs belegen oder gar beweisen. Mit dieser Überlegung ist der Möglichkeit einer generellen erst nachösterlichen Formulierung der Erzählungen über das Vollmachtshandeln Jesu die motivierende Grundlage entzogen.
– In der historisch kritischen Wertung der einzelnen Erzählungen ist erneut zu beachten, dass die Evangelien Verkündigungsschriften sind. Eine Rückfrage nach der **Geschichtlichkeit von Einzelheiten** stößt daher auf Schwierigkeiten.

Als Beispiel dafür kann die Erzählung von der Heilung der Schwiegermutter des Petrus (Mk 1,29-31 par Mt 8,14-15; Lk 4,38-39; siehe die synoptische Textfassung oben S. 36) gelten: Die Heilung wird in den drei Evangelien verschieden dargestellt; auch der Anlass/Ausgangspunkt der Heilung wird unterschiedlich beschrieben. Schließlich steht die Erzählung in Mk 1 am Beginn des Wirkens Jesu; Mt 8 geschieht sie zu einem späteren Zeitpunkt. Die dadurch entstehenden historischen Fragen sind im Detail nicht mehr zu klären.

Aufgaben

Vergleichen Sie Mk 1,29-31 mit den Parallelen (Text S. 71). Formulieren Sie die oben nur allgemein festgehaltenen Beobachtungen genauer:
- Wer/Was ist der Anlass der Heilung?
- Wie wird die Frau geheilt bei Mk?
bei Mt?
bei Lk?

- Aufgrund der Vielfalt und großen Zahl der neutestamentlichen Erzählungen über Vollmachtstaten sowie aufgrund des Mangels einer Motivation für ihre nachösterliche Komposition ist davon auszugehen, dass sich diese Erzählungen auf einen **historischen Kern im Wirken Jesu** abstützen können. Diese Feststellung bedarf hinsichtlich der einzelnen Erzählung, insbesondere in Bezug auf die Darstellungsweise, jeweils einer gesonderten Überprüfung.

Aus einzelnen Texten der Evangelien, die ohne entsprechende Kritik auf andere Personen hinweisen, die so genannte „Wunder" tun, geht hervor, dass es nicht das erstrangige Anliegen der Evangelisten ist, Jesus als besonderen „Wunder"-Täter auszuweisen. Umso dringender stellt sich die Frage nach der Absicht, die zunächst Jesus selbst mit seinem entsprechenden Handeln und sodann die Evangelisten mit der Darstellung seiner Vollmachtstaten verbunden haben.

- **Die Bedeutung der Vollmachtstaten Jesu**

- Die übliche Bezeichnung **„Wunder"** geht an der Sinnspitze der Vollmachtstaten Jesu vorbei. Der heutige moderne Wunderbegriff und die Aussageabsicht der Bibel mit entsprechenden Erzählungen sind nicht deckungsgleich: Im heutigen diesbezüglichen Sprachgebrauch spielt die Unerklärbarkeit im Blick auf die **Gesetzmäßigkeiten von Natur und Medizin** eine entscheidende Rolle. Dieses Kriterium verschiebt sich für den antiken Menschen angesichts beschränkter diesbezüglicher Kenntnisse erheblich, meistens in den religiösen Bereich.

Biblische Vollmachtstaten sind vor allem dadurch gekennzeichnet, dass sie **Betroffenheit des Menschen** auslösen, der in einem entsprechenden

Geschehen das Handeln Gottes in einer bestimmten Weise *hier und jetzt* ortet. Daher sind die entsprechenden Erzählungen der Bibel in den Bereich der **Beziehung zwischen Gott und Mensch** einzuordnen. Dazu werden mit diesen Darstellungen entscheidende Aussagen gemacht. Eine allfällige (spätere) Erklärbarkeit des Erzählten hat auf die Bedeutung (streng genommen: die „Wahrheit" – vgl. dazu oben 1.1.6) dieser Darstellungen keinen (einschränkenden) Einfluss: Auch wenn heute biblische „Wunder" erklärt werden können, bleiben sie dennoch Vollmachtstaten Gottes bzw. Jesu.

- Für die entsprechenden Erzählungen wird der Bezeichnung als **Vollmachtstaten Jesu** der Vorzug gegeben. Denn sie sollen gleichsam nonverbal verdeutlichen, was die Menschen im Wort Jesu wahrnehmen: Hier ist einer, der die *basileia* als konkrete Zuwendung Gottes nicht nur in seinem Wort ansagt, sondern tatsächlich konkret umsetzt. Wort und Tat, verbale und nonverbale Verkündigung erweisen sich also als deckungsgleich. In der Reaktion der Menschen im Umfeld Jesu führt dies zu der Einsicht, dass dieser Jesus von Nazaret tatsächlich von Gott ermächtigt ist, also (von Gott gegebene) Vollmacht (*exousia*) in sein Wirken einbringt.

Zur Terminologie: Vollmachtstaten Jesu

Mk 1,21:
... er lehrte sie wie einer, der Vollmacht [*exousia*] hat, und nicht wie die Schriftgelehrten.

Lk 4,33:
... denn in Vollmacht [*exousia*] war sein Wort.

Lk 5,17:
... Und die Kraft [*dynamis*] des Herrn trieb ihn dazu zu heilen.

- Einen wichtigen Anhaltspunkt für das Verständnis der entsprechenden Textabschnitte bietet eine Auseinandersetzung über die möglichen Rückschlüsse des außerordentlichen Handelns auf die handelnde Person selbst:

Mt 12,22-30

„[22]Dann wurde zu ihm ein blinder und stummer Besessener gebracht, und er heilte ihn, sodass der Stumme redete und sah.	Ausgangspunkt ist ein zusammengefasst dargestellter Exorzismus, der Anlass für eine entscheidende Hinterfragung des Handelns Jesu wird. Durch das

23Und das ganze Volk geriet außer sich und sprach: Ob dieser nicht der Sohn Davids ist? 24Die Pharisäer aber, (das) hörend, sprachen: Dieser treibt nicht die Dämonen aus, es sei denn im (Namen des) Beelzebul, des Obersten der Dämonen.
25Wissend um ihre Gedanken, sprach er [Jesus] zu ihnen: Jede *basileia*, die in sich geteilt ist, wird zur Einöde, und jede Stadt, deren Häuser gegeneinander sind, wird nicht Bestand haben. 26Und wenn der Satan den Satan austreibt, ist er in sich zerteilt: Wie soll seine *basileia* Bestand haben?
27Wenn ich im (Namen des) Beelzebul die Dämonen austreibe, eure Söhne – in wessen (Namen) treiben sie [sie] aus? Deswegen werden diese eure Richter sein.
28Wenn ich aber im Geist Gottes die Dämonen austreibe, dann ist die *basileia* Gottes schon zu euch gekommen."

Volk sowie durch die Pharisäer sind die Alternativen klar formuliert: Entweder verweist das Handeln Jesu auf seine Davidsohnschaft oder auf sein Bündnis mit Beelzebul, also mit dem Bösen.
Jesus antwortet in zwei Schritten: Er verweist zunächst auf die Widersprüchlichkeit, dass das Böse im Namen des Bösen überwunden werde. Dann argumentiert er aus der Erfahrung seiner Umwelt: Mit dem Hinweis auf andere Exorzisten aus der Gruppe derer, die ihn hier anschuldigen, ist der Vorwurf an ihn hinfällig, denn er müsste zunächst ja an die „Wundertäter" aus den eigenen Reihen gerichtet sein.
Daran schließt Jesus die entscheidende positive Deutung an: Sein Handeln geschieht in der Kraft Gottes. Das aber bedeutet: Konkreter Anbruch der *basileia* **Gottes** in seinem Wirken.

(Vgl. dazu auch den Paralleltext Lk 11,14-20 und dazu oben 3.2.2).

Die Erzählungen über die Vollmachtstaten Jesu sind also **christologische Entscheidungstexte:** Was hier erzählt wird, provoziert die Leserin und den Leser zur Frage nach der Eigenart Jesu.

Mk 4,35-41, Rembrandt 1633, Isabella Stuart Gardner Museum, Boston

In diesem Sinne ist z. B. der Abschluss der Erzählung von der Bannung des Sturmes aufschlussreich (Mk 4,41):
„Und sie fürchteten sich mit großer Furcht, und sie sprachen zueinander: Wer ist dieser …?"

- Durch die Erzählungen über die Vollmachtstaten Jesu wird diese **Frage nach dem Wesen und nach der Eigenart Jesu** mittelbar oder unmittelbar aufgeworfen. Dabei sind mehrere Gesichtspunkte zu beachten:

In seinem außergewöhnlichen Handeln erschließt Jesus einen Zugang zu seiner Person. Die Erzählungen sind vor dem Hintergrund der Gottesverkündigung der Jüdischen Bibel zu verstehen. Denn anhand dieser Erzählungen wird Jesus als machtvoll über die Naturgewalten, über Krankheit bis in den Tod, über Mächte und Gewalten dargestellt. Diese Vollmacht wird in der Jüdischen Bibel Jahwe als dem Schöpfergott zugeschrieben. Wird solches Handeln auch von Jesus bezeugt, so legt sie die Frage nach seiner Beziehung zu Gott dringend nahe und fordert die Leserin und den Leser zu einer diesbezüglichen Stellungnahme heraus (vgl. dazu z. B. Lk 7,16; Mk 5,19-20).

Siehe z. B. Lk 7,16:
„Es ergriff alle Furcht,
und sie priesen Gott und sprachen:
Einen großen Propheten hat Gott unter uns aufstehen lassen,
und Gott hat sein [Bundes-]Volk heimgesucht."

Mk 5,19-20:
„19… Er [Jesus] sagt zu ihm [dem geheilten Besessenen]:
Geh in dein Haus zu den Deinen
und verkünde ihnen,
was der Herr dir getan und wie er sich deiner erbarmt hat.
20Und er ging weg
und begann in der Dekapolis zu verkündigen,
was ihm Jesus getan hatte,
und alle gerieten in Staunen."

Aufgaben

Schlagen Sie die zitierten Abschnitte in ihrem Textzusammenhang nach und überlegen Sie:

- Was bedeutet es, wenn Lk davon spricht, dass angesichts des Handelns *Jesu* Gott gepriesen und von Gottes Heilshandeln gesprochen wird?
- Was bedeutet es, wenn der Geheilte in der Dekapolis angesichts seines Auftrags vom Handeln *Jesu* spricht?
- Was wird mit solchen Formulierungen über das Gottesverhältnis Jesu ausgesagt?

- Das Handeln Jesu steht in unmittelbarer Beziehung zur Botschaft von der **anbrechenden *basileia*.** Wenn einzelne Menschen von Unheil (in jedweder Form) in das Heil Gottes gesetzt werden, so ereignet sich an ihnen bereits die Zusage von Gottes Heil und Liebe (vgl. Mk 1,14-15; Joh 3,16-17). Was an Einzelnen geschieht, ist für alle Umstehenden ein Zeichen dafür, dass ihre Hoffnung auf ein von Gott gewirktes Heil sinnvoll ist. Unter diesem Blickwinkel ist es bedeutsam, dass die Vollmachtstaten Jesu nicht im Verborgenen, sondern zumeist in aller Öffentlichkeit geschehen und auch bei den Umstehenden eine staunende Betroffenheit auslösen.
- Das bevollmächtigte Handeln Jesu hat **zeichenhafte Bedeutung**, d.h., es verdeutlicht eine andere, tiefere Wirklichkeit und ein inneres Geschehen. Wenn Gott dem Menschen sein Heil anbietet, darf davon ausgegangen werden, dass sich dieses nicht (nur) auf das leibliche, äußerliche Befinden des Menschen bezieht, sondern dass der Mensch in seiner Gesamtheit geheilt wird. Im Blick auf die Wunder Jesu bedeutet dies: Was zeichenhaft durch die Heilung physischer Leiden geschieht, verweist auf die Heilung des Menschen von innerer Not, von Schuld und Sünde.

Einzelne Erzählungen sprechen diese Dimension unmittelbar an, so z.B. die Heilung des Gelähmten (Mk 2,1-12), die Loslösung der gekrümmten Frau (Lk 13,10-17), besonders die Heilung des Blindgeborenen (Joh 9,1-41). Aus diesem Grund ist auch die Heilung der Sünderin (Lk 7,36-50) als Vollmachtstat Jesu zu verstehen.

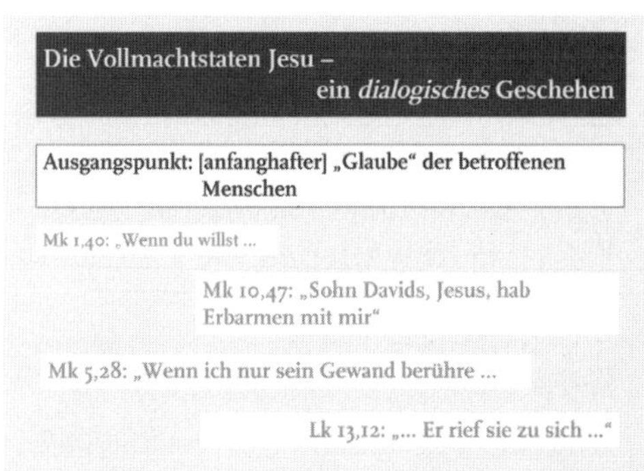

- Grundlegend für das neutestamentliche Verständnis der Vollmachtstaten Jesu ist ihre Einordnung in die Beziehung zwischen Gott und Mensch. Vollmachtstaten können dort geschehen, wo Jesus gegenüber zumindest ansatzweise Vertrauen, Hoffnung und Glauben entgegengebracht wird. Der Mensch muss die Offenheit für Gottes Wirken und die Bereitschaft zur Annahme dieses Wirkens aufbringen. Mehrere Hinweise in den entsprechenden biblischen Texten sprechen für diese Akzentsetzung.

Die Vollmachtstaten Jesu – ein *dialogisches* Geschehen

„[1]Und hinausging er von dort und kommt in seine Vaterstadt, und (es) folgen ihm nach seine Jüngerinnen und Jünger.
[2]Und als es Sabbat war, begann er zu lehren in der Synagoge, und viele Hörende gerieten außer sich, sagend: Woher (ist) diesem dieses, und welche (sind) die Weisheit, die diesem gegeben, und solche Kräfte, geschehend durch seine Hände?
[3]Ist nicht dieser der Zimmermann, der Sohn der Maria und Bruder von Jakobus und Joses und Judas und Simon? Und sind nicht seine Schwestern hier bei uns? Und sie nahmen Anstoß an ihm.
[4]Und (es) sagte ihnen Jesus: Nicht ist ein Prophet ungeehrt, außer in seiner Vaterstadt und bei seinen Verwandten und in seinem Haus.
[5]Und nicht konnte er dort irgendeine Vollmachtstat tun, **außer dass er, wenigen Kranken die Hände auflegend, (sie) heilte.**
[6]Und er staunte wegen ihres Unglaubens. **Und er durchzog die Dörfer im Umkreis, lehrend.“**

Mk 6,1-6

Im Zusammenhang mit entsprechenden Erzählungen begegnet des Öfteren das Wort Jesu „Dein Glaube hat dir Heil gebracht“ (Mk 5,34; 10,52; Lk 7,50; 17,19; ähnlich Lk 8,50). Besonders auffallend ist in diesem Zusammenhang die Notiz Mk 6,5-6a, dass Jesus wegen des Unglaubens der Menschen in Nazaret keine Vollmachtstaten tun konnte. Damit kann ja nicht auf eine plötzliche Machtlosigkeit Jesu angespielt sein. Vielmehr wird hier deutlich: Jesus respektiert die ihm entgegengebrachte [hier: ablehnende] Haltung der Menschen. Für sein Handeln bedarf es des entsprechenden Vorsensoriums, der positiven, für sein Wirken offenen „Atmosphäre“ als einem Minimum der Bereitschaft zur ganzmenschlichen Kommunikation.

– Eine Vollmachtstat im Sinne der neutestamentlichen Schriften ist ein **Geschehen im Bereich der Gottesoffenbarung**. In ungemein intensiver, weil existenzieller Weise erfährt ein Mensch (oder erfahren mehrere Menschen) Gottes Zuwendung. Der Mensch erkennt und begreift, dass Gott handelnd (heilend) in sein Leben und in seine Existenz eingreift; er ist davon persönlich betroffen und gibt diese glaubende Betroffenheit anderen weiter (vgl. in diesem Zusammenhang nochmals z. B. Mk 5,18-20). Anhand dieser Deutung tritt die Frage nach der Möglichkeit des Geschehens in den Hintergrund. So wie Gott in den Errettungstaten gegenüber Israel seine Wirkmacht geoffenbart hat, so tut dies Jesus, wenn er einzelnen Menschen in seiner Zusage von Heil auch – nötigenfalls – physische Genesung schenkt.

Aufgaben

- Lesen Sie eine Ihnen bekannte oder besonders bedeutsame Erzählung über eine Vollmachtstat Jesu. Setzen Sie den Text in Beziehung zu den Überlegungen dieses Abschnitts. Formulieren Sie die Folgerungen, die sich ergeben
  für Ihren Zugang zu Jesus,
  für Ihre Vorstellung von *basileia*,
  für Ihr Verständnis von Vergebung und Heil,
  für Ihren Glauben an einen wirkmächtigen Gott.
- Versetzen Sie sich in die Person der oder des Geheilten und überdenken Sie die Erzählung aus dieser Perspektive.

3.4.2 Das Verhalten Jesu

Wird das gesamte Verhalten Jesu, sein Habitus, als eine Äußerungsform der Verkündigung der *basileia* und als eine Möglichkeit des Zugangs zur Person Jesu verstanden, so ist dieses Verhalten unter einem zweifachen Blickwinkel zu bedenken: Einerseits ist zu fragen, wie die Verfasser der Evangelien diesen Habitus Jesu darstellen; andererseits können auch die Reaktionen auf Jesus Rückschlüsse auf seine Person ermöglichen. Die folgenden Überlegungen und Hinweise auf bestimmte Abschnitte in den Evangelien wollen nicht zur Annahme verleiten, alle angesprochenen Episoden könnten in der überlieferten Weise im Wirken Jesu verankert werden. Aber zur Frage verleiten, welche Vorstellung von der Faszination der Person Jesu in den frühen Kirchen im Umlauf war, damit die einzelnen Episoden in dieser Weise dargestellt werden konnten.

- **Das Verhalten Jesu**

- Jesu Handeln ist nach eigenständigen, **nicht** unbedingt **nach üblichen Maßstäben** ausgerichtet. Es ist geprägt von der Ausübung und Ausstrahlung nicht eingegrenzter Vollmacht:
  Das Sprechen in der 1. Person Singular („Ich …“) kennzeichnet diese Grundhaltung (vgl. z.B. Mk 2,17; Mt 5,17.21-47; 10,34; Mk 1,41). In manchen Fällen scheint Jesus, der den Menschen so nahe ist, als fern, unnahbar, eben als ein ganz anderer. Diese **Spannung** zwischen

der menschlichen Nähe und der scheinbar unnahbaren Ferne Jesu wird insbesondere im Zusammenhang mit seiner Verwandtschaft deutlich (vgl. Lk 2,49 oder Mk 3,31-35; auch Joh 2,4 weist in diese Richtung). Jesus ist zwar den Menschen zugewendet, aber er handelt nach anderen als von diesen erwarteten Prioritäten.

- Wenn es die Treue zu seiner Sendung erfordert, setzt sich Jesus über gesellschaftliche und über levitische Regeln hinweg und handelt nach seinen, das heißt: nach **neuen Maßstäben**. Daraus ist nicht abzuleiten, dass Jesus grundsätzlich die jüdische Weisung gering schätzte. Aber er sieht in erster Linie den Menschen, nicht das Gebot (vgl. Mk 2,17), und er steht daher der damaligen Praxis der Umsetzung von Gottes Gebot kritisch gegenüber. So wird Gott als ein Gott der Bußfertigen verkündet (vgl. Lk 15), als ein Gott, der ins Verborgene sieht (Mt 6,1-18) und der die Reinheit des Herzens sucht (Mk 7,1-23). Daher geht Jesus nicht nur zu bestimmten Schichten der Gesellschaft; er hat Kontakt zu so genannten „Sündern“ (vgl. Mk 2,13-17; Lk 7,36-50; 19,1-10), er berührt Aussätzige (Mk 1,40-45), er hat Umgang mit Besessenen (vgl. z.B. Mk 5,1-20), damit schließt er sich selbst aus der Gesellschaft aus. Maßgeblich für sein Verhalten sind nicht menschliche Regeln, sondern die Not des Menschen und der Wille Gottes.

Zillis (Graubünden, Schweiz), 12. Jh.

- **Das Verhalten gegenüber Jesus**

Aus dem Verhalten anderer gegenüber Jesus kann auf die Faszination seiner Persönlichkeit geschlossen werden.

- Vielfach sind **Furcht, Staunen, auch Unbehagen** die Reaktionen auf das Verhalten oder auf das Wort Jesu (vgl. so Mk 2,12; 5,33; 5,36; 6,50). Dies erinnert an einen Grundgedanken der Jüdischen Bibel: Gegenüber Gottes machtvollem Handeln gerät der Mensch in Furcht und Zittern (vgl. Ex 3,6; z.B. auch Mk 16,5). So stellt sich also aufgrund dieser Reaktionen erneut die drängende Frage: Wer ist dieser?

Mit der Furcht ist des Öfteren das Staunen verbunden. Schon die Vorgänge um die Menschwerdung Jesu werden davon begleitet (vgl. Lk 1,21.63; 2,18.33). Jetzt staunen die Menschen über das Handeln Jesu (z. B. Mk 5,20).

- Zu beachten ist auch die **Furcht der Gegner Jesu** (z. B. Mk 11,18; Joh 18,6), die in Anerkennung der Überlegenheit Jesu keine Fragen mehr stellen (vgl. Lk 2,47; Mt 22,46). Selbst die Jüngerinnen und Jünger spüren angesichts der Eigenart Jesu ein Unbehagen (vgl. Mk 10,32). Auch hier ist die Reaktion ein Synonym des Staunens. Selbst Pilatus staunt über Jesus (vgl. Mk 15,5.44).
- Jesu Handeln und sein Verhalten leiten die Menschen zum **Lobpreis Gottes** an: Angesichts der Geburt Jesu wird Gott von den Engeln (Lk 2,13) und von den Hirten (Lk 2,20) gepriesen. Ähnliches geschieht nach verschiedenen Vollmachtstaten (Lk 13,13; 17,15), ja sogar in der Passion (Lk 23,47). Auch in diesem Zusammenhang ist also nochmals die Frage nach der Gottesbeziehung Jesu zu stellen.

Aufgaben

- Lesen Sie einzelne Abschnitte aus den Evangelien, z. B. Mk 1,14–3,6; Lk 15,1-32; Mk 8,27-34; Lk 10,1-42.
  Achten Sie dabei darauf: Was sagt Ihnen der Text über das Verhalten Jesu gegenüber den Menschen?
  Versuchen Sie auf dieser Grundlage und aufgrund Ihrer Kenntnis der Evangelien ein Persönlichkeitsprofil Jesu von Nazaret zusammenzustellen:
  Wer war Jesus?
  Wie war er, wie hat er sich verhalten, wie hat er gesprochen?
  Was beeindruckt Sie an Jesus?
  Was macht Sie ihm gegenüber zurückhaltend, was macht Ihnen Schwierigkeiten mit seiner Person?
- Wenn Sie die Möglichkeit haben, beschäftigen Sie sich mit dieser Aufgabe in Gruppen und vergleichen bzw. besprechen Sie Ihr jeweiliges Ergebnis miteinander.

Begriffe und Namen, die Sie im Zusammenhang mit den Vollmachtstaten Jesu erklären können:

„Wunder“, Vollmachtstat, Apollonius von Tyana, Epidauros, Entscheidungstext.

Verständnis- und Wiederholungsfragen zu Kapitel 3.4

- Welche Folgerungen ziehen Sie aus einem Überblick über die Vollmachtstaten im Neuen Testament?
- Wie beurteilen Sie die historische Frage hinsichtlich der Vollmachtstaten Jesu?
- Erläutern Sie die christologische Dimension der Vollmachtstaten Jesu. Welche Gesichtspunkte sind hier zu beachten?
- Wodurch unterscheidet sich das biblische Sprechen über „Vollmachtstaten“ vom „modernen“ Wunderverständnis?
- Welche Eigenschaften prägen das gesamte Verhalten Jesu?
- Welche Reaktionen auf die Person Jesu und das Wirken Jesu überliefern die Evangelisten? Was ist daraus im Blick auf die Person Jesu zu schließen?

3.5 Skizze und Grenzen eines vorösterlichen Jesusbildes

LITERATUR: **W. Bruners**, Wie Jesus glauben lernte, Freiburg [2]1994; **M. Ebner**, Jesus von Nazaret. Was wir von ihm wissen können, Stuttgart 2007, hier 23–27; **J. Gnilka**, Jesus von Nazaret. Botschaft und Geschichte. (HThKNT S. 3), Freiburg 1990; **H. Schürmann,** Jesus. Gestalt und Geheimnis, Paderborn 1994; **W. Kirchschläger,** Jesus Christus – Retter der Welt. Eine biblische Hinführung: Konferenzblatt für Theologie und Seelsorge 108 (1997) 99–136, hier 100–111.

Im Rückblick auf die verschiedenen Schwerpunkte, die in diesem Kapitel bei der Rückfrage nach Jesus behandelt wurden, können wesentliche und markante Züge der Person Jesu von Nazaret zusammengefasst werden.

3.5.1 Jesus aus der Perspektive seines Menschseins

- Mehrere Abschnitte in den Evangelien leiten dazu an, das **Menschsein Jesu** ernst zu nehmen. In diesem Zusammenhang ist auf menschliche

Züge an der Person Jesu zu verweisen (z.B. das Mitleid: Lk 7,13; das Weinen über den Tod des Lazarus: Joh 11,33-35). Die Verkündigung über Jesus in den Evangelien hebt selbst an zentralen Stellen diesen Gesichtspunkt hervor: Die Versuchungserzählungen (Mt 4,1-11 par) zeigen Jesus als einen um seine Sendung ringenden Menschen. In der Darstellung des Leidens Jesu wird mit Nachdruck darauf hingewiesen, wie und dass Jesus sich letztlich mit dem Lebensentwurf voll identifiziert, den Gott ihm vorlegt (vgl. bes. Mk 14,32-42 par).

- Wenn wir von Jesus (auch) als von einem Menschen sprechen, so bedeutet dies den Einbezug von **Leben, Wachsen, Entwicklung, Unterwegssein**. Die Existenz Jesu war also keine „statische", gleichsam vorprogrammierte; vielmehr ist er in seine Sendung, seine Berufung hineingewachsen (vgl. andeutungsweise Lk 2,40.52), er hat sich darin vertieft, sich schließlich damit identifiziert und sie so immer intensiver gelebt. In diesem Zusammenhang hat die Rede von einem *lernenden* Jesus ihre Berechtigung.
- Das Selbstbewusstsein und das **Selbstverständnis Jesu** muss aus dieser dem Menschen adäquaten Perspektive gesehen werden. In den Evangelien gibt es verschiedene Anhaltspunkte dafür, dass dieses Bewusstsein und das Wissen Jesu um seine Sendung einem kontinuierlichen **Prozess** unterworfen war, für den verschiedene Schlüsselerlebnisse (z. B. die Taufe: Mk 1,9-11 par; die Verklärung: Mk 9,2-9 par, aber auch die Begegnung mit der Syrophönizerin: Mk 7,24-30) bestimmend gewesen sind. Die Ölbergszene (Mk 14,32-42) zeigt, dass sich dieser Weg der Entscheidungsfindung bis in die Passion zieht.

3.5.2 Das Wirken Jesu

Das Auftreten Jesu ist geprägt von einer **Übereinstimmung von Wort und Tat**. Was dem Menschen nicht oder nur annähernd gelingt, findet sich in der Person Jesu: Sein Wort vermittelt die gleiche Botschaft wie sein Tun und es schafft daher neue Wirklichkeiten. Die Erfüllung und die Wirkmächtigkeit seines Wortes ist nicht abhängig und begrenzt durch beschränkte Dimensionen des Möglichen. Jesus spricht – es geschieht. Der gedankliche Bezug zur Darstellung des Wirkens Gottes in der Jüdischen Bibel legt sich nahe (vgl. Gen 1,1–2,4a; bes. Jes 55,10-11; vgl. dazu dann ähnlich Mk 1,41-42). Jesu Wort und sein Handeln konstituieren daher eine zusammenhängende, verbal und nonverbal artikulierte Wirklichkeit.

Mk 1,40-45; 12. Jh., Nationalbibliothek Athen

Die Verkündigung Jesu in seinem Wort und in seinem Tun ist von einem entscheidenden Moment bestimmt: von seiner **Vollmacht**. Darin hebt sie sich vom Wirken anderer Rabbinen seiner Zeit ab, darin wird sie auch glaubwürdig. Dieses zentrale Merkmal der Verkündigung Jesu kann an mehreren thematischen Bereichen erläutert werden. Es ist dort erkennbar, wo Jesus ausschließlich in der Kraft seines Wortes heilt, wo er sich machtvoll erweist über die vielfältigen Formen von Leid und Unheil, die den Menschen treffen. Die Vollmacht Jesu begegnet überdies in seinem neue Richtlinien grundlegenden Wort: dort, wo er die Praxis gegenüber dem Gesetz des Mose durch seine Interpretation korrigiert und wo er im Verhältnis zwischen dem Menschen und der Weisung neue Wertorientierungen vorgibt.

Mk 1,21-22 und Mk 1,23-28 werden uns zwei scheinbar thematisch unabhängige Erzählungen überliefert: Zunächst hören wir über die Lehrtätigkeit Jesu, sodann über einen Exorzismus in der Synagoge von Kafarnaum. Zu beachten ist allerdings, dass die staunenden Leute aufgrund der Heilung nach der *Vollmacht* Jesu fragen (Mk 1,27) und dass der Gedanke einer neuen Lehre *in Vollmacht* die zwei Abschnitte verbindet (vgl. Mk 1,22 mit Mk 1,27).

3.5.3 Die Persönlichkeit Jesu

Die Evangelisten stellen Jesus von Nazaret als eine faszinierende, überragende, menschennahe Persönlichkeit dar. Sie ist geprägt von einer grundsätzlichen, unbeugsamen Ausrichtung auf den Willen Gottes als seines Vaters, zugleich von einer unbegrenzten, geduldigen und erbarmenden Zuwendung zum Menschen.

Jesus ist in seinem Denken und Wirken eingebettet in seinen Lebensraum, in seine Religion und Kultur. Darin situiert er auch seine Verkündigung und sein gesamtes Wirken. Zugleich wird erkennbar, wie Jesus den Rahmen dieser seiner Umgebung sprengt, wenn es um die Grundsätzlichkeit seiner Sendung und seiner Botschaft geht. Dann erscheint auch die Darstellung der Evangelisten in Bezug auf seine Person als offen, spannungsgeladen, „unfertig". So zeigt sich Jesus von Nazaret einerseits als „Kind seiner Zeit"; andererseits ist erkennbar, dass seine Person nicht mit den üblichen menschlichen Charakterisierungen erschöpfend umschrieben werden kann.

3.5.4 Reflexion: Wert und Grenzen eines vorösterlichen Zugangs zur Person Jesu

- Wenn wir das vorösterliche Wirken Jesu von Nazaret bedenken, begegnet uns Jesus in einer **intensiven inhaltlichen Entfaltung** seiner Botschaft in seinem verkündigenden Wort sowie in seinem dieses Wort gegenwärtig setzenden Tun. Diese Betrachtungsweise führt Schritt für Schritt in die Eigenart und Einzigartigkeit der Person Jesu ein.

Zugleich bleiben bei diesem Zugang Fragen offen. Es bleibt der Eindruck, dass über die Person Jesu (noch) nicht alles gesagt ist. Deswegen erscheint die Darstellung seiner Person und seines Wirkens auch spannungsgeladen. Eine Antwort auf die Begründung und Legitimierung seiner Vollmacht in Wort und Tun wird angedeutet, aber nicht gegeben. Schließlich lassen die entsprechenden Erzählungen die Leserin und den Leser mit der entscheidenden Frage „Wer ist dieser?" (noch) weitgehend allein unterwegs.

- Die Wichtigkeit einer **Besinnung auf das vorösterliche Wirken** ist besonders dann deutlich, wenn das Ziel eine personale Begegnung mit Jesus von Nazaret sein soll. In der Jesusdarstellung der Evangelisten (gleichsam als „Gemälde mit Worten", als ein „narratives Portrait") wird erkennbar, dass darin über die Person Jesu noch nicht alles gesagt ist: Die vorösterliche Jesusdarstellung drängt nach einer Weiterführung, nach einer Vertiefung.

- Da in diesem Bedenken des vorösterlichen Wirkens Jesu das Wesen Jesu zwar nicht ausgesprochen wird, aber in indirekter Weise das Thema der Darstellung ist, nennt frau oder man diesen Bereich der christologischen Reflexion „**implizite**“ bzw. „**indirekte**“ oder „**mittelbare**“ Christologie. In der Darlegung wird zwischen den Zeilen Rätselhaftes deutlich, das erst in der Miteinbeziehung des Ostergeschehens aufgelöst werden kann. In missverständlicher Weise ist daher bisweilen auch von einer „Christologie von unten“ (also von einem Bedenken des Menschseins Jesu) die Rede.

Dem steht jener Zugang zu Jesus Christus gegenüber, der an dem Offenbarungsgeschehen von Tod und Auferstehung Jesu ansetzt und von diesem Blickwinkel beginnt, die Person und das Wesen Jesu Christi zu reflektieren, – also eine „**explizite**“ bzw. „**direkte**“ oder „**unmittelbare**“ Christologie (bzw. eine „Christologie von oben“).

Begriffe, die Sie im Zusammenhang mit einem vorösterlichen Jesusbild erklären können:

Implizite/indirekte/mittelbare Christologie, explizite/direkte/unmittelbare Christologie.

Verständnis- und Wiederholungsfragen zu Kapitel 3.5

- Formulieren Sie wesentliche Charakteristika der Person Jesu von Nazaret auf der Grundlage der Ausführungen in Kapitel 3.
- Welchen Wert und zugleich welche Grenzen hat ein vorösterlicher Zugang zur Person Jesu von Nazaret?

Anregungen zur begleitenden Lektüre des Neuen Testaments

- Lesen Sie eines der drei ersten Evangelien unter besonderer Berücksichtigung der Frage: Was will der Evangelist mit den einzelnen Aussagen über Jesus von Nazaret aussagen?
- Lesen Sie sodann das JohEv mit der gleichen Fragestellung. Vergleichen Sie die Erkenntnisse Ihrer Lektüre.
- Können Sie daraus Schlüsse ziehen?

4 Jesus, der Christus

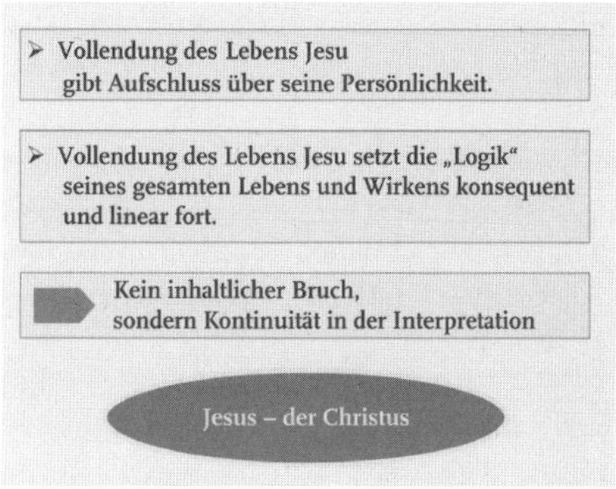

Um die Person Jesu von Nazaret in ihrer Gesamtheit zu verstehen, bedarf es der Miteinbeziehung seines Todes und seiner Auferstehung. Dabei ist – mit Paulus (vgl. bes. 1 Kor 1,18-25) – zu beachten, dass das Passions- und das Ostergeschehen nicht voneinander getrennt werden dürfen, sondern als *eine* (theologische und christologische) Einheit zu verstehen sind. Dazu sollen in diesem Kapitel schrittweise die wichtigsten Gesichtspunkte erarbeitet werden.

4.1 Tod und Auferstehung Jesu in der Verkündigung der Evangelien

Literatur: **W. Bösen**, Der letzte Tag des Jesus von Nazaret. Was wirklich geschah, Freiburg 1994; **J. Frey/J. Schröter** (Hrsg.), Deutungen des Todes Jesu im Neuen Testament. (UTB Mittlere Reihe 2953), Tübingen 2007; **M. Gielen**, Die Passionserzählung in den vier Evangelien, Stuttgart 2008; **J. Gnilka**, Jesus von Nazaret. Botschaft und Geschichte. (HThK.S. III), Freiburg 1990, 319–320; **P. Hoffmann**, Ostern und die Anfänge der Christologie: **Ders.**, Studien zur Frühgeschichte der Jesusbewegung. (SBAB 17), Stuttgart 1994, 172–187.188–256.257–272; **H. Kessler**, Die theologische Bedeutung des Todes Jesu, Düsseldorf 1970; **ders.**, Sucht den Lebenden nicht bei den Toten. Die Auferstehung Jesu Christi, Düsseldorf 1985; **J. Kremer**, Die Osterevangelien – Geschichten um Geschichte, Stuttgart [2]1981; **ders.**, Die Auferstehung Jesu Christi: Handbuch der Fundamentaltheologie II, Freiburg 1985, 175–196; **Ch. Niemand**, Jesus und sein Weg zum Kreuz, Stuttgart 2007; **A. Weiser**, Theologie des Neuen Testaments II, Stuttgart 1993; **U. Wilckens**, Jesu Tod und Auferstehung und die Entstehung der Kirche aus Juden und Heiden. (Theologie des Neuen Testaments, I/2), Neukirchen 2003; Themenheft „Auferstehung – Leben trotz Tod": BiKi 64/Heft 2 (2009); **W. Kirchschläger**, Das Ostergeschehen als Brennpunkt der christlichen Gottesoffenbarung: SKZ 172 (2004) 280–284; **ders.**, Hat Gott seinen Sohn in den Tod gegeben? Zum biblischen Verständnis von Erlösung: Erlöst durch Jesus Christus. Hrsg. E. Christen/W. Kirchschläger. (ThB 23), Fribourg 2000, 29–70.

In der heutigen Exegese werden die Evangelien gerne als Passions- und Ostergeschichten mit einer ausführlichen Einleitung bezeichnet. Dies verweist uns auf eine richtige und bedeutsame Perspektive der vier Schriften: Erst vom Ostergeschehen her erhalten sie ihre Bedeutung, sind sie richtig und voll zu verstehen.

4.1.1 Abgrenzung und Umfang der Passions- und Ostergeschichten

- Die gebräuchlichen Textausgaben des Neuen Testaments setzen hinsichtlich der **Abgrenzung** der Passions- und Ostererzählungen präzise Markierungen:

Todesbeschluss des Hohen Rates	Mt 26,1-5	Mk 14,1-2	Lk 22,1-2	
Wissen Jesu um seine Stunde				Joh 13,1
Grablegung Jesu	Mt 27,57-61	Mk 15,42-47	Lk 23,50-56	Joh 19,31-42
Der Gang zum Grab	Mt 28,1-8.9-10	Mk 16,1-8	Lk 24,1-2	Joh 20,1-18
Die Vollendung Jesu	Mt 28,16-20	Mk 16,9-20	Lk 24,44-53	Joh 20,19-23

Dieser Überblick zeigt: Der Beginn der Passionserzählung ist in den einzelnen Evangelien deutlich erkennbar. Ebenso ist die Zäsur nach der Erzählung von der Grablegung Jesu nachvollziehbar, die zum zweiten Hauptteil, zu den Auferstehungserzählungen, überleitet. Mit Ausnahme des MkEv, das uns ursprünglich nur eine Ostergeschichte überliefert, fügen die Evangelisten der Erzählung über die Entdeckung des geöffneten und leeren Grabes noch deutende Erzählungen mit Erscheinungen des Auferstandenen hinzu.

- Eine **Übersicht** über die einzelnen Perikopen zeigt, dass die Evangelisten in der Gestaltung der Passionserzählung eigenständige Akzente setzen.

Mt	**Mk**	**Lk**	**Joh**
Mt 26,1-5	Mk 14,1-2	Lk 22,1-2	*Joh 11,53*
Mt 26,6-13	Mk 14,3-9	[Lk 7,36-50]	*Joh 12,1-8*
Mt 26,14-16	Mk 14,10-11	Lk 22,3-6	*Joh 13,27*
Mt 26,17-19	Mk 14,12-16	Lk 22,7-13	
Mt 26,20-25	Mk 14,17-21		*Joh 13,21-30*
Mt 26,26-29	Mk 14,22-25	Lk 22,14-20	*Joh 13,1-30*
		Lk 22,21-23	

Mt	Mk	Lk	Joh
par Mt 20,24-28	*Mk 10,41-45*	Lk 22,24-27	
		Lk 22,28-30	
		Lk 22,31-32	
Mt 26,30-35	Mk 14,26-31	Lk 22,33-34	*Joh 13,36-38*
		Lk 22,35-38	
Mt 26,36-46	Mk 14,32-42	Lk 22,39-46	Joh 18,1.11
Mt 26,47-56	Mk 14,43-52	Lk 22,47-50.52-53	Joh 18,2-11
		Lk 22,51	
Mt 26,57-68	Mk 14,53-65	Lk 22,54-55.63-71	Joh 18,12-14.19-24
Mt 26,69-75	Mk 14,66-72	Lk 22,56-62	Joh 18,15-18.25-27
Mt 27,1-2	Mk 15,1	Lk 23,1	Joh 18,28
Mt 27,3-10		*vgl. Apg 1,15-20*	
Mt 27,11-14	Mk 15,2-5	Lk 23,2-5	Joh 18,29-38a
		Lk 23,6-12	
		Lk 23,13-16	Joh 18,38b
Mt 27,15-23	Mk 15,6-14	Lk 23,17-23	Joh 18,39-40
Mt 27,24-26	Mk 15,15	Lk 23,24-25	Joh 19,16a
Mt 27,27-31a	Mk 15,16-20a		Joh 19,1-5
			Joh 19,6-16a
Mt 27,31b-32	Mk 15,20b-21	Lk 23,26	Joh 19,16b-17
		Lk 23,27-32	
Mt 27,33-37	Mk 15,22-26	Lk 23,33-34	Joh 19,18-22
Mt 27,38-44	Mk 15,27-32	Lk 23,35-38	
		Lk 23,39-43	
			Joh 19,23-24
			Joh 19,25-27
Mt 27,45-50.54	Mk 15,33-39	Lk 23,44-48	Joh 19,28-30
Mt 27,51-53			
Mt 27,55-56	Mk 15,40-41	Lk 23,49	Joh 19,25-27
			Joh 19,31-37
Mt 27,57-61	Mk 15,42-47	Lk 23,50-56	Joh 19,38-42
Mt 27,62-66			
Mt 28,1-8	Mk 16,1-18	Lk 24,1-12	Joh 20,1-2.11-18
Mt 28,9-10			
			Joh 20,3-10
		Lk 24,13-35	
Mt 28,11-15			
		Lk 24,36-43	Joh 20,19-23
		Lk 24,44-49	
Mt 28,16-20			
			Joh 20,24-29
		Lk 24,50-53	
	Mk 16,9-20		Joh 20,30-31
			Joh 21,1-25

- Der Gedanke an einen (gewaltvollen) Tod Jesu taucht **nicht erst gegen Ende der Evangelien** auf. Er durchzieht schon frühere Texte in den Evangelien und wird so der Leserin und dem Leser allmählich nahegebracht.

Der Verfasser des MtEv bringt das Thema der Lebensbedrohung Jesu bereits in den Vorgeschichten ausführlich zur Sprache (vgl. Mt 2,13-18). Schon angesichts des ersten Auftretens Jesu in Nazaret erzählt Lukas von einem Anschlag auf das Leben Jesu (vgl. Lk 4,28-30). Auf Ablehnung verweisen auch bereits Lk 2,7 und Joh 1,11. Auch Jesu Vollmachtstaten können zur Todesdrohung führen (vgl. so Mk 3,6). In den Leidensankündigungen wird ausführlich auf das kommende Schicksal Jesu hingewiesen (Mk 8,31-33; 9,30-32; 10,32-34 par). Die Auseinandersetzungen in Jerusalem lassen einen Konflikt erahnen (vgl. Mk 11-12 par).

Daraus ergibt sich: Die Passionserzählungen sind in den Evangelien gut vorbereitet. Ihre Thematik setzt bereits früher ein als erst mit dem Todesbeschluss des Hohen Rates. Widerstand, Auseinandersetzung, Bedrohung und Ablehnung prägen vielfach die Darstellung des Wirkens Jesu. Es zeigt sich, dass dieser Akzent die Evangelien ab der ersten Leidensankündigung und insbesondere nach dem Einzug Jesu in Jerusalem immer intensiver bestimmt (vgl. nach Mk 8,31-33 par und nach Mk 11,1-11 par): Die zunehmende Schärfe des Konflikts entwickelt sich aus der konsequenten Geradlinigkeit des Wirkens Jesu. Aufgrund dieser Überlegungen kann nach dem ursprünglichen Umfang und nach der ursprünglichen Abgrenzung der Passions- und Ostererzählungen gefragt werden.

Exkurs: Eine „vormarkinische" Passionsgeschichte?

LITERATUR: **R. Pesch,** Das Markusevangelium. II. (HThKNT III/2), Freiburg [2]1980, 1–27; **L. Schenke,** Der gekreuzigte Christus. Versuch einer literarkritischen und traditionsgeschichtlichen Bestimmung der vormarkinischen Passionsgeschichte. (SBS 69), Stuttgart 1974; **G. Theissen,** Die große Erzähleinheit der Passionsgeschichte und die Jerusalemer Gemeinde in den 40er Jahren: **ders.,** Lokalkolorit und Zeitgeschichte in den Evangelien. (NTOA 8), Fribourg 1989, 177–211.

Aufgrund ausführlicher Analysen des MkEv hat Rudolf Pesch versucht, einen zusammenhängenden Erzählkomplex mit der Grundthematik

„Passion/Auferstehung" zu rekonstruieren, der schon vor der Entstehung des MkEv zu datieren wäre.

- Als **Kriterien legte** Pesch dieser These vor allem stilistische Beobachtungen sowie Einzelanalysen der Texteinheiten von Mk 8,27–16,8 zugrunde. Die Rekonstruktion umfasst ingesamt 39 Erzähleinheiten; davon stehen 18 Textabschnitte vor Mk 14. Die Einheiten können in Dreiergruppen zusammengefasst werden, die durch sprachliche sowie durch thematische Merkmale untereinander verknüpft sind.

Die Rekonstruktion beginnt mit

Mk 8,27-30	Messiasbekenntnis bei Cäsarea Philippi
Mk 8,31-33	Erste Leidens- und Auferstehungsankündigung
Mk 9,2-8	Verklärung Jesu.

Die letzte Perikopengruppe bilden

Mk 15,40-41	Die galiläischen Frauen unter dem Kreuz
Mk 15,42-47	Das Begräbnis Jesu
Mk 16,1-8	Die Auffindung des leeren Grabes und die Offenbarung der Osterbotschaft.

- **Mk 8–16** ist großteils von dieser zusammenhängenden Erzählung bestimmt. Verschiedene Merkmale lassen auf ein hohes Alter sowie auf den Ursprung der Passionsgeschichte in der Jerusalemer Kirche schließen: Die Verfasserinnen oder Verfasser bzw. Gestalterinnen oder Gestalter dieser zusammenhängenden Erzählung verfügten über gute Kenntnisse der Topografie Jerusalems und seiner Umgebung. Der starke theologische Einfluss der Psalmen weist auf ein judenchristliches Entstehungsmilieu: Jesu Leiden wird als das Leiden des gegenüber Gott gehorsamen Gerechten dargestellt. Der öfters erwähnte Hohepriester (Mk 14,53.54.60.61.63) wird nie mit Namen genannt. Dies lässt darauf schließen, dass für die ursprünglichen Adressatinnen und Adressaten die Identität des Hohenpriesters bekannt war, d. h.: Die Erzählerinnen oder Erzähler sprechen von jenem Hohenpriester, der zur Zeit ihrer Erzählung (noch) im Amt ist. Gerade die letzte Überlegung führt zu einer sehr frühen Datierung: Da Kajaphas bis 37 n. Chr. Hoherpriester war, wäre die Entstehung der vormarkinischen Passionsgeschichte in die Jahre zwischen dem Tod Jesu und dem Jahr 37 n. Chr. festzulegen. Für eine (relativ) frühe Entstehungszeit spricht auch der zum Ausdruck kommende Grundgedanke der Dahingabe Jesu und seiner Auslieferung in den Tod – eine theologische Sprechweise, die sich auch 1 Kor 11,23-25 findet und die unter Umständen an Jes 52,13–53,12 (viertes Lied vom Gottesknecht) anknüpfen will.

- Im Hinblick auf eine **kritische Einordnung** der These von R. Pesch kann Folgendes bedacht werden: Für die Christinnen und Christen der ersten Generation waren Tod und Auferstehung Jesu das entscheidende Thema ihres Zugangs zu Jesus Christus. Dabei ist insbesondere zu bedenken, dass der Tod Jesu am Kreuz nicht einfach als Bericht weitergegeben werden konnte. Da er im jüdischen Kontext ein schweres Ärgernis bedeutete (vgl. dazu Dtn 21,23), bedurfte er einer Aufarbeitung und einer Deutung. Im Rahmen der verschiedenen Messiaserwartungen, die zur Zeit Jesu im Judentum lebendig waren, sind keine Anhaltspunkte für die Hoffnung auf einen gekreuzigten (oder gewaltsam zu Tode gekommenen) Messias gegeben. Demnach ist es vermutlich schon sehr früh für die erste christliche Generation entscheidend gewesen, die Eigenart und Einzigartigkeit des Schicksals Jesu deutend aufzuarbeiten. Die erzählende Darstellungsweise einer Passions- und Ostergeschichte bietet dafür eine gute, den damaligen Argumentationsweisen entsprechende Möglichkeit. Die genauere Abgrenzung der Rekonstruktion von R. Pesch, also die Frage der Zuordnung einzelner Verse, kann unterschiedlich beurteilt werden.

Mit einem hohen Maß an Wahrscheinlichkeit können wir also davon ausgehen, dass schon im ersten Jahrzehnt nach dem Tod Jesu eine umfangreiche, zusammenhängende Erzählung über die Entwicklungen, die zu seinem gewaltsamen Tod führten, über sein Sterben und über die Offenbarung seiner Auferstehung entstanden ist.

Aufgaben

- Vergleichen Sie den Überblick über die Abfolge der einzelnen Textabschnitte in den Passionserzählungen (siehe oben S. 250–251).
- Beachten Sie besonders jene Texteinheiten, die zusätzlich in die Erzählung kommen, sowie jene, die an anderer Stelle eingereiht sind. Überlegen Sie: Was könnte den Evangelisten zu solchen Ergänzungen und Umstellungen veranlasst haben?

4.1.2 Die Chronologie der Passion Jesu

Zum Tag der Kreuzigung und somit auch des Todes Jesu werden in den Evangelien verschiedene Angaben gemacht:

- Der **Mk-Text** (bes. Mk 14,12) setzt folgenden zeitlichen Ablauf der weiteren Ereignisse voraus: Letztes Mahl Jesu am ersten Tag des Festes; Verhaftung in der darauffolgenden Nacht; Prozess, Verurteilung und Kreuzigung am nächsten Tag, dem zweiten Tag des Festes der Ungesäuerten Brote.

Der erste Tag des Festes, der so genannte „Rüsttag", galt als ein wichtiger Vorbereitungstag. Am Nachmittag wurden im Tempel die Paschalämmer geschlachtet; am Abend wurden diese nach den entsprechenden Vorschriften verzehrt. Der darauffolgende Tag, der zweite Tag des Festes, war hoher Feiertag.

- Der Text des **JohEv** setzt eine andere Chronologie voraus. Joh 18,28 formuliert anlässlich der Vorführung Jesu vor Pilatus die Sorge, die levitische Reinheit für die Teilnahme am Paschamahl zu erhalten. Diese wurde durch das Betreten eines heidnischen Hauses verwirkt. Der Text setzt also eindeutig voraus, dass dieses Mahl noch aussteht. Auch die Zeitangabe des Verfassers in Joh 19,14 weist eindeutig auf eine entsprechende Einordnung, nämlich: Verurteilung, Kreuzigung und Tod Jesu am Rüsttag zum Paschafest.

Alle vier Evangelisten verweisen überdies darauf, dass der Tag des Begräbnisses Jesu (und somit auch sein Todestag) der Vortag zum Sabbat gewesen ist (vgl. Mt 27,62; Mk 15,42; Lk 23,54; Joh 19,31).

Aus den Angaben der Evangelisten geht hervor, dass im Todesjahr Jesu der zweite Festtag, also das eigentliche Paschafest, auf einen Sabbat fiel. Rüsttag zum Paschafest und Rüsttag des Sabbats fielen also zusammen; der 15. Nisan war in jenem Jahr ein Sabbat.

Die zeitliche Einordnung des Verfassers des JohEv verdient gegenüber jener in Mk 14,12 den Vorzug. Denn es ist nur schwer vorstellbar, dass in Jerusalem am höchsten Feiertag ein Todesurteil vollstreckt wurde. Daher ist anzunehmen, dass Jesus am Rüsttag des Paschafestes, das ist der 14. Nisan, gekreuzigt wurde und gestorben ist. Diese historische Überlieferung legt der Verfasser des JohEv seiner christologischen Deutung des Todes Jesu zugrunde: Etwa zu jener Zeit, da im Tempel die Paschalämmer geschlachtet werden, stirbt Jesus als das Paschalamm schlechthin am Kreuz (vgl. dazu Joh 19,36, sowie bereits Joh 1,29).

Die Chronologie der Passion Jesu

Angaben der Evangelisten

Syn	Joh
Vorbereitung des Pascha **am ersten Festtag (Rüsttag), vgl. Mk 14,12 par Mt 26,17**	
Mahl Jesu **am Rüsttag des Paschafestes (14. Nisan), vgl. Mk 14,17 par Mt 26,20**	Mahl Jesu **zu ungenanntem Zeitpunkt im Umfeld des Paschafestes, vgl. Joh 13,1**
Tod Jesu **am Paschatag (15. Nisan)**	Tod Jesu **am Rüsttag des Paschafestes (14. Nisan), vgl. Joh 19,14, auch 18,28**
Todestag Jesu: **der Tag vor dem Sabbat, vgl. Mk 15,42; Lk 23,54**	Todestag Jesu: **der Tag vor dem Sabbat, vgl. Joh 19,31.42**

Aufgrund der Umrechnung dieser Angaben in unser Kalendersystem ergibt sich mit großer Wahrscheinlichkeit Freitag, der 7. April des Jahres 30 n. Chr., als Tag des Todes Jesu.

... Die Chronologie der Passion Jesu

	Donnerstag	*Freitag*	*Samstag*
		Tod Jesu	
Syn	**14. Nisan**	15. Nisan	
Joh		14. Nisan	**15. Nisan**

4.1.3 Die Verkündigung des Todes Jesu

In den Evangelien wird der Tod Jesu nicht protokollartig berichtet, sondern er wird in seiner Dimension gedeutet und verkündet. Damit ist auch die Absicht angedeutet, diesem Tod Jesu einen Sinn zu geben. Ein Überblick über die entsprechenden Textabschnitte sowie eine kursorische Durchsicht zeigt die diesbezüglichen Aussageschwerpunkte der vier Evangelisten:

Mt 27,45-54	Mk 15,33-39	Lk 23,44-48	Joh 19,28-30
[5]Von der sechsten Stunde eine Finsternis geschah über das ganze Land bis zur neunten Stunde.	[33]Und zur sechsten Stunde eine Finsternis geschah über das ganze Land bis zur neunten Stunde.	[44]Und es war schon ungefähr die sechste Stunde, und eine Finsternis geschah über das ganze Land bis zur neunten Stunde, [45]da sich die Sonne verfinsterte. Gespaltet aber wurde der Vorhang des Tempels mitten [entzwei].	[28]Danach, wissend, dass schon alles erfüllt sei, – damit die Schrift erfüllt werde, sagte Jesus: Mich dürstet.
[46]Um die neunte Stunde aber schrie Jesus auf mit lauter Stimme, sagend: Eli, Eli, lema sabachtani? Dieses ist: Mein Gott, mein Gott, warum hast du mich verlassen? [47]Einige aber der dort Stehenden, [dies] hörend, sagten: Elias ruft dieser.	[34]Und in der neunten Stunde schrie Jesus mit lauter Stimme: Eloi, eloi lema sabachtani? Das ist: Mein Gott, mein Gott, warum hast du mich verlassen? [35]Und einige der Dabeistehenden, [dies] hörend, sagten: Siehe, Elias ruft er.		
[48]Und sogleich einer von ihnen, laufend und nehmend einen Schwamm gefüllt mit Essig und ihn legend um einen Rohrstock, gab ihm zu trinken. [49]Die Übrigen aber sagten: Lass, sehen wir, ob Elija kommt, um rettend.	[36]Einer aber, laufend und füllend einen Schwamm mit Essig und ihn legend um einen Rohrstock, gab ihm zu trinken, sagend: Lasst, sehen wir, ob Elija kommt, ihn herabzunehmen.		[29]Ein Gefäß stand da voll Essig. Einen Schwamm nun voll Essig auf einen Ysopzweig steckend, führten sie zu seinem Mund.
[50]Jesus aber, wieder schreiend mit lauter Stimme, gab den Geist auf.	[37]Jesus aber, ausstoßend einen lauten Schrei, hauchte [den Geist] aus.	[46]Und rufend mit lauter Stimme, sprach Jesus: Vater, in deine Hände übergebe ich meinen Geist. Dies aber sprechend hauchte er [den Geist] aus.	[30]Als Jesus nun den Essig genommen hatte, sagte er: Es ist vollendet. Und sein Haupt neigend, gab er den Geist hin [zurück].
[51]Und siehe: Der Vorhang des Tempels wurde	[38]Und der Vorhang des Tempels wurde in zwei [Teile]		

Mt 27,45-54	Mk 15,33-39	Lk 23,44-48	Joh 19,28-30
[4] gespalten von oben bis unten in zwei [Teile], und die Erde wurde zum Beben gebracht, und die Felsen wurden gespaltet. [52]Und die Gräber wurden geöffnet, und viele Leiber der entschlafenen Heiligen wurden auferweckt, [53]und herauskommend aus den Gräbern nach seiner Auferstehung, gingen	gespalten von oben bis unten.		
sie in die heilige Stadt und wurden sichtbar gemacht vielen. [54]Der Hauptmann aber und die mit ihm Wache Haltenden,	[39]Der Zenturio aber, der ihm gegenüber auf der anderen Seite stand, sehend, dass er so [den Geist] aushauchte, sagte:	[47]Der Hauptmann, sehend das Geschehen, lobte Gott, sagend:	
sehend das Erdbeben und das Geschehen, wurden mit großer Furcht erfüllt, sagend: Wahrlich, Gottes Sohn war dieser.	Wahrlich, dieser Mensch war Gottes Sohn.	Wirklich, dieser Mensch war ein Gerechter. [48]Und die ganze zu diesem Schauspiel zusammengelaufene Volksmenge, schauend das Geschehen, sich an die Brust klopfend, kehrte um.	

- **Mk** legt eine zweiteilige Darstellung vor: Mk 15,33-37 schildert er die Begleitumstände des Sterbens Jesu, Mk 15,38-39 stellt er die Folgen dar. Die Finsternis (Mk 15,33) erinnert an apokalyptisch-prophetische Ausdrucksweise. In der Finsternis bricht das eschatologische Gericht an.

Vgl. dazu **Am 8,9**: „An jenem Tag – Spruch Gottes, des Herrn – lasse ich am Mittag die Sonne untergehen und breite am helllichten Tag über die Erde Finsternis aus."
Joël 2,1b-2a.10: „[1]Alle Bewohner des Landes sollen zittern; denn es kommt der Tag des Herrn, ja, er ist nahe, [2]der Tag des Dunkels und der Finsternis, der Tag der Wolken und Wetter ... [10]Die Erde zittert ..., der Himmel erbebt; Sonne und Mond verfinstern sich, die Sterne halten ihr Licht zurück." (Vgl. auch Joël 3,4; 4,15; Jes 13,10; 24,23).

Mit dem Ruf Jesu, in dem der Anfang von Ps 22 zitiert wird, stellt der Verfasser Jesus als einen in Not stehenden Gerechten dar, der betend und im Vertrauen auf Gottes Zuwendung stirbt. Jede andere Deutung des Zitats aus Ps 22,2 ist verfehlt. Es ist hingegen die Eigenart dieses Psalms als Klagelied zu beachten: Nachdem der Beter Gott in eindringlichster Weise seine Not vorträgt (vgl. Ps 22,2-22), formuliert er ebenso nachdrücklich sein Vertrauen auf Gottes Hilfe (vgl. Ps 22,23-32). Wenn der Verfasser den ersten Vers dieses Psalms Jesus in den Mund legt, möchte er keineswegs damit ausdrücken, Jesus habe nur diesen einen Satz gesprochen; vielmehr deutet er damit das Gebet des ganzen Psalmes an (vgl. in diesem Sinn die gebräuchliche Ausdrucksweise: „Ein Vaterunser beten": Auch hier ist das Sprechen des ganzen Gebets, nicht nur der ersten Worte gemeint). Das durch die aramäische Zitation ausgelöste Missverständnis eines Rufes nach Elija rückt nochmals die Schmähung Mk 15,27-32 in den Blick: Der sich selbst nicht helfen kann, ruft Elija um Hilfe. So ist auch die Stärkung mit Essig als ein Versuch zu verstehen, den Tod dadurch hinauszuzögern, um zu sehen, ob Elija Hilfe bringt.

Das Gespalten-Werden (so wörtlich) des Tempelvorhangs enthüllt das Heiligtum und gibt es preis. Darin deutet sich ein strafendes Warnzeichen an, das sodann (nach der Tempelzerstörung) entsprechend gelesen wird.

Das Bekenntnis des heidnischen Hauptmanns ist das erste nicht widersprochene Christusbekenntnis im MkEv. Es geschieht angesichts eines solchen Todes. Damit wird angedeutet: Erst im Tod Jesu (und in seiner Auferstehung) wird sein innerstes Wesen, seine wahre Gestalt offenbar. Es ist zu beachten, dass dieses Bekenntnis im Munde eines Römers, also eines Menschen aus den Völkern, überliefert ist.

- **Mt** stellt das Sterben Jesu in unmittelbarer Parallelität zu Mk dar. Erst die Folgen des Geschehens überliefert er in eigenständiger Weise. Das Beben der Erde verweist auf ein Kommen Gottes, auf das die Natur entsprechend reagiert (vgl. bei Mt noch 8,24; vor allem 21,10; 28,2).

> Aus dem reichhaltigen Hintergrund aus der Jüdischen Bibel vgl. dazu:
> **Ri 5,4-5:** „[4]Herr, als du auszogst aus Seir, als du vom Grünland Edoms heranschrittest, da bebte die Erde, die Himmel ergossen sich, ja, aus den Wolken ergoss sich das Wasser. [5]Die Berge wankten vor dem Blick des Herrn, vor dem Blick des Herrn, des Gottes Israels."
> **Ps 77,17-20:** „[17]Die Wasser sahen dich, Gott, die Wasser sahen dich und bebten. Die Tiefen des Meeres tobten ... [19]Dröhnend rollte dein Donner, Blitze erhellten den Erdkreis, die Erde bebte und wankte."

In ähnlicher Weise ist das Gespaltet-Werden der Felsen zu verstehen. Nach biblischer Vorstellung ist dies eine Machttat Gottes (vgl. Ex 14,16.21; Jes 35,6; 48,21; Sach 14,4; des Weiteren Gen 7,11; Num 16,31).

> Vgl. dazu auch **TestLev 4,1**: „Nun wisse, dass der Herr die Menschen richtet, wenn Felsen sich zerspalten, die Sonne erlischt ..."

Aus den geschilderten Begleitumständen des Todes Jesu ist also erkennbar, dass Gottes Gegenwart und sein Wirken sich abzeichnet. Die auf den ersten Blick rätselhafte Aussage von Mt 27,52-53 bestätigt diese Interpretation. Gemäß der biblischen Bezugsstelle zu diesen Versen offenbart Gott im Tod seines Sohnes seine Vollmacht und sein Wesen:

> **Ez 37,12-13**: „[12]So spricht Gott, der Herr: Ich öffne eure Gräber und hole euch, mein Volk, aus euren Gräbern herauf. Ich bringe euch zurück in das Land Israel. [13]Wenn ich eure Gräber öffne und euch, mein Volk, aus den Gräbern hervorhole, dann werdet ihr erkennen, dass ich der Herr bin."

Der Verfasser des MtEv stellt also den Tod Jesu als eine Gottesoffenbarung (Theophanie) dar. Es ist daher konsequent, dass das Bekenntnis des Hauptmannes auf dem Miterleben dieser Begleitumstände des Todes Jesu beruht (Mt 27,54).

- **Lk** verdeutlicht zunächst den Hinweis auf die Finsternis durch die Verdunklung der Sonne. Die Spaltung des Tempelvorhanges ist aus seiner Sicht nicht eine Folge, sondern eine Begleiterscheinung des Sterbens Jesu. Sowohl in der Finsternis als auch in der Spaltung des Vorhangs sieht der Verfasser eine zeichenhafte Andeutung der katastrophalen Dimension dessen, was im Tod Jesu geschieht. Das (für den Evangelisten offenbar missverständliche) Gebet Jesu lässt der Verfasser weg, an dessen Stelle formuliert er in anderer Weise einen tiefen Ausdruck des Vertrauens und der Zuversicht. Dem Wort Jesu liegt Ps 31,6a zugrunde. Das Aushauchen des Geistes kann in Zusammenhang mit der Geistbegabung Jesu für sein Wirken, das jetzt vollendet ist, verstanden werden (vgl. dazu Lk 3,21-22; 4,18).

Der Tod und die Art des Sterbens Jesu rufen eigentümliche Reaktionen hervor: Für den Hauptmann ist dies Anlass zum Gotteslob. Für die Umstehenden, die zu einem Schauspiel gekommen waren, ist es Anlass zur Umkehr.

Zwei Gesichtspunkte sind hier zu beachten:

(1) Aus lukanischer Sicht ist die gesamte Existenz Jesu Grund und Anlass für einen Lobpreis Gottes. Dies beginnt bei der Geburt, geschieht auch angesichts des Todes Jesu und wird sich nach seiner Auferstehung fortsetzen (vgl. Lk 24,53). Es begleitet außerdem das gesamte Wirken Jesu (vgl. Lk 5,25.26; 7,16; 13,13; 17,15; 18,43).

(2) Aus der Darstellungsweise ist erkennbar, dass der Verfasser in der Formulierung von Lk 23,48 an den hellenistisch römischen Brauch denkt, für die Volksmenge grausame Spiele zu gestalten (vgl. das in der römischen Politik gebräuchliche geflügelte Wort „panem et circenses" – Brot und Zirkusspiele). Umso markanter ist sodann die unerwartete Folgerung zu lesen: Statt einer befriedigten Sensationslust löst das Sterben Jesu zur Umkehr bewegende Betroffenheit aus: Noch in seinem Tod erfüllt also Jesus seine Sendung (vgl. Lk 3,1-20; 4,16-30, sodann auch Lk 24,47).

- **Joh** stellt das Sterben Jesu in einer gänzlich eigenständigen Weise dar. Jesus begegnet auch im Tod als eine hoheitsvolle Persönlichkeit. Wie sein gesamtes Wirken, so ist auch sein Tod von seinem „Wissen" bestimmt: Er weiß um den Vater, um seine Sendung vom Vater, so auch um seinen Tod. Das Wortfeld „erfüllen/vollenden" bestimmt die Darstellung: Die Erfüllung des Werkes des Vaters ist der Inhalt des Lebensentwurfes Jesu (vgl. Joh 4,34; 5,36; des Weiteren 17,4.23). Dieses Moment bestimmt auch sein Sterben. Das Wort vom Dürsten und das nachfolgende Tränken mit Essig könnte von Ps 69,22 bestimmt sein („Sie gaben mir Gift zu essen, für den Durst reichten sie mir Essig"). Es ist aber wahrscheinlicher, dass sich das diesbezügliche Wort Jesu in einem tieferen Sinne auf Joh 18,11 bezieht: „Der Becher, den mir der Vater gegeben hat – soll ich ihn nicht trinken?" So könnte das Trinken Jesu am Kreuz als eine bewusste Todesübernahme verstanden werden. Das Reichen des Essigs wäre demnach – in typisch johanneischer Darstellungsweise – als ein Missverständnis zu deuten.

Das Verständnis von Joh 19,30 bietet den Schlüssel zu dieser Szene: Die übliche Übersetzung „Es ist vollbracht" [sie geht auf die Übertragung der Vulgata zurück: *consummatum est*] darf nicht als ein Ausdruck der Erlösung (vom Leid durch den Tod) verstanden werden. Auch hier begegnet das Wortfeld „erfüllen/vollenden" (griechisch: *tetelestai*; darin ist das Wort *telos* – Ziel enthalten). Dieses letzte Wort Jesu drückt also die Vollendung seiner Sendung aus. Demnach ist auch die Hingabe des Geistes als eine Rückgabe des Geistes an den Vater zu verstehen: Es ist jener Geist, der gemäß dem Zeugnis des Täufers auf Jesus herabkam (vgl. Joh 1,32-34) und der sodann am Osterabend aufgrund der zugesprochenen Friedensgemeinschaft mit Gott in den Jüngerinnen und Jüngern wirksam werden wird (vgl. Joh 20,19.21).

4.1.4 Die Offenbarung der Auferstehung Jesu

- Über die Auferstehung Jesu wird in den neutestamentlichen Schriften unter Anwendung **verschiedener literarischer Gattungen** und mit verschiedenen inhaltlichen Schwerpunkten gesprochen:

Wir kennen zum Beispiel erzählende (narrative) Texte über die Entdeckung und Auffindung des leeren Grabes sowie über die Erscheinungen des Auferstandenen. Diese Sprechweise begegnet in den Evangelien.

Wir kennen auch proklamierende, bekennende Texte über die Auferstehung Jesu, die formelhaften (also gut einprägsamen) Charakter haben. Vereinzelt sind sie in den Evangelien, vorwiegend jedoch in der Briefliteratur enthalten.

Wenn die biblischen Texte über die Auferstehung Jesu als historische Berichte aufgefasst werden, wird damit ihr Verkündigungscharakter übersehen. Die daraus resultierenden Harmonisierungsversuche, die alle Ostertraditionen in einen Rahmen bringen wollen, lassen in der Folge scheinbare Widersprüche und diesbezügliche Fragen offen.

Alle neutestamentlichen Verfasserinnen bzw. Verfasser gehen – sofern sie ausdrücklich über die Osterbotschaft sprechen – davon aus, dass es sich hier nicht um eine allgemein verständliche, gleichsam logisch ableitbare Botschaft handelt. Vielmehr – und dies wird ehrlich zugegeben – bereitet diese Botschaft ernste Schwierigkeiten (vgl. dazu Mt 28,17; Mk 16,11.14; Lk 24,11; Joh 20,24-29; Apg 17,32; 26,8.24; 1 Kor 1,22).

- Die Botschaft von Jesu Auferstehung ist eine **unerhörte, gänzlich neue Botschaft**, die jeder Analogie und jeder Erfahrung entbehrt. Sie kann nicht aus der allgemeinen Auferstehungshoffnung gefolgert werden, die aus den Spätschriften der Jüdischen Bibel (vgl. z. B. 2 Makk 7) bezeugt ist, und sie entspricht auch nicht einfach den Totenerweckungserzählungen der Jüdischen Bibel (vgl. z. B. 1 Kön 17,17-24) und der neutestamentlichen Überlieferung, da sie von einer gänzlich neuen Gegebenheit ausgeht. Der Zugang zu dieser Botschaft geschieht nicht auf der Ebene der logischen Beweisbarkeit, sondern auf jener der glaubenden Annahme, dass diese Verkündigung eine entscheidende (religiöse) Wahrheit enthält.

Die **Grundzüge der Osterverkündigung** werden anhand der diesbezüglichen Darstellung des MkEv reflektiert. Darin zeigt sich die Denkstruktur, die der Verkündigung in dieser Gestalt zugrunde liegt. Vor allem wird erkennbar, dass sich die neutestamentlichen Verfasserinnen oder Verfasser in der literarischen Art der Darstellung des Ostergeschehens an den ihnen zur Verfügung stehenden Möglichkeiten orientieren.

„[1]Und als der Sabbat vorüber war,
kauften Maria von Magdala und Maria die des Jakobs und Salome Gewürzöle,
damit sie gehend ihn salben.
[2]Und sehr früh am ersten Tag der Woche kommen sie zum Grabmal, als die Sonne aufging.
[3]Und sie sagten zueinander: Wer wird uns wegwälzen den Stein aus der Tür des Grabmals?
[4]Und aufblickend, sehen sie, dass weggewälzt ist der Stein; er war nämlich sehr groß.

[5]Und hineingehend in das Grabmal,
sahen sie einen Jüngling,
sitzend zur Rechten,
gehüllt in weißen Überwurf,
und sie erschauderten [sehr].
[6]Der aber sagt ihnen:
Erschaudert nicht;
Jesus sucht ihr, den Nazarener, den Gekreuzigten.
Er wurde auferweckt, nicht ist er hier.
Siehe, der Ort, wo sie ihn hingelegt hatten.
[7]Aber hebt euch weg, sagt seinen [Jüngerinnen und] Jüngern und dem Petrus,
dass er euch vorausgeht nach Galiläa,
dort werdet ihr ihn sehen, wie er wie euch gesagt hat.

[8]Und hinausgehend flohen sie vom Grabmal,
denn Schrecken und Entsetzen hatte sie gepackt.
Und niemandem sagten sie etwas; denn sie fürchteten sich."

(Mk 16,1-8)

Aus der erzählerischen Eigenart von Mk 16,1-8 sind die wesentlichen Akzentsetzungen in der biblischen Verkündigung über die Auferstehung Jesu abzuleiten. Folgende Momente sind besonders zu beachten:

- Im Neuen Testament wird die Osterbotschaft mit der Wendung **„er wurde auferweckt"** oder **„er ist auferstanden"** ausgedrückt. Zwischen beiden Formulierungen darf nicht nach unserem sprachlichen Empfinden streng unterschieden werden – so, als sollte damit das Handeln verschiedener Subjekte ausgedrückt werden. Sprachliche Untersuchungen zeigen, dass die aktive und passive Form sich auf eine aramäische Ausdrucksweise zurückführen lässt. Es ist also nicht jener Gegensatz der Handlungsart ausgedrückt, wie dies in der deutschen Formulierung der Fall ist. Beide Formulierungen finden sich in sehr alten, ungefähr zur gleichen Zeit entstandenen Osterformeln (1 Thess 4,14; 1 Kor 15,4). Darin kommt zum Ausdruck, dass Gott an seinem Sohn so handelt, wie er es aufgrund seiner (Bundes)treue und der in der Jüdischen Bibel bezeugten Identität seines Namens Jahwe geoffenbart hat: als ein über den Tod hinaus treuer Gott, der seinem Sohn neues Leben gibt.

- Der Text aus dem MkEv zeigt, dass der Evangelist die literarische Gestalt einer Gottesoffenbarungserzählung wählt, um von der Verkündigung über die Auferstehung Jesu zu sprechen. Solche Darstellungsweisen begegnen auch sonst in der Bibel. Als Beispiele sei nur auf die Gottesoffenbarung im brennenden Dornbusch, verbunden mit der Sendung des Mose (vgl. Ex 2,23-4,17), sowie auf die Erzählung über die Ankündigung der Geburt Jesu (Lk 1,26-38) verwiesen. In solchen biblischen Erzählungen steht das klärende und/oder berufende Wort Gottes im Zentrum. Die ebenfalls dargestellten Zeichen haben nicht die Funktion eines Beweises; sie sind auch nicht maßgeblicher Inhalt der zu vermittelnden Botschaft, sondern sie sollen die Glaubwürdigkeit der von Gott gegebenen Botschaft fördern (siehe in den genannten Beispielen das Brennen des Dornbusches, der nicht verbrennt bzw. die Erwartung eines Kindes durch die bereits betagte Elisabet).

In Mk 16 wird vom Engel den Frauen als Botschaft verkündet: „Er wurde auferweckt“, das heißt: Jesus, der tot war, lebt (vgl. so Lk 24,23). Die Formulierung dieser Botschaft orientiert sich bildhaft an jener Ausdrucksweise, mit der das Aufstehen des schlafen-

Struktur Mk 16,6b-7

Gottesoffenbarungs-[Theophanie-]erzählung	
Auftreten des Boten	... sahen sie einen jungen Mann ...
Furcht als Reaktion	... und sie erschauderten [sehr]
Anrede als Ermutigung	Erschaudert nicht
Botschaft	Jesus sucht ihr, ... Er wurde auferweckt
Zeichen (1)	Nicht ist er hier Siehe, der Ort ...
Auftrag	Aber hebt euch weg, sagt ...
Zeichen 2	Dort werdet ihr ihn sehen

den Menschen umschrieben wird: Im deutschen Sprachgebrauch wurde in die Worte „aufstehen", „aufwecken" die Zwischensilbe „er" eingefügt und so die Sprechweise von der Alltagsverwendung dieser Worte abgehoben. Um die Annahme dieser Botschaft zu ermöglichen, verweist der Gottesbote auf zwei Zeichen: (1) Das Grab ist leer; (2) die Jüngerinnen und Jünger werden den Auferstandenen sehen.

Eindeutig kommt aufgrund dieser Darstellungsweise zum Ausdruck: Die Botschaft der Auferstehung ist **von Gott geoffenbart**. Das aber bedeutet: Die entsprechende Antwort des Menschen bewegt sich in der Kategorie von Glauben und Unglauben. Diesbezüglich kann Apg 2,32 als eine erläuternde Leitlinie gelten: In der Pfingstverkündigung des Petrus wird – nach einigen Hinweisen auf die Jüdische Bibel – ein einziges Argument für die Osterbotschaft formuliert: „Diesen Jesus hat Gott auferweckt, dafür sind wir Zeugen." Die von Gott geoffenbarte Osterbotschaft ist Gegenstand des persönlichen Bemühens um Glauben und sodann der bezeugenden Weitergabe an andere Menschen.

- Die mit der Botschaft verbundenen **Zeichen** sind deutlich abgehoben: das leere Grab sowie die Ostererscheinungen. Diese eindeutige Akzentsetzung ist in der Reflexion über das Ostergeschehen zu beachten. Es ist daher zwischen einer Diskussion über die Glaubwürdigkeit der Osterbotschaft und einer kritischen Haltung gegenüber den Zeichen, die begleitend benannt oder erzählt werden, zu unterscheiden. Eine kritische Auseinandersetzung über die Eigenart sowie über die Historizität der genannten Zeichen kann im Rahmen der christlichen Osterverkündigung ihren Platz haben, solange ihre bloß beigeordnete Bedeutung gewahrt bleibt: Die Zeichen sind nicht als ein Kriterium für die Glaubwürdigkeit, sondern als Hilfe für das bessere Verstehen der Osterbotschaft anzusehen. Sie sind auch nicht Inhalt und/oder Gegenstand christlichen Glaubens.

Im Hinblick auf die Sinnhaftigkeit einer Rede vom leeren Grab können folgende Kriterien genannt werden:

- Theologische Deutungen (also etwa auch als „Zeichen" für eine Botschaft) schließen sich meist historischen Vorgaben an.
- Der Ort des Grabes Jesu war bekannt; trotzdem ist kein späterer Kult überliefert: Dies ist nur verständlich, wenn es tatsächlich leer war.

- Die Überlieferung der Entdeckung des leeren Grabes durch Frauen kann keine spätere Erzählung der Urkirche sein, da sie allen damaligen Vorstellungen entsprechender Glaubwürdigkeit entbehrt (Frauen waren nicht als Zeugen zugelassen).
- Nach Mt 28,13-15 wird der Befund von einem leeren Grab Jesu von den Gegnern nicht bestritten, sondern nur anders gedeutet.
- Schließlich ist für den jüdischen Verstehenshorizont das leere Grab eine sachliche Voraussetzung für ein Sprechen von Auferstehung (Nach **J. Kremer**, Osterevangelien 49–50).

• Über die **Ostererscheinungen** des Auferstandenen liegen im Neuen Testament sehr verschiedene Darstellungen vor. Meist werden die Erscheinungen mit dem griechischen Verb ophthe umschrieben. Diese passivische Verbform ist am ehesten zu übertragen mit: „er wurde sichtbar gemacht"/„er hat sich sichtbar gemacht". Damit wird unterstrichen, dass die Begegnung mit dem Auferstandenen aufgrund seiner Initiative geschieht: Lk 24,13-35 sowie Joh 20,11-18 wird dieser wesentliche Akzent in erzählender Form ausgedrückt. Die Ostererscheinungen umschreiben außergewöhnliche personale Begegnungen mit dem Auferstandenen, die von der positiven Beziehung zwischen ihm selbst und den Betroffenen bestimmt sind. Eine eindeutige Beschreibung oder Klassifizierung ist nicht möglich (vermutlich träfe sie auch nicht das Anliegen der biblischen Verfasser): Einmal steht die realistische Schilderung im Vordergrund, die jeden Verdacht auf Täuschung oder Einbildung widerlegen möchte (vgl. z. B. Lk 24,36-43); ein anderes Mal überwiegt die Betonung der neuartigen, vom Geist Gottes geprägten Lebensform Jesu (bes. Joh 20,10-23.24-29); mehrfach begegnen kurze Erscheinungserzählungen, die starke Züge der Theophanieschilderungen aus der Jüdischen Bibel tragen (z. B. Mt 28,8-10; 28,16-20; auch Mk 16,9-10; 16,14-18). Paulus bezeichnet seine Begegnung mit dem Auferstandenen selbst als von Gott gegebene Offenbarung (Gal 1,16). Dabei ist es ein Anliegen der Verfasser, die Identität des Auferstandenen mit dem Gekreuzigten (z. B. durch den Hinweis auf die Spuren der Kreuzigung: so bes. Lk 24,39; Joh 20,20.25.27) hervorzuheben. Die Vielfalt der Darstellungen zeigt den Versuch, das reale Erleben der Betroffenen wiederzugeben. Das Unvermögen der konkreten Vorstellbarkeit dieser Erscheinungen ist kein Argument gegen ihre Glaubwürdigkeit und Wahrheit: Denn damit würde göttliches Handeln gegenüber dem Menschen entweder auf einen historischen und nachvollziehbaren Rahmen beschränkt oder generell dem Kriterium menschlicher Denkmöglichkeiten unterworfen.

4.2 Urkirchliche Deutungen des Ostergeschehens

- Die Problemstellung ist durch eine Besinnung auf die **Situation nach Tod und Auferstehung Jesu** zu erkennen. Die Jüngerinnen und Jünger waren Zeuginnen und Zeugen eines einzigartigen Geschehens geworden. Jesus war eines gewaltsamen Todes gestorben – ein Schock für alle, die ihm nahegestanden waren. Umso gewaltiger musste sie das Geschehen von Ostern treffen: Der Auferstandene offenbart sich ihnen als ein Lebender. Was den Jüngerinnen und Jüngern hier widerfährt, lässt sich nicht ohne Schwierigkeiten miteinander vereinbaren. Was sie an Ostern erlebt hatten, bedarf einer Einordnung in ihren Lebens- und Erfahrenshorizont. Das Ostergeschehen muss zu ihrem eigenen (jüdischen) Glauben in Bezug gesetzt werden; es muss in Beziehung zu ihrem Gottesbild und zu ihrem bisherigen Verhältnis zu Jesus von Nazaret gebracht werden: Denn angesichts des Ostergeschehens stellt sich die Frage „wer ist nun dieser?“ (vgl. Mk 4,41) mit neuer Dringlichkeit.

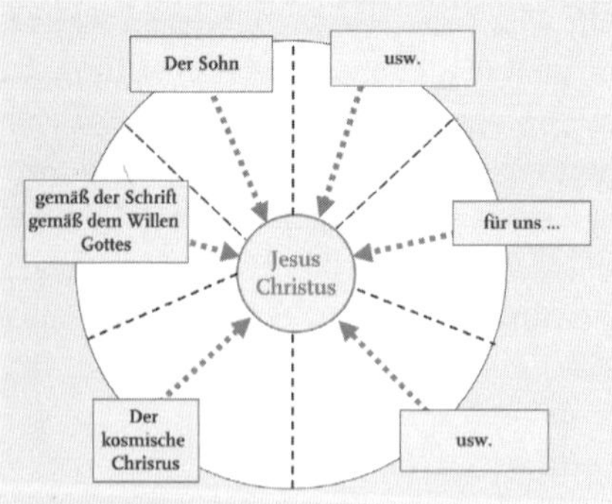

Mit der persönlichen Betroffenheit der Jüngerinnen und Jünger ist die Einsicht verbunden, dass sie das Erlebte nicht für sich behalten dürfen. Sie müssen also ihre eigene Reflexion und ihre Einsichten den Menschen in ihrem Umfeld als eine gute Botschaft (eben: als Evangelium) vermitteln. Eine Deutung des Ostergeschehens kann nicht nur in einer Weise erfolgen: Die menschliche Sprache vermag diese Fülle göttlichen Wirkens nicht in einer einzigen Formulierung auszudrücken, und die sich daraus ergebenden Konsequenzen können nicht in nur einem Denkmodell eingebracht werden. Überdies hängt die Darstellung des Ostergeschehens von der eigenen Glaubensbiografie und der eigenen Person ab. Aus der vermutlich noch größeren Fülle der nachösterlichen Zeit ist in den neutestamentlichen Schriften eine Vielzahl entsprechender Deutungsversuche überliefert. Sie begegnen in den Briefen, in der Apg, in der Offenbarung und in den Evangelien in der je verschiedenen Art und Weise der Darstellung des Christusereignisses. Sie sind – analog zum Gesamtverständnis der Botschaft der Schrift – als einander ergänzend zu verstehen und eröffnen die Chance einer Zusammenschau. Einige dieser Osterdeutungen sollen in der Folge anhand einzelner neutestamentlicher Textabschnitte aufgezeigt werden:

4.2.1 Das Christusgeschehen – ein *Oster*geschehen

Die Verkündigung der Botschaft über Jesus von Nazaret, über sein Leben und sein Wirken, erhält von Ostern her eine neue Dimension. Was sich bezüglich des Wesens Jesu in seinem vorösterlichen Wirken bereits andeutet, wird im Ostergeschehen offenbar. Vieles, was vor Ostern rätselhaft blieb, erscheint jetzt – rückblickend – verständlich. In diesem Zusammenhang ist nochmals auf die nachösterliche Tätigkeit der neutestamentlichen Verfasserinnen oder Verfasser hinzuweisen.

Schon vor der Abfassung der neutestamentlichen Schriften sind sehr bald nach Ostern Texte entstanden, die das gesamte Christusereignis unter der Perspektive des Ostergeschehens formulieren. Als ein Beispiel dafür kann die vormarkinische Passionsgeschichte gelten, die diesem Anliegen in Form einer Erzählung gerecht wird (vgl. oben 4,1, Exkurs). In der Gattung der formelhaften Zusammenfassung überliefert Paulus einen Text, der ebenfalls in der Absicht entstanden ist, das Christusgeschehen als Ostergeschehen zu formulieren und zu deuten:

1 Kor 15,1-11
„1Ich bringe euch zur Kenntnis, Schwestern und Brüder, das Evangelium,
das ich euch [als Evangelium] verkündet habe,
das ihr auch angenommen habt,

in dem auch ihr steht,
[2]durch das auch ihr gerettet werdet,
wenn ihr mit dem Wort, mit dem ich es euch verkündet habe, festhaltet,
außer wenn ihr grundlos zum Glauben gekommen seid.

[3]Denn ich habe euch als Erstes überliefert, was auch ich übernommen habe:
Christus starb für unsere Sünden gemäß den Schriften
[4]und er wurde begraben.
Und er wurde auferweckt am dritten Tag gemäß den Schriften
[5]und er erschien dem Kephas, dann den Zwölfen.

[6]Danach erschien er fünfhundert [Schwestern und] Brüdern auf einmal,
von denen die meisten bleiben bis jetzt,
einige aber entschlafen sind.
[7]Danach erschien er dem Jakobus, dann allen Aposteln.
[8]Zuletzt von allen gleichsam der Fehlgeburt erschien er auch mir.

[9]Denn ich bin der Geringste der Apostel,
der nicht wert ist, genannt zu werden Apostel,
weil ich die Kirche Gottes verfolgt habe.
[10]Durch die Gnade Gottes aber bin ich, was ich bin,
und seine Gnade in mir ist nicht erfolglos geblieben,
sondern überfließend gegenüber ihnen allen habe ich mich gemüht.

[11]Sei es also ich, seien es jene:
So verkündigen wir, und so seid ihr zum Glauben gekommen."

Die Einführung (1 Kor 15,3a) zeigt, dass sich Paulus bereits auf ältere Überlieferung beruft. In dem formelhaften Abschnitt 1 Kor 15,3b-5 wird der Kern des Christusereignisses mit den Aussagen „gestorben – begraben – auferweckt – erschien" zusammengefasst, wobei zusätzlich betont wird, dass all dies „gemäß der Schrift" geschah. Tod und Auferstehung werden als *eine Wirklichkeit* dargestellt, die nicht zu trennen sind (vgl. auch 1 Kor 1,18-23). Die angefügte Liste der Ostererscheinungen

(1 Kor 15,6-8) soll die vorangestellte Botschaft gleichsam „beglaubigen". Damit wird auch ihre besondere Bedeutung unterstrichen. Der formelhafte Charakter lässt darauf schließen, dass Formulierungen dieser Art schon sehr früh in festgeprägter Form weitergegeben wurden.

Marc Chagall, Der Gekreuzigte und Auferstandene, Fraumünster Zürich, 2012

4.2.2 Das „Für uns" des Ostergeschehens

Das Ostergeschehen ist nicht nur ein Kristallisationspunkt für das Christusverständnis. In der Verkündigung der ersten christlichen Generation ist die Frage nach der Beziehung des Ostergeschehens zu den Jüngerinnen und Jüngern bzw. zu all jenen, die zum Glauben an Jesus Christus gekommen sind, von besonderer Bedeutung. Die Antwort, die sich aus der nachösterlichen Verkündigung in den neutestamentlichen Schriften auf diese Fragestellung niedergeschlagen hat, ist sehr klar: Tod und Auferstehung Jesu sind für uns geschehen.

Diese Aussage ist in der vorösterlichen Haltung Jesu vorbereitet. Sein Leben und sein Wirken zielen nicht auf seinen eigenen Vorteil ab, sondern auf ein Für-Sein (Proexistenz) für alle Menschen. Es ist also folgerichtig, wenn auch Jesu Tod und seine Auferstehung aus dieser Perspektive gedeutet werden. Dieses Verständnis kommt bereits 1 Kor 15,3b zum Ausdruck. Noch klarer sagt es eine urkirchliche Osterformel, die erneut Paulus aufgreift:

Gal 1,4
„... Jesus Christus,
4der sich gab für unsere Sünden,
damit er uns herausreiße aus diesem bösen gegenwärtigen Äon
gemäß dem Willen Gottes und unseres Vaters ..."

Der formelhafte Text ist durch mehrere Momente besonders gekennzeichnet: Jesu Selbstgabe ist als ein aktives, totales Handeln beschrieben. Es geschieht „für unsere Sünden", also deshalb, weil wir Sünder sind (vgl. dazu Röm 6,7-8; Gal 2,20). All dies steht in Übereinstimmung mit dem Willen Gottes. Das Ziel solchen Handelns ist die Befreiung aus dem bösen gegenwärtigen Äon, also eine Hineinstellung des Menschen in die mit Jesus Christus anbrechende Endzeit.

Aus dieser vielschichtigen Aussage ist ein zweifacher Grundaspekt des Handelns Jesu erkennbar: freiwillig und in Gehorsam gegen Gott – bei all der Spannung, die damit gegeben ist. Dieses Handeln ist von einer zweifachen, aufeinander bezogenen Motivation begleitet: Es geschieht für uns und im Blick auf unsere Befreiung für die beginnende Endzeit. Paulus verwendet hier eine Formel, die in Anspielung an die Befreiung Israels aus der Knechtschaft Ägyptens formuliert ist (vgl. Ex 3,7-8). Daraus ergibt sich ein wichtiger Bezug: So wie Jahwe Israel aus der Sklaverei der Ägypter befreit hat, so befreit Christus die an ihn Glaubenden aus der Knechtschaft der Sünde. Röm 6,16-23 zeigt die Vertrautheit des Paulus mit diesem Bild des erlösten Sklavenschicksals (vgl. auch Röm 8,15 und Gal 4,6).

Dieses „für uns" in Übereinstimmung mit dem Willen Gottes darf jedoch nicht in einseitiger Interpretation zu einer falschen Gottesvorstellung führen. Diese Aussage setzt nicht die Annahme voraus, Gott habe ausdrücklich den Tod des Sohnes gewünscht und gefordert, um die Sünde des Menschen zu tilgen und zu sühnen – gleichsam als wäre Jesu Schicksal vom ersten Tag seiner irdischen Existenz bereits vorausgeprägt gewesen. Eine solche Vorstellung widerspricht den Aussagen des Neuen Testaments über das Menschsein Jesu, und sie übersieht den nachösterlichen Charakter der neutestamentlichen Schriften: Denn Menschsein bedeutet Wachsen, Entwicklung, Vertiefung; es ist ein mit der Geschichte verknüpfter Prozess. Die Verfasser des Neuen Testaments blicken auf die Ebene des geschichtlichen Verlaufs zurück und deuten das Geschehen aus ihrer situationsbezogenen Perspektive.

Es war nicht die Aufgabe Jesu, nach einer gewissen Zeit irdischen Lebens am Kreuz zu sterben, sondern vielmehr, den Menschen die Botschaft von der Liebe seines Vaters zu verkünden und mit seiner gesamten Existenz dafür einzustehen und sie gegenwärtig zu setzen (vgl. Mk 1,14-15; Joh 3,16-17). Im geschichtlichen Augenblick von Jesu Wirken wurde diese Botschaft – vornehmlich von jenen Menschen, die in seinem Lebensraum die Möglichkeit der Meinungsbildung und der Entscheidung hatten – nicht angenommen. Diese Ablehnung bedeutete für Jesus den Tod, da er in Treue zu seiner Sendung von dieser unter keinen Umständen Abstand nehmen wollte. Gerade in diesem Tod aber bezeugte Gott in einer für den Menschen nicht vorstellbaren oder erwartbaren Weise seine Treue zu seinem Sohn: Er ließ ihn nicht im Tod, sondern erwies sich in der Gabe eines neuen Lebens in Fülle als ein Gott, der auch über den Tod hinaus treu und zugewendet (also proexistent) bleibt.

„Gemäß der Schrift" vermittelt (ähnlich wie „gemäß dem Willen Gottes") die Überzeugung, dass sich im Christusgeschehen, insbesondere im Osterereignis, Gott in jener Weise geoffenbart hat, wie dies aus der Überlieferung der Jüdischen Bibel bereits bezeugt und verkündet wurde, also als der Bundesgott Jahwe. Damit wird ausgedrückt, dass Gottes Handeln an Ostern in Kontinuität zu seinem bisherigen Wirken gegenüber Israel verstanden wird, wenngleich in einer bisher unerhörten Intensität und Verdichtung. (Paulus kann deshalb auch sagen, dass das Evangelium Gottes über Jesus Christus „vorherverkündet wurde durch die Propheten in den Heiligen Schriften": Röm 1,2.) Werden die Freiheit Jesu und sein Menschsein ebenso ernst genommen wie Gottes Zuwendung und Liebe, so ist der geschichtliche Ablauf theologisch nicht anders zu interpretieren. Der Ablauf der Ereignisse wurde – nachdem er sich so in seiner geschichtlichen Einmaligkeit ergeben hatte – im Blick auf Gott, auf Jesus Christus und auf den Menschen hingedeutet.

Dazu wurden verschiedene Sprach- und Vorstellungsmodelle herangezogen, die sodann auch in die neutestamentlichen Schriften Eingang gefunden haben. Die Ausweitung des Gedankens „für uns", der das Moment der Sühne und des stellvertretenden Leidens einschließen kann, legte sich im jüdischen Denkhorizont besonders nahe: Schon sehr früh wurden die so genannten „Gottesknechtslieder" des zweiten Jesajabuches (insbesondere Jes 52,13–53,12) einer auf das Schicksal Jesu bezogenen Relektüre unterzogen. Was dort über den Mann der Schmerzen gesagt wird, wurde als Vorausnahme und als prophetische Sicht des Passionsgeschehens verstanden. Überdies wurde in einer judenchristlichen Tradition Jesus Christus zur Gestalt und Bedeutung des jüdischen Hohepriesters in Beziehung gesetzt: Jener brachte am Versöhnungstag das Versöhnungsopfer für das Volk dar; Jesus Christus hat dies durch seinen Tod in vollkommener Weise und ein für alle Mal getan und so endgültige Versöhnung zwischen Gott und den Menschen bewirkt. Diese Interpretation ist insbesondere im Hebr entfaltet worden (vgl. bes. Hebr 9,11-28) und hat sodann das christliche Osterverständnis maßgeblich mitbestimmt.

4.2.3 Das Ostergeschehen – Offenbarung des präexistenten Sohnes in Macht

- Die Reflexion über das Wesen Jesu aufgrund seines Todes und seiner Auferstehung führen die Jüngerinnen und Jünger und sodann die neutestamentlichen Verfasserinnen oder Verfasser zu dem Schluss, dass Jesus seine Existenz nicht erst mit seiner Menschwerdung beginnt, sondern dass er als der einziggeborene Sohn schon von jeher bei und mit Gott gewesen ist. In diesem Sinn ist z. B. der Prolog des vierten Evangeliums zu lesen (vgl. Joh 1,1-18: Der Logos, der bei Gott war, kam in die Welt und brachte Kunde von Gott).

Vgl. dazu Kol 1,15-20 (siehe dazu unten → 4.2.5); des Weiteren Offb 1,17-18.

Röm 1,3-4

„3… das Evangelium von seinem Sohn,
der geworden ist *aus dem Geschlecht Davids* dem Fleische nach,
4der eingesetzt ist *als Sohn Gottes in Macht* dem Geist der Heiligkeit nach
aus der Auferstehung von den Toten,
Jesus Christus, unserem Herrn …“

Die Texte akzentuieren in unterschiedlicher Formulierung die konstante Gegenwart Jesu (vgl. auch Joh 8,58). Röm 1,4 erlaubt überdies einen deutlicheren Zugang zum Problem: Der immer schon Sohn Gottes war, hat sich in seiner Auferstehung als solcher erwiesen: Er wurde „eingesetzt … in Macht“. So wird deutlich: Der Zugang zu dieser außergewöhnlichen Dimension des Wesens Jesu ist für den Menschen durch Jesu Auferstehung eröffnet.

- In diesem Zusammenhang wird auch die theologische Bedeutung der **Davidsohnschaft Jesu** erkennbar. Das Ostergeschehen veranlasst dazu, Jesu natürliche Abstammung (vgl. Mt 1,1-17) unter einer besonderen Perspektive zu sehen: Jesus ist nicht irgendein Kind aus dem Hause Davids, sondern er ist *der* Sohn Davids schlechthin. An Ostern wird offenbar, dass Jesus von Nazaret jener Nachkomme Davids ist, von dem schon die Natanverheißung (vgl. 2 Sam 7,12-16) spricht: Gott wird ihm seine Herrschaft übertragen, und diese wird ohne Ende sein. Rückblickend wird dieses Moment der Abstammung aus dem Hause Davids nicht nur als eine biografische Notiz vermerkt, sondern sie erhält tiefere Bedeutung: Vgl. als Beispiele Lk 1,26-38; 2,4.11, weiters z. B. Mk 10,47.48 par; 11,10 par.

Besonders deutlich wird die theologische Absicht dieses Hinweises auf die Abstammung Jesu in der Formel Röm 1,3-4: Der Bezug auf die Davidsohnschaft bietet die Grundlage für die weiterführende Aussage über die Präexistenz. Beide Aussagen sollen das einzigartige Wesen Jesu deuten, d. h.: Schon aufgrund seiner Abstammung ist erkennbar, dass Jesus der Gesalbte Jahwes ist; überdies hat er an Ostern seine machtvolle Sohnschaft geoffenbart.

4.2.4 Das Ostergeschehen – Grundlage für die Gabe des Geistes

Die ersten urkirchlichen Generationen erfuhren in nachdrücklicher und vielfältiger Weise Wirken und Beistand des Geistes als der dynamischen Wirkkraft Gottes. In mittelbarer oder in unmittelbarer Rückbindung wird dieses Wirken des Geistes mit dem Tod und der Auferstehung Jesu in Beziehung gesetzt und zugleich nach der Bedeutung für die Christinnen und Christen gefragt.

Röm 8,15
„Ihr habt nicht einen Geist empfangen, der euch zu Sklaven macht,
sodass ihr euch immer noch fürchten müsst,
sondern ihr habt den Geist empfangen, der euch zu Kindern macht,
den Geist, in dem wir rufen: Abba, Vater!" (Vgl. ähnlich Gal 4,6)

Paulus verbindet seine Darlegung über das Wirken des Geistes mit dem Bild vom neuen Sklaven in Christus (vgl. Röm 6,3-23). Dieses in Tod und Auferstehung grundgelegte neue Gottesverhältnis ist vom Geist Gottes bestimmt, der den Menschen erst dazu befähigt. Damit ist indirekt auf die unmittelbare Verbindung von Ostergeschehen und Geistbegabung hingewiesen. Ausdrücklich wird diese Darstellungsweise im JohEv entfaltet:

Joh 20,19-22
„[19]... trat Jesus in ihre Mitte und sprach: Friede euch.
[20]Und dies sagend, zeigte er ihnen seine
Hände und seine Seite.
Es freuten sich die Jüngerinnen und Jünger,
sehend den Kyrios. Vgl. Joh 20,18.25.29
[21]Wiederum sagte Jesus zu ihnen: Friede euch!
Wie mich der Vater gesandt hat, so sende ich euch.
[22]Nachdem er das gesagt hatte, hauchte er
sie an und sprach zu ihnen: Empfangt Heiligen Geist!“

Für den Verfasser des JohEv sind Tod, Auferstehung, Erhöhung und Geistsendung eine umfassende theologische Wirklichkeit. Aus diesem Grund erzählt der Evangelist davon auch in einer zusammenhängenden zeitlichen Dichte.

Lukas hingegen möchte die gleiche Aussage in zeitlich differenzierter Abfolge verständlich machen. Er knüpft dabei an besonders bedeutungsvolle Zahlen (40 Tage → Himmelfahrt/Erhöhung Jesu) bzw. an bestehende jüdische Feste (Pfingsten – Fest der Ernte und der Gesetzgebung) an und führt schrittweise in die Fülle des österlichen Geschehens ein: Tod und Auferstehung Jesu, Erhöhung und Himmelfahrt Jesu, Gabe des Geistes.

Die Sendung des Geistes befähigt die Kirchen zum Zeugnis für den auferstandenen Herrn (vgl. Apg 2,1-13.14-36), so wie Jesus für seine Sendung zur Bezeugung der Liebe des Vaters mit Gottes Geist ausgerüstet worden war (vgl. Lk 3,21-22; 4,18-19). Was Lukas erzählend über dieses nachösterliche Geistwirken in der Apg entfaltet, formuliert der Verfasser des JohEv in Herrenworten, in denen die nachösterliche Situation und Erfahrung der Kirchen reflektiert wird. Er stellt den Geist als den Beistand dar, der zu den Jüngerinnen und Jüngern kommt, da Jesus zum Vater geht (vgl. Joh 16,16-22), der sie unterstützt, aufrichtet, fördert und ermutigt. Die so genannten Parakletsprüche (Joh 14,16-17; 14,26; 15,26; 16,7-11; 16,12-15) sind ein Zeugnis der urkirchlichen, nachösterlichen Geisterfahrung.

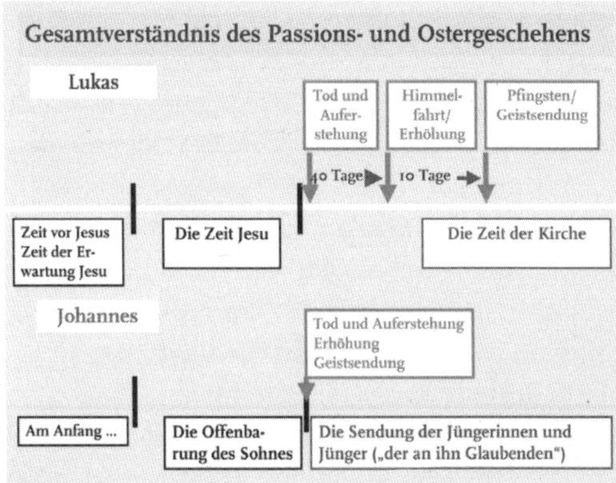

4.2.5 Das Ostergeschehen – Deutung des Kosmos

Besonders angesichts von Erdbeben und kosmischen Ängsten um die Mitte des 1. Jhs. n. Chr. wurde das Ostergeschehen Anlass für eine Bezugsetzung zwischen dem Auferstandenen und der gesamten Schöpfung. So wird Jesus Christus nicht nur in seiner Beziehung zum einzelnen Menschen und zur glaubenden Gemeinschaft gesehen, sondern es wird nach seiner Bedeutung für den Kosmos gefragt.

Diese Bezugsetzung zur gesamten Schöpfung ist in der Offb festzustellen (vgl. z. B. Offb 1,17-18; 22,13); sie begegnet auch in anderen neutestamentlichen Schriften (vgl. z. B. Eph 1,10; Joh 1,1-5). In besonderer Weise prägt dieser Zugang zu Jesus Christus den Kol:

Kol 1,15-20

„[15a]Er ist Bild Gottes, des Unsichtbaren,
[15b]Erstgeborener aller Schöpfung,
[16a]denn in ihm wurde alles erschaffen
[16b]in den Himmeln und auf der Erde,
[16c]das Sichtbare und das Unsichtbare,
[16d]seien es Throne, seien es Herrschaften,
[16e]seien es Mächte, seien es Gewalten;

[16f]alles ist durch ihn und auf ihn hin geschaffen.

[17a]Und er selbst ist vor allem, [17b]und alles hat in ihm Bestand.
[18a]Und er selbst ist das Haupt des Leibes – der Kirche.

[18b]Er ist [der] Anfang,
[18c]Erstgeborener aus den Toten,
[18d]damit in allem er selbst der Erste sei;
[19a]denn [Gott] hatte daran Wohlgefallen,
[19b]in ihm die ganze Fülle wohnen zu lassen
[20a]und durch ihn alles zu versöhnen auf ihn hin,
[20b]Frieden schaffend durch das Blut seines Kreuzes,
[20c][durch ihn] – sei es das auf der Erde,
sei es das in den Himmeln.“

Dieser Hymnus gibt einen Einblick in die Eigenart des österlichen christologischen Denkens. Ausgangspunkt der Reflexion ist die Beziehung zwischen Jesus Christus und der Schöpfung. Dabei wird ihm eine umfassende Kausalität, also eine entscheidende Position im Schöpfungsgeschehen zugeschrieben (vgl. Kol 1,15-16). Dieser Gedanke des Vorranges (oder des Erst-Ranges) ist in einer Zwischenstrophe (Kol 1,17-18a) im Blick auf die nun an Ostern geschehene Neu-Schöpfung der Kirche weiterentwickelt. Der genauere Zusammenhang dieses neuen Gedankens mit dem Geschehen von Tod und Auferstehung Jesu wird Kol 1,18b-20 genauer dargelegt.

4.2.6 Das Ostergeschehen – Schlüssel zur Person Jesu

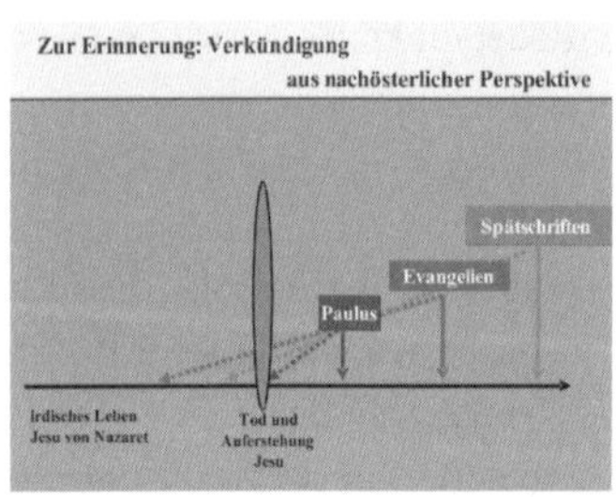

Der Glaube der Jüngerinnen und Jünger, welche die Botschaft Jesu verkündigen, ist entscheidend vom Ostergeschehen bestimmt. Dies gilt auch für die neutestamentlichen Verfasserinnen und Verfasser. In ihren Schriften bezeugen sie ihren Glauben an den Auferstandenen, sie formulieren die

Verkündigung aus dieser ihrer Sicht. Darin kommt auch der spezifisch je eigene Zugang zur Person Jesu zum Ausdruck. Dies bedeutet: Jede und jeder der neutestamentlichen Verfasserinnen und Verfasser bezeugt den Auferstandenen; aus der persönlichen Schreibsituation sprechen sie über Jesus. Das Ostergeschehen ist dafür in besonderer Weise maßgebend. So wird Jesus nicht einfach bei seinem Namen genannt, sondern es werden bestimmte Hoheitstitel mit seiner Person verbunden: Jesus ist der „Herr“, der „Menschensohn“, der „Davidsohn“, der „Christus“ und der „Sohn Gottes“. Die Formulierung und Ausprägung dieser Titel ist von Schrift zu Schrift verschieden. Verursacht ist sie jeweils durch das Ostergeschehen, denn dieses bestimmt letztendlich das Jesusbild der biblischen Verfasserin oder des Verfassers.

4.2.7 „Für uns“ – Bindeglied zwischen Jesus Christus und den Glaubenden

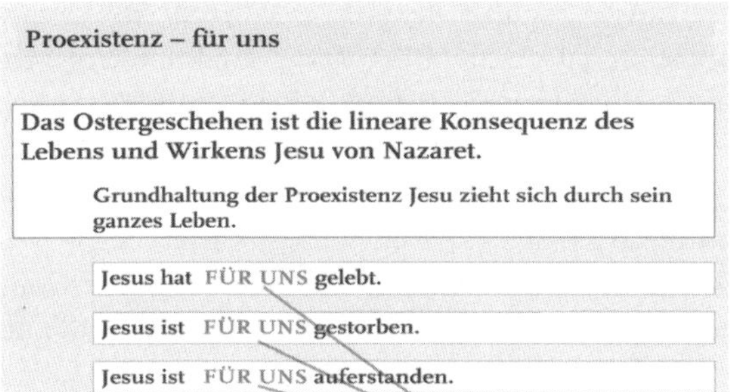

Im Ostergeschehen vollendet Jesus Christus seine Existenz als ein Leben in Proexistenz, also des „Für-Seins“ und der „Für-Gabe“. In Entsprechung zu Joh 13,34-35 ist damit eine tiefe Verbindung aus Liebe zwischen Jesus Christus und den Menschen konstituiert, die im Sprechen vom „Für uns“ des Ostergeschehens zum Ausdruck kommt (vgl. 1 Kor 15,3-5; Gal 1,4; 2,20b).

Aufgaben

- Bedenken Sie die einzelnen hier genannten Gesichtspunkte anhand der angesprochenen Bibeltexte.
- Suchen Sie nach weiteren neutestamentlichen Beispielen zu den dargelegten Grundpositionen.

- Überlegen Sie, welche Deutungsversuche der Person Jesu aufgrund der neutestamentlichen Verkündigung noch erhoben werden könnten.
- Versuchen Sie, auf der Grundlage der biblischen Botschaft selbst eine Deutung der Person Jesus Christus zu formulieren.
- Lesen Sie Lk 24,13-35:
  Welches Jesus- und Christusbild wird uns in dieser Erzählung vermittelt?
  Was bedeutet dies für die Schriftlesung; für die Feier der Eucharistie; für die Suche nach einer personalen Jesusbeziehung?
- In der Eucharistiefeier antwortet die Gemeinde auf die Verkündigung des „Geheimnisses unseres Glaubens“: „Deinen Tod, o Herr, verkünden wir, und deine Auferstehung preisen wir, bis du kommst in Herrlichkeit.“ Bedenken Sie die einzelnen Aussagen.

Verständnis- und Wiederholungsfragen zu Kapitel 4

Zu 4.1 Tod und Auferstehung Jesu in der Verkündigung der Evangelien

- Welche Bedeutung hat die These von einer vormarkinischen Passionsgeschichte für das Glaubensverständnis der jungen Kirche?
- Welche Datierungen des Todestages Jesu liegen in den Evangelien vor? Wie sind sie zu beurteilen?
- Wie stellen die Evangelisten den Tod Jesu dar?
- Welche Momente der Osterverkündigung sind aus Mk 16,1-8 erkennbar? Wie sind in diesem Text Engelerscheinung, Botschaft der Auferstehung, leeres Grab und Hinweis auf Erscheinungen einander zuzuordnen und zu bewerten?

Zu 4.2 Urkirchliche Deutungen des Ostergeschehens

- Begründen Sie die Notwendigkeit der Deutung des Passions- und Ostergeschehens.
- Erläutern Sie den Satz: Tod und Auferstehung Jesu sind „für uns“ geschehen.
- In welcher Weise wird das Wirken des Geistes und das Ostergeschehen im Neuen Testament zueinander in Beziehung gesetzt?

5 Die Verkündigung über Jesus, den Christus

LITERATUR: **J. A. Fitzmyer**, Die Wahrheit der Evangelien. (SBS 1), Stuttgart 1965; **W. Kirchschläger**, Über die Wahrheit der Evangelien: SKZ 152 (1984) 254–256; **P. Pokorný/U. Heckel**, Einleitung in das Neue Testament. (UTB 2798), Tübingen 2007, 18–31; **St. Schreiber**, Begleiter durch das Neue Testament, Düsseldorf 2006, hier 313–314.

Das Christusgeschehen ist Gegenstand der neutestamentlichen Verkündigung. In diesem Kapitel sollen Gedanken darüber angestellt werden, welche Wege vom Wirken Jesu zur weiteren **Verbreitung seiner Botschaft** und schließlich zu ihrer **schriftlichen Erfassung** geführt haben. Daher ist zunächst die Frage der Traditionsbildung zu thematisieren; sodann ist über den Weg der Verschriftlichung der Botschaft nachzudenken.

5.1 Ansätze zur Traditionsbildung

Schon für die **Zeit des Wirkens Jesu** stellt sich die Frage, wie aus der mündlichen Predigt und aus dem Handeln Jesu feststehende Traditionen entstehen konnten. Diese Fragestellung ist **über das Ostergeschehen hinaus** in die **nachösterliche Situation** weiterzuführen. Da wir diesbezüglich nur spärliche Angaben in den neutestamentlichen Schriften vorfinden, muss dies mit großer Zurückhaltung geschehen.

5.1.1 Die vorösterliche Situation

- Jesus hat sich – nach der Art damaliger Verkündigung – in seiner Predigt der so genannten **Mnemotechnik** bedient. Er hat seine Botschaft in prägnante Sprache gefasst, die leicht zu behalten war (vgl. dazu oben → 1). Vorbilder für diese Art der Unterweisung finden sich in der Redepraxis der Rabbinen sowie in der literarischen Gattung der Weisheitsliteratur. So ist damit zu rechnen, dass schon in dieser Phase feste Formulierungen entstanden sind, die von den Zuhörenden, damit auch von den Jüngerinnen und Jüngern, aufgenommen und im Gedächtnis behalten wurden.

- Gemäß Mk 6,6b-13 par ist bereits vor Ostern eine **erste Aussendung** der Jüngerinnen und Jünger anzusetzen. Sie hatten dabei die Aufga-

be, gleichsam Multiplikatoren für die Botschaft Jesu von der Königsherrschaft Gottes zu sein (vgl. dazu Mk 3,14b par; Lk 10,9). Daher bildeten wohl vor allem Aussagen, die die anbrechende Wirklichkeit der *basileia* erläutern konnten, den Inhalt ihrer Verkündigung.
Als **Beispiele** für solche Aussagen könnten genannt werden:

- Worte über die *basileia*, wie z. B. Mk 1,15; Lk 11,20;
- Gleichnisse über die *basileia*, wie z. B. die verschiedenen Gleichnisse aus Mt 13;
- Beispielerzählungen, wie z. B. Lk 10,30-37; 15,11-32;
- klärende Streitgespräche als erzählte Episoden, wie z. B. Mk 2,17; Mk 2,27b.28;
- grundlegende Interpretationsformen für das jüdische Gesetz, wie z. B. Mt 5,17-20.

Aussendung des Zwölferkreises

	Jesus	Die Zwölf
Vollmacht	Mk 1,22.27; 2,10	Mk 3,15; 6,7
Vollmacht über unreine Geister	Mk 1,26-27; 5,8.13	Mk 6,7
verkündigen	Mk 1,14.38.39	Mk 3,14; 6,12
Dämonen hinauswerfen	Mk 1,34.39	Mk 3,15; 6,13
zur Umkehr rufen	Mk 1,15	Mk 6,12
geschickt sein	Mk 9,37	Mk 3,14; 6,7
heilen	Mk 1,34; 3,10; 6,5	Mk 6,13

Es ist anzunehmen, dass die Jüngerinnen und Jünger nicht bloß die Worte Jesu zitierten, sondern – im Sinne der Darstellung seiner Persönlichkeit – wohl auch von seinem Handeln erzählten und selbst *im Namen Jesu* in seiner Vollmacht handelten. So kann vermutet werden, dass bereits vor Ostern die eine oder die andere Vollmachtstat Jesu zu einer immer wieder erzählten Episode formuliert wurde. In ähnlicher Weise kann über die Auseinandersetzungen Jesu mit den jüdischen Behörden gedacht werden (Streitgespräche). Da auch für die Weitergabe der *basileia*-Botschaft Jesu grundsätzlich das Kriterium gilt, dass ihre Entfaltung in Wort und Tun nicht zu trennen ist (siehe dazu oben → 3.2.2), ist es wahrscheinlich, dass auch die Jüngerinnen und Jünger die *basileia* in einzelnen

Menschen kraft ihres Auftrags von Jesus zeichenhaft gegenwärtig setzten (vgl. dazu auch Mk 6,7b par; Lk 10,17-20). In diesem Zusammenhang fällt auf, dass das Wirken Jesu, der erste Aussendungsauftrag an die Zwölf sowie die entsprechenden Durchführungsnotizen mit dem gleichen jesuzentrisch-spezifischen Vokabular formuliert wird.

5.1.2 Der Schnittpunkt Ostern

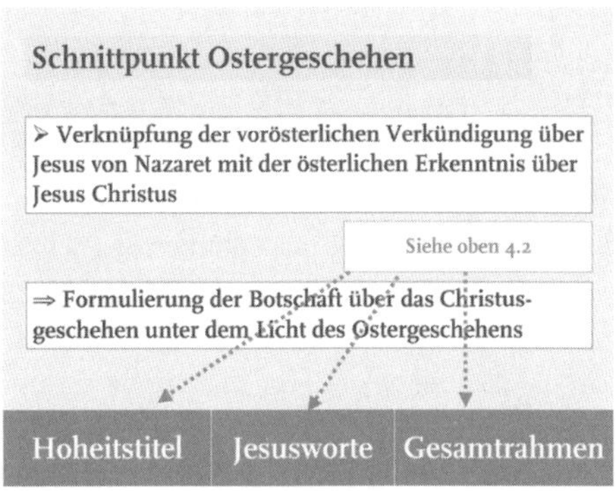

Das Ostergeschehen lässt Person und Wirken Jesu aus einer neuen und zugleich endgültigen Perspektive erscheinen. Dies bedeutet, dass die vorösterliche Jesustradition mit dem österlichen Verständnis seiner Person verbunden wird: Jener, über den gedacht und gesprochen wird, ist nicht (mehr nur) der Rabbi Jesus, sondern es ist jener Jesus von Nazaret, dessen Wesen und Vollmacht sich im Ostergeschehen in entscheidender Weise gezeigt hat (vgl. dazu z. B. Röm 1,3-4 und insgesamt oben → 4.2). Für den Gang der Überlieferung bedeutet dies: In der Formulierung der Osterbotschaft wird jener Bereich der Verkündigung mitbedacht, der sich auf den vorösterlichen Jesus bezieht (vgl. den Miteinbezug des irdischen Namens „Jesus“, so z. B. Phil 2,11; 1 Thess 4,14). Die vorösterliche Tradition wird unter dem Licht des Ostergeschehens reflektiert und formuliert.

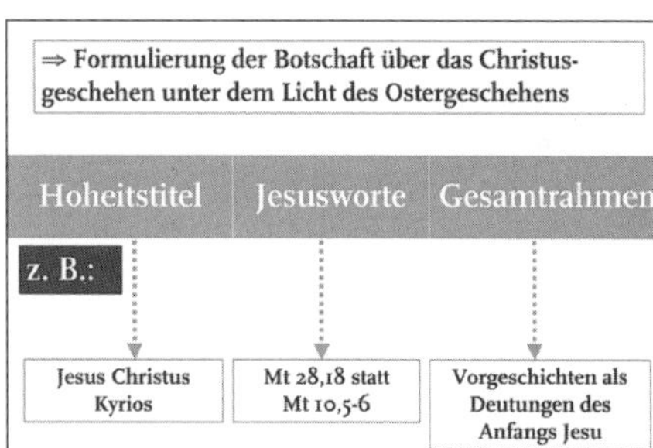

Diese Vorgangsweise lässt sich z. B. in den Evangelien dort noch nachempfinden, wo in die Darstellung des vorösterlichen Wirkens Jesu nachösterliche Titel eingeflochten sind. (Insbesondere Lukas bezeichnet Jesus in der Darstellung seines Wirkens immer wieder als den „Herrn"/Kyrios, z. B.: Lk 5,8; 5,12; 7,13; 9,54 usw. [vgl. auch die Jesusanrede in der Erzählung von der Heilung des Bartimäus: Mk 10,46-52, hier Mk 10,47.48.51]).

5.1.3 Die nachösterliche Entwicklung

- Aus der traditionskritischen Untersuchung jenes Überlieferungsmaterials, das später Eingang in die neutestamentlichen Schriften gefunden hat, können folgende **Schritte** in einer nachösterlichen Entwicklung wahrscheinlich gemacht werden:

> – Sehr frühe Formulierung und Weitergabe einer zusammenfassenden Passions- und Ostergeschichte (vgl. dazu oben → 4.1.1 EXKURS).
> – Weitergabe von kurzen und prägnanten Sprüchen Jesu und von Episoden aus seinem Wirken. Beides wird gegebenenfalls unter dem Eindruck des Ostergeschehens gegenüber der vorösterlichen Überlieferung präzisiert und auf die vielfältige und neue Situation des Adressatenkreises erweitert bzw. ausgerichtet (vgl. z. B. Mk 10,11 und sodann Mk 10,12, siehe dazu oben → 3.3.1 EXKURS).
> – Formulierung von zusammenfassenden Kurzformeln und von deutenden Zusammenfassungen. Diese bildeten eine wichtige Grundlage für die Taufvorbereitung, für die Katechese und vermutlich auch – in zunehmendem Maße – für die Liturgie. Für Letztere entstanden kurze Proklamationsformeln (vgl. z. B. Röm 10,9) und rhythmische, hymnenartige Texte (vgl. z. B. Phil 2,6-11).

- Mit der zeitlichen Distanz zum historischen Jesus steigt vermutlich das Interesse an seiner Person und seinem vorösterlichen Wirken.

Dies mag auch darin seinen Grund haben, dass die Augenzeugen allmählich nicht mehr am Leben sind und somit Traditionen über das vorösterliche Wirken Jesu als Informationsquelle stärkere Bedeutung erlangen. (Es könnte sein, dass damit auch die relativ späte Entstehung der Evangelien zusammenhängt; Lk 1,1-4 ließe dies vermuten.) In diesem Zusammenhang ist an **thematisch verbundene Erzählzyklen** über Jesus von Nazaret zu denken: (thematisch abgestimmte) Spruchsammlungen, Gleichnissammlungen, Zusammenstellungen mehrerer Erzählungen über Vollmachtstaten Jesu.

Grundsätzlich ist bei diesen Überlegungen immer noch von der im Judentum gebräuchlichen *mündlichen* Weitergabe der Überlieferungsstücke auszugehen. Nur vereinzelt und nur mit begrenzter Sicherheit ist der Schritt zur schriftlichen Überlieferung zu erkennen.

5.2 Vom mündlichen zum geschriebenen Wort

Das Ergebnis der Entwicklung hin zu einer schriftlichen Form der nachösterlichen Verkündigung über Jesus, den Christus, liegt in den neutestamentlichen Schriften vor. In vielen Fällen (insbesondere bei den Evangelien) ist anzunehmen, dass es sich bei diesen Schriften um ein Endprodukt handelt, dem (auch schriftliche) Vorstufen vorangegangen sind. In allgemeiner Form können dazu folgende Beobachtungen gemacht werden:

5.2.1 Ersatz persönlicher Kommunikation

Der erste für uns greifbare Schritt zur Niederschrift der Verkündigung ist in den Paulusbriefen erkennbar. Die schriftliche Form ist hier nicht eine primär angestrebte Ausdrucksweise, sondern ein **Ersatz** für die persönliche Gegenwart des Apostels: Weil Paulus nicht in eine Kirche kommen kann, weil aber Fragen und Probleme drängen, schreibt er an einzelne Kirchen am Ort Briefe. (Siehe dazu oben → 2.3.4.)

Diesen sekundären Charakter der schriftlichen Form könnte es auch dort gegeben haben, wo sich Verantwortliche in den Kirchen am Ort Predigtnotizen der Apostel und anderer Verkündiger/innen anfertigen, um während deren Abwesenheit für die Verkündigung gerüstet zu sein. So mag also da und dort die Grenze zwischen der Entwicklung umfangreicher mündlicher Sammlungen und der Niederschrift solcher Sprüche oder Episoden aus dem Wirken Jesu fließend gewesen sein. Diese hilfsweise Verwendung der schriftlichen Form war eine wichtige Voraussetzung für eine weitergehende Verschriftlichung der Botschaft.

5.2.2 Die schriftliche Verkündigung

Eine genaue zeitliche Abgrenzung, wann die schriftliche Verkündigung gegenüber der mündlichen Weitergabe dominiert, ist nicht möglich. Es ist überdies festzuhalten, dass es keinen Auftrag Jesu gab, die Botschaft schriftlich zu formulieren – widersprach dies doch den jüdischen Gepflogenheiten. Außerdem hätte sich die junge Kirche auf einen solchen Auftrag zweifellos berufen, wie sie dies ja hinsichtlich der Verkündigungstätigkeit sehr wohl tat (vgl. z. B. Mt 28,18-20; Apg 1,8). Als mögliche Gründe für die Entwicklung zur schriftlichen Form der Verkündigung können genannt werden:

- Der Umfang der Botschaft übersteigt den Rahmen des mündlich Überlieferbaren und damit dessen, was im Gedächtnis bleiben kann. Eine solche Überlegung ist möglich; sie darf aber nicht von den modernen Maßstäben der (beschränkten) Hör- und Gedächtnisfähigkeit des heutigen Menschen ausgehen.
- Die zunehmende Verzweigung der Verkündigung bringt es mit sich, dass nicht mehr in jeder Kirche ständig eine kompetente Lehrperson oder gar ein Augenzeuge oder eine Augenzeugin des historischen Jesus anwesend sein kann. So muss für die Kirchen zum Gebrauch im Gottesdienst und in der Unterweisung entsprechendes Material niedergeschrieben und „vervielfältigt" (d.h.: mehrfach abgeschrieben) werden.
- Die Ausbreitung der Verkündigung und die zahlreichen Kirchen bringen für die richtige Weitergabe der Botschaft ein mehrfaches Risiko: Die Verkündigung muss sich gegen äußere Widerstände behaupten (Verfolgungen), und sie muss sich im innerkirchlichen Raum durchsetzen (Irrlehren). Die schriftliche Formulierung gibt die Möglichkeit einer „authentischen" Fassung der Botschaft über Jesus, den Christus. In diesem Sinn wären z.B. Lk 1,4 sowie 2 Tim 4,1-4 zu lesen. Dass in diesem Zusammenhang nicht an eine Vereinheitlichung der Christusbotschaft zu denken ist, zeigt die Vielfalt der neutestamentlichen Christologien, also der Sprechweisen von Jesus Christus.

Verständnis- und Wiederholungsfragen zu Kapitel 5

- Welche Vorgangsweise Jesu begünstigte die vorösterliche Traditionsbildung?
- Welchen Stellenwert hat das Ostergeschehen für die Formulierung und für die Weitergabe der Verkündigung Jesu?
- Welche frühen Elemente der Traditionsbildung können für die nachösterliche Zeit angenommen werden?
- Welche Umstände veranlassten Paulus zur Abfassung von Briefen?
- Welche Gegebenheiten führten zur schriftlichen Form der Verkündigung über Jesus von Nazaret?

Zur Ausleitung

Ausgangspunkt der Überlegungen war die heilsstiftende Sinngebung des Christusgeschehens, wie sie in Joh 3,16 reflektiert ist. Das gesamte Neue Testament bezeugt diese Heilsabsicht Gottes, die in Leben, Tod und Auferstehung Jesu von Nazaret konkretisiert wird.

Das II. Vatikanische Konzil hat erstmals in der Theologie- und Kirchengeschichte diese umfassende, alle Phasen des Christusgeschehens umfassende Heilsdimension Jesu Christi in einem lehramtlichen Dokument zur Sprache gebracht und damit die Botschaft des Neuen Testaments in unsere Gegenwart – im Sinne des *aggiornamento* – verheutigt:

„... Er [Jesus Christus] ist es, der
- durch sein ganzes Dasein und seine ganze Erscheinung,
- durch Worte und Werke,
- durch Zeichen und Wunder,
- vor allem [*praesertim*] aber durch seinen Tod
  und seine herrliche Auferstehung von den Toten,
- schließlich durch die Sendung des Geistes der Wahrheit

die Offenbarung erfüllt und abschließt
und durch göttliches Zeugnis bekräftigt,
dass Gott mit uns ist,
um uns aus der Finsternis von Sünde und Tod zu befreien
und zum ewigen Leben zu erwecken."

II. Vatikanisches Konzil, Dogmatische Konstitution über die göttliche Offenbarung *Dei verbum*, Art. 4